跨境电子商务
应用型人才培养系列丛书

跨境电子商务支付与结算

■ 主　编◎邹益民　隋东旭　朱新英

清华大学出版社
北京

内 容 简 介

跨境电子商务支付与结算是跨境电子商务闭环中最重要的一环,此环节直接影响着跨境电子商务的发展。

本书共设 10 章,分别为导论、跨境支付与结算工具、跨境支付与结算方式(Ⅰ)——国际电汇、跨境支付与结算方式(Ⅱ)——国际信用卡、跨境支付与结算方式(Ⅲ)——信用证、跨境支付与结算平台(Ⅰ)——国内平台、跨境支付与结算平台(Ⅱ)——国外平台、跨境支付与结算平台(Ⅲ)——第三方支付平台、跨境支付与结算技术和风险分析、跨境网络支付的相关法律问题。

本书注重理论的同时紧密结合实践,内容丰富,既适合作为跨境电子商业相关专业学生的教科书,也适合作为跨境电子商务从业者的知识补充用书。

本书封面贴有清华大学出版社防伪标签,无标签者不得销售。
版权所有,侵权必究。举报:010-62782989,beiqinquan@tup.tsinghua.edu.cn。

图书在版编目(CIP)数据

跨境电子商务支付与结算 / 邹益民,隋东旭,朱新英主编. —北京:清华大学出版社,2021.9(2024.8重印)
(跨境电子商务应用型人才培养系列丛书)
ISBN 978-7-302-59018-7

Ⅰ. ①跨… Ⅱ. ①邹… ②隋… ③朱… Ⅲ. ①电子商务—银行业务—高等学校—教材 Ⅳ. ①F830.49

中国版本图书馆 CIP 数据核字(2021)第 177134 号

责任编辑:邓　婷
封面设计:刘　超
版式设计:文森时代
责任校对:马军令
责任印制:刘海龙

出版发行:清华大学出版社
网　　址:https://www.tup.com.cn, https://www.wqxuetang.com
地　　址:北京清华大学学研大厦 A 座　　　　邮　编:100084
社 总 机:010-83470000　　　　　　　　　　邮　购:010-62786544
投稿与读者服务:010-62776969, c-service@tup.tsinghua.edu.cn
质量反馈:010-62772015, zhiliang@tup.tsinghua.edu.cn
印 装 者:三河市少明印务有限公司
经　　销:全国新华书店
开　　本:185mm×260mm　　印　张:16　　字　数:386 千字
版　　次:2021 年 11 月第 1 版　　　　　　印　次:2024 年 8 月第 4 次印刷
定　　价:49.80 元

产品编号:089036-01

前言
Preface

随着 21 世纪的到来，国家经济飞速发展，全面小康社会基本建成，人们对物质及精神生活有了新的要求。跨境电子商务的发展在一定程度上满足了人们对物质生活的需求，让"全球购"变得更加普及与便捷。国家"一带一路"倡议的实施和"互联网+"概念的提出，为跨境电子商务的发展提供了强劲的东风。面向全球资源市场，跨境电子商务作为我国在全球资源竞争过程中不可或缺的重要角色，为我国促进产品质量、服务质量的提升发挥了重要作用，是从"中国制造"到"中国质造"发展道路上一面耀眼且鲜明的旗帜。跨境电子商务支付与结算作为跨境电子商务闭环中最重要的一环，与其相关的知识是跨境电子商务专业学生以及相关从业人员必须掌握的。

本书共分 10 章，第 1 章为导论，主要内容包括网络支付与结算概述、跨境电子商务概述、跨境支付与结算概述；第 2 章介绍了跨境支付与结算工具，主要内容包括票据概述、汇票、本票、支票；第 3 章介绍了跨境支付与结算方式（Ⅰ）——国际电汇，主要内容包括跨境电子商务国际电汇概述、跨境电子商务国际电汇流程、跨境电子商务国际汇款应用；第 4 章介绍了跨境支付与结算方式（Ⅱ）——国际信用卡，主要内容包括国际信用卡认知、国际信用卡使用流程、国际信用卡风险防范；第 5 章介绍了跨境支付与结算方式（Ⅲ）——信用证，主要内容包括跨境电子商务网上信用证概述、跨境电子商务网上信用证的业务流程、跨境电子商务网上信用证业务的当事人及相互关系、跨境电子商务网上信用证结算分析、信用证支付方式的风险与防范；第 6 章介绍了跨境支付与结算平台（Ⅰ）——国内平台，主要内容包括微信、支付宝、连连支付、易宝支付、PingPong、一达通；第 7 章介绍了跨境支付与结算平台（Ⅱ）——国外平台，主要内容包括 PayPal、MoneyGram、Western Union、WebMoney、QIWI Wallet、Boleto、POLi、Japan Bank Transfer；第 8 章介绍了跨境支付与结算平台（Ⅲ）——第三方支付平台，主要内容包括跨境电子商务第三方支付与结算概述、跨境电子商务第三方支付与结算发展现状及趋势；第 9 章介绍了跨境支付与结算技术和风险分析，主要内容包括跨境电子商务支付与结算技术概述、跨境电子商务支付与结算风险概述；第 10 章介绍了跨境网络支付的相关法律问题，主要内容包括跨境电子商务支付相关立法概述、跨境电子商务支付问题、跨境电子商务消费者权益保护法、跨境电子商务支付的其他法律问题。

跨境电子商务支付与结算是一门新型的实践性学科，随着互联网技术与跨境电子商务模式的拓展而获得了日新月异的发展。本书在编写过程中,笔者积极吸收国内同类教材的先进性,同时注意形成自身的特色,具体表现在以下几个方面。

(1) 体系完整,内容全面系统,理论与实践紧密结合。本书除了包含跨境电子商务支付与结算相关的基础知识外,还精选了多个跨境电子商务支付与结算领域的相关案例,在案例的选材上,更是从全球视野出发,选择不同的领域,以便给读者提供更全面的资料。

(2) 保持教材内容的前沿性,力争反映跨境电子商务支付与结算领域的最新成果。本书在编写过程中参考借鉴了跨境电子商务支付与结算领域最新的科技成果,以期给读者带来最前沿的研究成果。

(3) 体例清晰、任务导向。本书每个章节都包括思维导图、知识目标、关键词、案例导入、正文、项目实训、复习与思考几个部分,旨在帮助学生在学习过程中加深对理论的理解,能将其应用于实际工作中。每章最后通过项目实训、复习与思考环节来对学生的整个学习任务过程进行评测。

(4) 本书还附带有相关电子教案、多媒体课件、二维码信息、电子试卷、跨境电子商务支付与结算业内最新动态等配套教学资源,将教材建设与课程建设紧密结合在一起,以培养学生的综合能力和实际操作能力为宗旨,实用性强,理论讲解与实践操作相得益彰。

本书由邹益民、隋东旭、朱新英担任主编,由邹益民进行全书的统稿工作。由于编者水平有限,书中难免存在错误和疏漏之处,敬请专家和读者不吝赐教。

编 者

2021 年 5 月

目 录
Contents

第1章 导论 1
  1.1 网络支付与结算概述 2
    1.1.1 支付与结算的概念 2
    1.1.2 网络支付与结算的方式 3
    1.1.3 网络支付与结算的流程 7
    1.1.4 网络支付与结算的模式 8
  1.2 跨境电子商务概述 9
    1.2.1 跨境电子商务的概念 9
    1.2.2 跨境电子商务的特点 10
    1.2.3 跨境电子商务的分类 12
  1.3 跨境支付与结算概述 16
    1.3.1 跨境支付与结算的概念 16
    1.3.2 跨境支付与结算的特征 17
    1.3.3 跨境支付与结算的模式 18
    1.3.4 跨境支付与结算的现状与前景 20
  项目实训 24
  复习与思考 24

第2章 跨境支付与结算工具 25
  2.1 票据概述 27
    2.1.1 票据的概念 27
    2.1.2 票据的特性与作用 27
    2.1.3 票据的分类 30
    2.1.4 票据的当事人及其权利与责任 31
    2.1.5 票据行为 32
  2.2 汇票 37
    2.2.1 汇票的概念 37
    2.2.2 汇票的种类 37

2.2.3 汇票行为及其使用 39
2.3 本票 49
  2.3.1 本票的概念 49
  2.3.2 本票的特点 50
  2.3.3 本票的种类 50
2.4 支票 51
  2.4.1 支票的概念 51
  2.4.2 支票的特点 51
  2.4.3 支票的种类 52
项目实训 54
复习与思考 55

第 3 章　跨境支付与结算方式（Ⅰ）——国际电汇 56
3.1 国际电汇概述 57
  3.1.1 国际电汇的含义与费用 57
  3.1.2 国际电汇的分类 58
  3.1.3 国际电汇的优势与风险 59
3.2 国际电汇流程 60
  3.2.1 国际电汇基本当事人 60
  3.2.2 国际电汇所需时间 66
  3.2.3 国际电汇操作流程 66
3.3 国际电汇的应用 66
  3.3.1 预付货款 66
  3.3.2 货到付款 67
项目实训 68
复习与思考 68

第 4 章　跨境支付与结算方式（Ⅱ）——国际信用卡 69
4.1 国际信用卡认知 70
  4.1.1 国际信用卡的定义 70
  4.1.2 国际信用卡概述及种类 71
4.2 国际信用卡使用流程 74
  4.2.1 国际信用卡在线支付 74
  4.2.2 国际信用卡支付的优劣势 75
  4.2.3 国际信用卡支付的费用 76
4.3 国际信用卡风险防范 77
  4.3.1 调整信用卡的额度 77

  4.3.2 关闭信用卡的 ATM 取款功能 77
  4.3.3 信用卡的签名或密码 77
  4.3.4 信用卡丢失或被盗 77
 项目实训 78
 复习与思考 78

第 5 章 跨境支付与结算方式（Ⅲ）——信用证 79
 5.1 信用证概述 80
  5.1.1 信用证的含义及特点 80
  5.1.2 信用证的内容及开证形式 82
  5.1.3 信用证的种类 84
 5.2 信用证的业务流程 86
  5.2.1 信用证业务程序 86
  5.2.2 信用证业务流程图 91
 5.3 信用证业务的当事人及其相互关系 92
  5.3.1 信用证的当事人 92
  5.3.2 信用证当事人之间的相互关系 94
 5.4 信用证结算分析 95
  5.4.1 信用证方式下单据的审核 95
  5.4.2 信用证结算的相关程序 99
 5.5 信用证支付方式的风险与防范 99
  5.5.1 使用信用证的风险 99
  5.5.2 信用证支付方式的风险防范 100
 项目实训 102
 复习与思考 102

第 6 章 跨境支付与结算平台（Ⅰ）——国内平台 103
 6.1 微信 104
  6.1.1 微信概述 104
  6.1.2 微信跨境电子商务支付与结算 107
 6.2 支付宝 112
  6.2.1 支付宝概述 112
  6.2.2 支付宝账户的注册与管理 116
  6.2.3 支付宝跨境电子商务支付与结算 121
 6.3 连连支付 123
  6.3.1 连连支付概述 123
  6.3.2 连连支付跨境电子商务支付与结算的特点和模式 127

6.3.3 连连支付跨境电子商务支付与结算的流程 129
6.4 易宝支付 129
6.4.1 易宝支付概述 129
6.4.2 易宝跨境电子商务支付与结算业务模式 130
6.5 PingPong 131
6.5.1 PingPong 概述 131
6.5.2 PingPong 跨境电子商务支付与结算的流程 132
6.6 一达通 135
6.6.1 一达通概述 135
6.6.2 一达通跨境电子商务支付与结算业务模式 135
项目实训 136
复习与思考 136

第 7 章 跨境支付与结算平台（Ⅱ）——国外平台 137

7.1 PayPal 139
7.1.1 PayPal 平台概述 139
7.1.2 PayPal 平台使用流程 143
7.2 MoneyGram 146
7.2.1 MoneyGram 平台概述 146
7.2.2 MoneyGram 平台使用流程 149
7.3 Western Union 149
7.3.1 Western Union 平台概述 149
7.3.2 Western Union 平台使用流程 151
7.4 WebMoney 154
7.4.1 WebMoney 平台概述 154
7.4.2 WebMoney 平台使用流程 156
7.5 QIWI Wallet 159
7.5.1 QIWI Wallet 平台概述 159
7.5.2 QIWI Wallet 支付特点 160
7.5.3 QIWI Wallet 支付介绍 160
7.6 Boleto 161
7.6.1 Boleto 平台概述 161
7.6.2 Boleto 支付特点 161
7.6.3 Boleto 支付介绍 161
7.7 POLi 162
7.7.1 POLi 平台概述 162

7.7.2　POLi 支付特点 162
　　　7.7.3　POLi 支付介绍 163
　7.8　Japan Bank Transfer 163
　　　7.8.1　Japan Bank Transfer 平台概述 163
　　　7.8.2　Japan Bank Transfer 支付特点 163
　　　7.8.3　Japan Bank Transfer 支付介绍 164
　项目实训 164
　复习与思考 164

第 8 章　跨境支付与结算平台（Ⅲ）——第三方支付平台 165

　8.1　跨境电子商务第三方支付与结算概述 169
　　　8.1.1　跨境电子商务第三方支付概念 169
　　　8.1.2　跨境电子商务第三方支付形式 172
　　　8.1.3　跨境电子商务第三方支付流程 176
　8.2　跨境电子商务第三方支付与结算发展现状及趋势 176
　　　8.2.1　跨境电子商务第三方支付系统发展现状 176
　　　8.2.2　跨境电子商务第三方支付的产业预期 180
　　　8.2.3　跨境电子商务第三方支付的未来前景 183
　项目实训 186
　复习与思考 186

第 9 章　跨境支付与结算技术和风险分析 187

　9.1　跨境电子商务支付与结算技术概述 188
　　　9.1.1　跨境电子商务支付与结算的技术认知 188
　　　9.1.2　跨境电子商务支付与结算的技术分析 192
　　　9.1.3　跨境电子商务支付与结算的最新技术 196
　9.2　跨境电子商务支付与结算风险概述 203
　　　9.2.1　跨境电子商务支付与结算的风险认知 203
　　　9.2.2　跨境电子商务支付与结算的风险监管 207
　　　9.2.3　跨境电子商务支付与结算的风险防范措施 210
　项目实训 217
　复习与思考 217

第 10 章　跨境网络支付的相关法律问题 218

　10.1　跨境电子商务支付相关立法概述 219
　　　10.1.1　电子商务支付相关立法 219
　　　10.1.2　跨境电子商务相关立法 222

10.2 跨境电子商务支付问题 224
　　10.2.1 出口电商跨境收/退款方式 224
　　10.2.2 跨境收款面临的合规风险 227
10.3 跨境电子商务消费者权益保护法 230
　　10.3.1 跨境电子商务平台的消费者权利保护责任 230
　　10.3.2 跨境电子商务平台的合规措施 231
10.4 跨境电子商务支付的其他法律问题 232
　　10.4.1 电子资金划拨中的法律问题 232
　　10.4.2 电子货币的法律问题 235
　　10.4.3 网络银行的法律问题 238
　　10.4.4 电子支票的法律问题 241
项目实训 243
复习与思考 243

参考文献 244

第 1 章 导 论

 **本章思维导图**

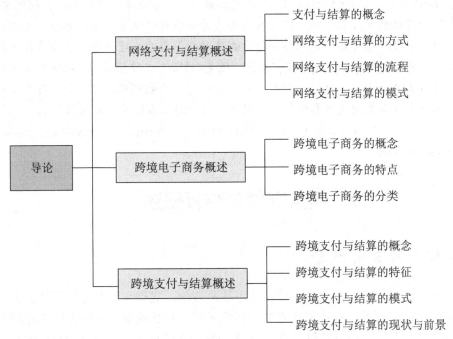

知识目标

- 了解网络支付与结算的方式；
- 了解跨境电子商务的分类；
- 掌握跨境支付与结算的特征和模式。

【关键词】

支付与结算、网络支付与结算、跨境电子商务、跨境支付与结算

案例导入

空海联运 滨海新区跨境电商出口有新路

记者日前从天津海关获悉，为有效降低新冠肺炎疫情的不利影响，进一步发挥稳定外贸作用，全力帮扶企业渡过难关，努力拓宽出口渠道，天津海关结合天津海空港区位优势，

创新提出海运出口转关模式,打通空港——海港联运通道,全力支持外贸企业复工复产,实现跨境电商船运出海,翻开电商"一带一路"新篇章。"以往我们的跨境电商货物都是走空运,现在,国内的货物以空运、陆运等方式运输到空港集散基地后,可以集中装箱通过海运渠道出口。"天津海关行邮监管处副处长赵瑞洁表示:"近洋航线的运输时间不会比空运长很多,而且海运具有明显的物流成本优势。我们会长期开通这一渠道,为企业提供多样化的选择。"

据了解,天津海关面对难题,一是选派专人联系出口企业,详细询问企业复工需求和困难,量身制订支持企业复工复产的工作计划;二是发挥我市海运航线丰富且成本较低的优势,确定跨境电商出口海运转关工作方案,以非接触形式为企业提供电话咨询和申报数据测试服务,在微信群中通过视频指导、远程协调等方式实时指导企业办理业务,让企业放下包袱,轻装上阵;三是反复推敲各流转环节,实行"服务+监管"工作模式,多次进行实地调研,帮扶企业在3天内完成场地改造、审批、转运等手续,合理调配人力,改变定时定点查验模式,提前与出口企业沟通好各环节对接时间,保障通关各环节"零延误"。

资料来源:空海联运 滨海新区跨境电商出口有新路[EB/OL].(2020-03-17). http://www.100ec.cn/detail--6548871.html,内容有改动。

1.1 网络支付与结算概述

1.1.1 支付与结算的概念

《中华人民共和国票据法》和《支付结算办法》规定,支付与结算是指单位、个人在社会经济活动中使用票据、信用卡和汇兑、托收承付、委托收款等结算方式进行货币给付及其资金清算的行为。换种说法,支付与结算是一方得到另一方的货物与服务后给予货币补偿,以保证双方的平衡。因此,支付是为了清偿商务伙伴间由于商品交换和服务活动引起的债权、债务关系,由银行所提供的金融服务业务,而这种结清债权和债务关系的经济行为就称为结算。支付和结算的含义基本相同,支付与结算可以直接理解为支付结算或支付。

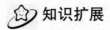

传统支付与结算方式的局限性

1.1.2 网络支付与结算的方式

1. 网络支付的定义

网络支付（net payment/internet payment）是电子支付的一种形式，指以金融电子化网络为基础，以商用电子化工具和各类交易卡为媒介，采用现代计算机技术和通信技术手段，通过计算机网络系统特别是互联网，以电子信息传递形式来实现资金的流通和支付。网络支付能有效解决资金流瓶颈，是电子交易进一步发展的必由之路。

2. 网络支付与结算的方式

1）按开展电子商务的实体性质分类

电子商务的主流分类方式就是按照开展电子商务的实体性质分类的，即分为 B2B、B2C、C2C、B2G、C2G 等类型的电子商务。目前，客户在进行电子商务交易时通常会按照开展的电子商务类型来选择使用不同的网络支付方式。考虑到这些不同类型的电子商务实体实力、资金流量大小、一般支付习惯等因素，可以按开展电子商务的实体性质，把当前网络支付方式分为 B2C 型网络支付方式和 B2B 型网络支付方式两类。

（1）B2C 型网络支付方式。这是企业与个人、政府部门与个人、个人与个人进行网络交易时采用的网络支付方式，比如信用卡网络支付、IC 卡网络支付、电子现金支付、电子钱包支付以及个人网络银行支付等。这种支付方式适用于不是很大金额的网络交易支付，应用起来较为方便灵活，实施较为简单，风险也不大。

（2）B2B 型网络支付方式。这是企业与企业、企业与政府部门进行网络交易时采用的网络支付方式，比如电子支票网络支付、电子汇兑系统、国际电子支付系统 SWIFT 与 CHIPS、中国国家现代化支付系统（CNAPS）、金融 EDI 以及企业网络银行服务等。这种支付方式适用于较大金额的网络交易支付结算。

2）按支付数据流的内容性质分类

根据电子商务流程中用于网络支付的支付数据流内容性质的不同，即传递的是指令还是具有一般等价物性质的电子货币本身，可以将网络支付方式分为如下两类。

（1）指令传递型网络支付方式。支付指令是指启动支付的口头或书面命令，网络支付的支付指令是指启动支付的电子化命令，即一串指令数据流。支付指令的用户从不真正拥有货币，而是由他指示银行等金融中介机构替他转拨货币，完成转账业务。指令传递型网络支付系统是现有电子支付基础设施和手段（如 ACH 系统和信用卡支付等）的改进与加强。

指令传递型网络支付方式主要有银行网络转拨指令方式（EFT、CHIPS 与 SWIFT、电子支票、网络银行、FEDI 等）、信用卡支付方式等。

知识链接

FEDI（金融电子数据交换）是一种以标准化的格式在银行与银行的计算机之间、银行与银行的企业客户计算机之间交换金融信息的方式。因此，FEDI 可以较好地应用于 B2B 电子商务交易的支付结算中。

（2）电子现金传递型网络支付方式。电子现金传递型网络支付是指客户进行网络支付时在网络平台上传递的是具有等价物性质的电子货币本身，即电子现金的支付结算机制。其主要原理是：用户可从银行账户中提取一定数量的电子现金，且把电子现金保存在一张卡（如智能卡）或者用户计算机中的某部分（如一台个人计算机或个人数字助理的电子钱包）。这时，消费者拥有真正的"电子货币"，能在互联网上直接把这些电子现金按相应支付数额转拨给另一方，如消费者、银行或供应商。

3）按网络支付金额的规模分类

电子商务由于基于互联网平台进行，运作成本较低，因此对大中小型企业、政府机构以及个体消费者均比较适用。由于不同规模的企业及个体消费者的消费能力不同，网络上商品与服务的价格也是不同的，大到几十万元的汽车，小到 0.1 元的短信息服务，因此同一个商务实体针对这些不同规模的资金支付，可以采用不同的支付结算方式。

根据电子商务中进行网络支付金额的规模，可将网络支付方式划分为如下三类。

（1）微支付。微支付（micro-payment）是指那些款额特别小的电子商务交易，即低值支付，其交易价值大约在 5 美元以下（中国相应为 5 元人民币以下），如支付一次电话费，发送一条手机短信息，浏览一个收费网页，在线收听一首付费歌曲等。微支付技术要求便利而且快速，主要用于特别小的网络交易中。比较典型的微支付系统如 IBM 的 Micropayments 系统、Millicent 钱包、Cybercoin、NetBill、Electronic Commerce Project、MPTP 等。

（2）消费者级支付。消费者级支付（consumer payment）是指满足个体消费者和商业（包括企业）或政府部门在经济交往中的一般性支付所需要的网络支付服务系统，也称小额零售系统，其交易价值在 5～500 美元之间（中国相应为 5 元～1000 元人民币）。消费者级付款是由信用卡、智能卡、电子钱包交易来执行的，如购买一束鲜花、购买学习资料、下载收费软件等。

（3）商业级支付。商业级支付（business payment）是指满足一般企业（包括企业、政府）部门间的电子商务业务支付需要的网络支付服务系统，也称大中额资金转账系统，其交易价值大约为 500 欧元或美元（中国相应为 1000 元人民币以上）。它适用于直接借记或利用电子账单解决，如传统的 EFT、E-Check、FEDI、CNAPS、企业网络银行服务等。

案例 1-1

跨境结算：支付机构 VS 传统银行

跨境结算指的是两个或两个以上国家或地区之间因国际贸易（货物贸易、服务贸易）、国际投资等发生的国际债权债务借助一定的结算工具和支付系统实现资金跨国和跨地区转移的行为。目前线下跨境贸易和线上 B2B 跨境贸易基本以传统银行结算为主，而线上 B2C 跨境贸易则由国际信用卡组织和第三方支付机构所主导，以 PayPal、Amazon Pay、国际支付宝等为代表的第三方支付机构，借助跨境电商平台，在跨境贸易结算中日渐崭露头角。2019 年 4 月份，国家外汇管理局发布《国家外汇管理局关于印发<支付机构外汇业务管理办法>的通知》，主动适应跨境电子商务新业态的业务特点，完善支付机构跨境外汇业务相关政策,进一步促进了跨境电子商务结算的便利化。

随着互联网跨境电商的兴起,跨境支付结算日益走近我们的日常生活。白领妈妈们热衷于海淘,小微商户也发掘出了海外零售的商机,过去由线下主导的跨境贸易,如今越来越频繁地出现在跨境电商B2B、B2C贸易中。伴随着贸易跨境的平民化趋势,跨境支付结算的通道也在多元化、便利化。尽管银行在过去几百年里垄断了跨境贸易的结算业务,但在互联网及信息技术的推动下,第三方支付在跨境结算方面展现出竿头日上的惊人势头。

近期发布的《2018年度中国跨境电商市场数据监测报告》显示,2018年中国跨境电商交易规模达9万亿元,同比增长11.6%。而国际市场的体量更大,据艾媒咨询数据显示,2018年全球B2C跨境电商交易规模同比去年增长27.5%,预计2019年将突破8000亿美元。面对如此巨大的市场,第三方支付机构纷纷摩拳擦掌申请跨境支付牌照以期分得一块蛋糕。

虽然跨境电商平台针对的用户群体与传统银行的高资产、高净值的优质客户存在差异,但其不断增长的趋势,不得不引起各方的注意:一是支撑这种迅猛增长背后的技术为很多包括银行在内的金融机构所觊觎,二是其合规问题和洗钱隐患被监管部门所关注。

1. 支付机构VS传统银行——优势

传统跨境结算主要指银行间通过汇款、托收、信用证等国际结算工具,依托全球银行间成熟的SWIFT系统和清算体系,具有安全、稳定、可靠等特点。在竞争促使下,各大银行在控制风险的前提下不断优化流程、提升服务,结算周期比过去大大缩短,对于大额跨境贸易来说,无疑是最安全放心的选择。然而,对比新型结算工具,传统银行跨境结算显然存在手续复杂、周期长、费用高等弊病,难以满足"高频次、小额化"的中小企业跨境商业往来需求。银行在跨境电商B2B领域,主要还是依照传统的一般贸易方式,提供资金结算、外汇管理及贸易融资支持;利用在全球的分支机构,为跨境出口大卖家开设海外银行账户(一般是香港账户),进行全球资金收付和外汇管理服务。一些具备影像试点资质的银行打造的线上支付结算系统,设有上传出口相关单证扫描件的入口,可理解为银行服务的线上化,但其跨境支付结算与电商平台交易、货物交付暂时还是割裂的。而针对跨境电商零售(B2C)企业通过邮政包裹或快递直接将货物邮寄给境内外消费者的情况,如果没有经过报关、商检等一般贸易流程,银行则无法依据外贸资金管理规定为企业直接提供资金进出和结售汇服务,只能作为第三方支付机构的合作银行,做国际收支申报和结汇登记。

第三方支付机构的最大特点就是方便快捷。以国际支付宝为例,其在线跨境交易的基本流程是:速卖通卖家在平台上开设网店,发布产品;平台的海外买家搜索到该产品时,经过与卖家磋商后,可以直接在线下订单。具体操作就是,通过"国际支付宝"这个第三方支付工具,买家付款到速卖通平台;卖家确认买家已经付款后开始发货;买家收到货物之后,确认收货;速卖通平台放款给卖家。在这一交易流程中,速卖通平台通过"国际支付宝"第三方支付服务,起到了交易的支付保障作用。它不仅减少了买卖双方因为语言沟通不畅,害怕因流程麻烦而造成的订单流失,而且在线交易能有效解决传统贸易中买家担心付款后收不到货、卖家担心发货后收不到钱的两难问题,有利于买卖双方建立信任,减少沟通成本,促成快速成单。

由于整个流程是在线上完成的,无须客户提交纸质指令到银行柜台办理,因此提高了结算效率。与传统结算方式相比，它们不需要银行作为支付的中介，因为平台自身已经介入买卖双方关于是否及时发货、货物质量是否与描述相同等的纠纷处理，而传统的结算方式，银行作为支付中介，是完全不介入买卖双方的货物买卖合同履行项下的纠纷的。

同时，第三方机构还可以跨境贸易平台为基础，围绕客户提供出口退税、VAT缴费、供应链融资等一系列增值服务。正是由于电子化、无纸化、低门槛和低成本满足了小额、高频的交易需求，第三方支付机构越来越多地成为中小卖家跨境贸易的选择。

2. 支付机构VS传统银行——痛点

首先，说到弊端，真实性和合规性仍然是第三方支付机构最大的短板。一是由于跨境电子商务交易信息以电子形式进行传递，而电子单证可被不留痕迹地轻易篡改，因此无纸化和虚拟化导致了交易真实性审核的困难。二是跨境电子商务的模式和资金收支比较灵活分散，如小包、快递等国际物流，无法取得海关报关单等合法凭证，缺乏与资金流相匹配的货物流数据，因此增加了外汇监管的难度。三是跨境业务不仅要符合中国相关部门的监管要求，更要兼顾目标市场当地政府的法律法规、金融监管与反洗钱政策。仅合规操作这一项，支付机构跨境业务要满足国际反洗钱要求，就得斥资购买不少第三方机构的反洗钱黑名单。然而，随着支付机构外汇结算业务的放开，必然有一小撮人利用虚拟交易、蚂蚁搬家等方式通过支付平台变相洗钱或者向境内外转移资金。

其次，受限于单笔5万美金和现行外管制度，目前第三方支付机构一般不涉及跨境B2B支付结算，外管局许可跨境外汇支付试点的第三方支付机构开展B2C支付业务，而B2B仍属于传统银行的业务。自建B2B平台仅可以实现线上收单，线上完成支付及购汇的流程目前还不完善，企业间的跨境支付实际上大部分都是线下去做的。另外，与传统国际结算有统一的国际惯例（例如UCP600、URC522）不同，各电商平台的跨境支付规则都是由各自平台制定的，而且不时有修改，需要卖家实时留意。比如，物流方式必须是平台指定的快递方式（如DHL、UPS、FedEx等）、不支持海运的物流方式等。不同平台的收款时间也各不相同，很多平台都设定了买家保护期，甚至设置"预留款"，这种收款时间的规定，导致卖家的收款时间比较长，影响了货款的资金周转速度。

最后，第三方跨境结算通道受制于境内机构在境外的影响力有限，境外用户还是习惯于使用认可度较高的信用卡、当地银行或其他当地支付工具，因此应用推广是难点。总体而言，即使线上达成订单交易，B2B业务整个结算体系仍然十分传统、烦琐，因金额较大，很难适用电子商务通常"先款后货"的方式，仍须沿用传统的银行增信结算如信用证、保理、T/T等，并辅以合同、发票、报关单等单证银行结汇，尚未实现国际贸易结算的线上化。

3. 可能的合作方案

针对碎片化的海量B2B订单，如何将物流数据信息、资金流数据信息以及商流数据信息重新整合，从而形成一套全新的电子商务化的国际贸易体系，同时又能降低成本，以迎合灵活多变的线上交易要求，这的确是一个各方面都需要考虑和解决的问题。

一种可能的解决方案是银行通过与物流仓储企业合作，将跨境电商平台与银行数据对接，使传统线下B2B贸易支付环节实现线上操作。其具体做法是：平台将供应商货物买断并将货物放入保税区，提前通关。采购商开设国内离岸账户（属于境外账户），通过平台下单。银行根据报关单、平台订单数据开展跨境资金收付和结售汇服务。这种模式将平台交易与货物交付、跨境支付结合起来，帮助供应商与采购商解决货物通关和跨境支付的问题，为跨境电商小额交易开辟了合规的线上贸易渠道。还有一种就是直接打通平台的库内操作系统与银行结算系统的数据通道，实现在线交易、在线通关、在线结算以及实时货权交割。通过卖家电子钱包与银行、海关体系的联通，高效地将原有贸易真实性佐证要素线上化，从而满足交易碎片后的诸多要求。同时，可以实时向银行提供通关信息，使得银行能够完成实时结汇。

目前，交通银行全球支付—跨境电商平台已正式上线，通过系统直连实现多项电子平台跨境外汇收支服务场景。8月2日，银联用户通过银联电子统一支付平台，经由交通银行全球支付—跨境电商平台实现首单线上支付，标志着交通银行为支持跨境电商外汇支付、拓展该领域金融服务功能迈出了坚实的一步。

4. 意义

整合物流仓储企业、电商平台与银行资源，以实现物流、信息流和资金流的匹配，对于未来跨境结算模式具有重大的创新意义。在此基础上，才有可能进一步探讨退税融资、采购融资、库存质押融资等互联网供应链金融产品。银行与"关检汇税"等政府主管部门系统化的互联互通，利用电商平台的"创新高地"、基于跨境业务需求做进一步突破尝试，能够为电商企业提供快捷化、阳光化的金融服务，同时也能更好地配合国家做好"反洗钱、防热钱"的金融监管，形成新的更高效灵活的交易和服务体系。

资料来源:跨境结算:支付机构VS传统银行[EB/OL].（2019-09-12）.http://www.100ec.cn/detail--6527034.html，内容有改动。

1.1.3 网络支付与结算的流程

由于基于互联网平台的网络支付流程与传统的支付过程类似，因此在处理网络支付时借鉴了很多传统支付方式的应用机制与过程。如果熟悉传统的支付方式，如纸质现金、纸质支票、POS机、信用卡等方式的支付过程，将有助于对网络支付流程的理解。

基于互联网平台的网络支付一般流程如图1-1所示。

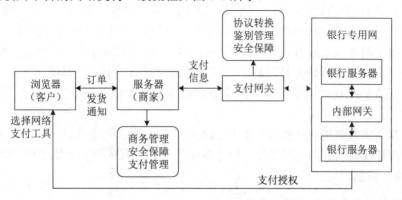

图1-1 基于互联网平台的网络支付一般流程

其基本应用流程可描述为以下几个步骤。

（1）客户连接互联网，通过浏览器进行商品的浏览、选择和订购，填写网上订单，然后选择应用的网络支付工具，并且得到银行的授权使用，如信用卡、电子支票、电子钱包、电子现金或网络银行账号等。

（2）客户对相关订单信息，如支付信息进行加密，在网上提交订单。

（3）商家服务器对客户的订购信息进行检查、确认，并把相关的、经过加密的客户支付信息等转发给支付网关，直至银行专用网的银行后台业务服务器确认，以期从银行等电子货币发行机构验证得到支付资金的授权。

（4）银行验证确认后，通过建立起来的经由支付网关的加密通信通道，给商家服务器回送确认及支付信息，为确保进一步的交易安全，会给客户发送支付授权请求（也可无）。

（5）银行得到客户传来的进一步授权支付信息后，将资金从客户账户转拨至开展电子商务的商家银行账户上，借助银行专用网进行结算，并分别给商家和客户发送支付成功信息。

（6）商家服务器收到银行发来的支付成功信息后，给客户发送网络付款成功信息和发货通知，至此，一次典型的网络支付流程结束。商家和客户可以分别借助网络查询自己的资金余额信息，以进一步核对。

1.1.4 网络支付与结算的模式

网络支付的应用流程其实就是电子货币的流动过程。不同的电子货币，其应用流程是有区别的。根据电子货币支付流程的差别，可以把网络支付的基本系统模式大体分为类支票电子货币支付系统模式和类现金电子货币支付系统模式两种。

1. 类支票电子货币支付系统模式

类支票电子货币支付系统模式是典型的基于电子支票、电子票证汇兑、信用卡、网络银行账号等方式的网络支付系统模式，它支持大、中、小额度的资金支付与结算，其类似传统的纸质支票应用系统模式。该模式主要涉及三个当事实体（买方、卖方和各自的开户行）。其中，银行开户行可为同一家银行或不同银行，此外，在网络平台上还涉及 CA 认证中心。类支票电子货币支付的基本应用流程可以简要描述为以下几个步骤。

（1）电子商务买卖双方都有自己的银行账户，而买方应在开户行有一定的存款。

（2）在买卖双方开始交易以前，买方先从银行得到电子支付票证。

（3）买方把授权的电子票证交给卖方，卖方验证此电子票证的有效性后，继续交易过程。

（4）卖方将收到的电子票证转给自己的开户行，要求资金兑付。

（5）银行收到卖方的电子票证，验证确认后进行后台的资金清算工作，且给买卖双方回送支付成功消息。

2. 类现金电子货币支付系统模式

类支票电子货币支付包括信用卡网络支付过程在内，虽然减少了材料费用、运输费用等，并且应用快捷方便，但每次支付结算时都需要银行作为中介直接参与，时间与成本上均存在一定的开销，而且不匿名，交易双方的身份不能被保护，且对于微小数额的支付操作起来仍不方便。传统的纸质现金作为目前人们日常生活中最常用的一种支付工具，使用方便直观、支付成本低，且是匿名使用和不可追踪的。这可保证买卖双方的自由不受干涉，一定程度上保护了客户的隐私。正是借助纸质现金的优点，一些企业与研究机构推出类现金电子货币支付系统模式，以满足电子商务环境下网络支付的个性化需要。

类现金电子货币支付系统模式是一种新的网络支付模式，其主要的网络支付工具是类现金电子货币，较有代表性的是电子现金。类现金同样主要涉及三个当事实体，即买方、卖方和各自的开户行。其中，银行开户行可为同一家银行或不同银行，此外，在网络平台上还涉及 CA 认证中心。类现金的基本应用流程可以简要描述为以下几个步骤。

（1）电子商务中的买方先在开户银行中有一定的存款，且对应其类现金账号。

（2）在买卖双方开始交易之前，买方先从银行通过银行存款请求兑换类现金，就像到银行从资金账号中提取纸质现金一样。

（3）银行根据买方的请求将相应的类现金发送至买方的计算机中，即可随意使用。

（4）买方根据付款数额将相应数目的类现金发送至卖方的计算机中，卖方验证此类现金的有效性后，继续交易过程。

（5）卖方可把收到的类现金暂时存储起来，也可发送至相应银行，银行清算后增加卖方账号的对应资金数额，卖方还可以把收到的现金发送给自己的另一商务伙伴，如供应商，进行网络支付。

1.2　跨境电子商务概述

1.2.1　跨境电子商务的概念

跨境电子商务，简称跨境电商（cross-border/e-commerce），它脱胎于"小额外贸"，最初是指以个人为主的买家借助互联网平台从境外购买产品，利用第三方支付方式付款，卖家通过快递完成货品的运送。

跨境电商有狭义和广义两层含义。从狭义上看，跨境电商特指跨境网络零售，实际上基本等同于跨境零售，包括 B2C 和 C2C 两种模式，是指分属于不同关境的交易主体通过电子商务平台达成交易进行跨境支付结算，物流方面采用航空小包、邮寄、快递等方式，通过跨境物流送达买家、完成交易的一种国际贸易新业态。

从本质上讲，它是以电子及电子技术为手段，以商务为核心，把原来传统的销售、购物渠道转移至互联网上，打破国家与地区之间的壁垒，使整个商品销售达到全球化、网络化、无形化、个性化和一体化的状态。跨境网络零售是互联网发展到一定阶段所产生的新型贸易形态。

从海关的统计口径来看，狭义的跨境电商就是在网上进行小包的买卖，其基本上针对的是终端消费者（即通常所说的 B2C 或 C2C）。但随着跨境电商的发展，一部分碎片化、小额批发买卖的小 B 类商家用户也成了消费群体（B2B）。由于这类小 B 类商家和 C 类个人消费者在现实中很难严格区分和界定，因此狭义的跨境也将这部分纳入跨境零售内容。

从广义上看，跨境电商基本等同于外贸电商，是指分属不同关境的交易主体，通过电子商务手段将传统进出口贸易中的展示、洽谈和成交环节电子化，并通过跨境物流送达商品、完成交易的一种国际商业活动。

广义的跨境电商统计对象以跨境电商中商品交易部分为主（不含服务部分），它既包含跨境电商交易中的跨境零售（狭义部分），又包含跨境电商 B2B 部分。其中，B2B 部分不但包括通过跨境交易平台实现线上成交的部分，还包括通过互联网渠道进行线上交易洽谈，促成线下成交的部分。

★ 学而思

你知道国内电子实务与跨境电子商务的区别吗？

1.2.2 跨境电子商务的特点

1. 多边化

传统的国际（地区间）贸易主要表现为两国（地区）之间的双边贸易，即使有多边贸易，也是通过多个双边贸易实现的，呈线状结构。跨境电子商务，可以通过 A 国（地区）的交易平台、B 国（地区）的支付结算平台、C 国（地区）的物流平台，实现其他国家（地区）间的直接贸易。与贸易过程相关的信息流、商流、物流、资金流，由传统的双边逐步向多边演进，呈网状结构，这种国际贸易形式正在重构世界经济新秩序。

2. 直接化

传统的国际（地区间）贸易主要由一国（地区）的进/出口商通过另一国（地区）的出/进口商集中进/出口大批量货物，然后通过境内流通企业的多级分销，最后到达有进/出口需求的企业或消费者手中，进/出口环节多、时间长、成本高、效率低。跨境电子商务，可以通过电子商务交易与服务平台，实现多国（地区）企业之间、企业与最终消费者之间的直接交易，进/出口环节少、时间短、成本低、效率高。

3. 小批量

跨境电子商务通过电子商务交易与服务平台，实现多国（地区）企业之间、企业与最终消费者之间的直接交易。由于是单个企业之间或单个企业与单个消费者之间的交易，相对于传统贸易而言，大多是小批量，甚至是单件交易。

4. 高频度

跨境电子商务通过电子商务交易与服务平台，实现多国（地区）企业之间、企业与最终消费者之间的直接交易。由于是单个企业之间或单个企业与单个消费者之间的交易，而且是即时按需采购、销售或消费，因而相对于传统贸易而言，交易的次数或频率较高。

5. 数字化

传统的国际（地区间）贸易，主要是实物产品或服务交易。随着信息网络技术的深化应用，数字化产品（软件、影视、游戏等）的品类和贸易量快速增长，且通过跨境电子商务进行销售或消费的趋势更加明显。但关于"数字化"的一大挑战是，目前数字化产品的跨境贸易还没有被纳入海关等政府相关部门的有效监管、贸易量统计、收缴关税的范围。

非洲跨境电子商务市场的机遇与挑战

尽管 eBay 和阿里巴巴是全球电子商务平台之一，但许多非洲居民对它们知之甚少，甚至从未听说过它们。然而，非洲许多国家已经在本国拥有大型电子商务平台。以科特迪瓦为例，很多当地人都知道凯慕电子商务网站。

凯慕（Kaymu）是非洲互联网控股公司在德国 Samwer 兄弟和 Rocket Internet 的支持下推出的电子商务平台。凯慕成立仅两年，虽然没有阿里巴巴和易趣那么出名，但它现在在全球 25 个国家中拥有电子商务业务，其中包括 15 个非洲国家。目前，科特迪瓦电子商务市场上还有其他电子商务平台，如 Jumia、Wasiri、Sigata、Amazon 等，凯慕于今年年初开始在科特迪瓦开启商业模式。科特迪瓦的许多用户意识到，电子商务平台将给其带来好处。目前，凯慕发展迅速，已成为科特迪瓦的电子商务平台。

据 BBC 新闻报道，凯慕首先在科特迪瓦阿比让的批发市场 Adjame 内招募在线卖家。Adjame 的市场范围很广，包括服装、水果、珠宝、洗衣机等，但产品都集中在小摊上，市场中挤满了人。卡依木科特迪瓦公司总经理阿布鲁格说，这些贸易商在市场上的利润率很小，都是批发业务，他们奉行的是薄利多销的经营战略。批发商用集装箱从中国、迪拜等国家和地区进口大量货物，然后运到批发市场销售。现在，凯慕平台将帮助他们将产品直接通过网络销售给终端消费者，消除中间流通环节，使利润大大提高。目前，凯慕平台上的 Adjame 销售批发市场约有 200 个卖家。凯慕帮助卖家在网站上发布产品图片、销售产品并协助发货。每成交 1 张订单，凯慕收取 10%～20%的佣金。科特迪瓦的中等收入人群正在增长，他们熟悉电脑的使用，喜欢网上购物，希望能以实惠的价格在网上购买新产品。凯慕非洲地区执行官埃利亚斯·舒尔泽也表示，科特迪瓦传统的私营经济非常活跃，手机和互联网的普及率很高，这将极大地促进当地电子商务的发展。

非洲人口众多，据联合国人口基金预测，布隆迪、马拉维、马里等国 2013—2100 年人口将增至目前人口的 5 倍。那么非洲有多少互联网用户？麦肯锡全球管理咨询公司

（McKinsey Global Management Consulting）的一份报告显示，非洲大陆10亿人口中，有16%正在使用互联网，而互联网用户在未来几年将继续增长。对于非洲日益壮大的中产阶级来说，电子商务将为他们开启一种新的购物体验。到2025年，欧洲大陆约10%的经济将归电子商务所有，这意味着电子商务每年将创造750亿美元的收入。

通过电子商务促进非洲的零售业，满足电子商务平台建立的基础设施，可能是企业家们关心的问题。目前，非洲各国政府高度重视基础设施建设，南非、尼日利亚、埃及、肯尼亚、赞比亚等国已经能够满足跨境电子商务在交通、通信等基础设施方面快速发展的需要。

如今，许多非洲国家都有发展势头良好的在线平台。以尼日利亚为例，该国的两家在线零售商 Jumia 和 Konga，其销售的产品从手机、时装到化妆品应有尽有。南非在线时尚零售商 Zando 的董事总经理 Sascha Breuss 表示，Jumia 目前是尼日利亚的零售商，在进入市场 2 年后取得了这样的成绩，表明电子商务在当地市场上发挥着重要作用。Jumia 和 Zando 属于非洲互联网控股公司。Jumia 已将其影响力扩大到摩洛哥，并正在探索肯尼亚市场。Zando 在南非推出了自己的私人时尚品牌，销售的产品中约有 25%是国际品牌。据布劳斯介绍，赞多和 Jumia 实行免费退货政策，允许消费者在家试穿衣服，而返回公司的衣服数量相对较少。目前，非洲的品牌店较少，布劳斯认为，非洲电子商务市场前景光明，将弥补非洲国家商店的不足。

当记者在搜索引擎中输入 Kaymu 时，页面会弹出尼日利亚凯慕网站，或许在非洲凯慕能够更直接地吸引买家和卖家。首先，卡伊木尼日利亚网站页面的左右两侧分别标有显眼的蓝色横条。现在，在凯慕中销售/购买只需要三个步骤：第一步，单击；第二步，注册；第三步，出售/购买。对于一些不精通网络零售的非洲用户来说，提示简单、易操作，不会让消费者因为感觉存在技术上的困难而放弃操作，这无疑形成了销售或购买的吸引力。其次，在页面顶部，用凯慕网站显著标记合作用户，并直接推广平台卖家。在服装、珠宝等产品的介绍下，凯慕网站部分界面还特别使用了文字进行阐述：在尼日利亚凯慕网站购买，这样就可以找到物美价廉的产品；在尼日利亚凯慕网站销售，现在开始盈利。

资料来源：非洲跨境电子商务市场的机遇与挑战[EB/OL].（2020-03-10）. http://www.kjqiao.com/import/1201.html，内容有改动。

1.2.3 跨境电子商务的分类

1. 按照交易对象分类

1）企业与消费者之间的电子商务

企业与消费者之间的电子商务，即 B2C（business to consumer）电子商务，它类似于联机服务中进行的商品买卖，是利用计算机网络使消费者直接参与经济活动的高级形式。这种形式随着网络的普及迅速发展，现已形成大量的网络商业中心，提供各种商品和服务。在国际贸易中，这种交易涉及海关和外汇问题。

2）企业与企业之间的电子商务

企业与企业之间的电子商务，即 B2B（business to business）电子商务，它包括特定企业间的电子商务和非特定企业间的电子商务。特定企业间的电子商务是指过去一直有交易关系或今后一定会继续进行交易的企业，为了相同的经济利益，共同进行设计、开发或全面进行市场及库存管理而进行的商务交易。企业可以利用网络向供应商订货、接收发票和付款。非特定企业间的电子商务是指在开放的网络中对每笔交易寻找最佳伙伴，与伙伴进行从订购到结算的全部交易行为。这里，虽说是非特定企业，但由于加入该网络的仅限于需要这些商品的企业，因此可以设想是限于某一行业的企业。不过，它不以持续交易为前提，不同于特定企业间的电子商务。B2B 在这方面已经有了多年运作历史，应用得也很好，特别是通过专用网络或增值网络运行的 EDI。

3）企业与政府之间的电子商务

企业与政府之间的电子商务，即 B2G（business to government）电子商务，这种商务活动覆盖企业与政府组织间的各项事务。政府采购清单可以通过互联网发布，公司可以以电子化方式回应。同样，在公司税的征收上，政府也可以通过电子交换方式来完成。在国际贸易中，企业与政府之间突出表现在进出口的管制方面。

通过上述三种电子商务的基本形式，可以派生出若干其他形式，如消费者与企业（consumer to business，C2B）、消费者与消费者（consumer to consumer，C2C）、政府与企业（government to business，G2B）等。这些形式的运作过程与 B2C、B2B 电子商务基本类似，因此，本书将侧重点放在 B2C 和 B2B 电子商务的研究上，对其他内容不做重点介绍。

B2C、B2B 和 B2G 三者的关系可以用图 1-2 表示。

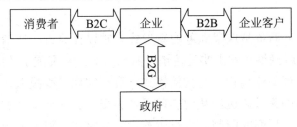

图 1-2　B2C、B2B 和 B2G 三者的关系

2. 按照贸易属性分类

从贸易属性来看，国际经贸领域中的电子商务可分为以下两种类型。

1）实物产品电子商务

实物产品电子商务是指通过电子的方式来进行洽谈、订货、开具发票、收款等与有形商品贸易相关的活动。实物产品本身需要利用传统渠道（如邮政服务和商业快递）送货或实地交割（如房地产产品）。实物产品的电子商务一般是间接贸易。

2）信息产品电子商务

信息产品电子商务既包括通过电子方式进行计算机软件的买卖，娱乐内容的联机订购、电子交付；也包括金融产品、旅游产品的网上交易或全球规模的信息服务等的活动。无形产品和服务既可通过互联网进行直接贸易，也可以某种间接方式完成交易。

3. 按照使用网络类型分类

根据使用网络类型的不同，跨境电子商务目前主要有 4 种形式：EDI 商务、互联网商务、内联网商务、移动电子商务。

1）EDI 商务

按照国际标准组织的定义，EDI 是指将商务或行政事务按照一个公认的标准，形成结构化的事务处理或文档数据格式，从计算机到计算机的电子传输方法。简单地说，EDI 商务就是按照商定的协议，将商业文件标准化和格式化，并通过计算机网络在贸易伙伴的计算机网络系统之间进行数据交换和自动化处理。

EDI 商务主要应用于企业与企业、企业与批发商、批发商与零售商之间的批发业务。相较于传统的订货和付款方式，EDI 商务大大节约了时间和费用。此外，相较于互联网，EDI 商务较好地解决了安全保障问题。这是因为使用者均有较可靠的信用保证，并有严格的登记手续和准入制度，加之多级权限的安全防范措施，从而实现了包括付款在内的全部交易工作计算机化。

但是，由于 EDI 商务必须租用 EDI 网络上的专线，即通过购买增值网（value added net-works，VAN）服务才能实现，费用较高，并且要求拥有专业的 EDI 操作人员以及贸易伙伴，近年来，随着计算机大幅度降价、互联网的迅速普及，基于互联网、使用可扩展标记语言（extensible mark language，XML）的 EDI（即 Web-EDI，或称 Open-EDI），正在逐步取代传统的 EDI 商务。而在 EDI 商务基础上发展起来的 ebXML，已经成为新世纪电子商务推广的重点。

2）互联网商务

互联网（internet）商务是现代商务的新形式。它以计算机、通信、多媒体、数据库技术为基础，通过互联网络在网上实现营销、购物服务。它突破了传统商业生产、批发、零售及进、销、存、调的流转程序与营销模式，真正实现了少投入、低成本、零库存、高效率，避免了商品的无效搬运，从而实现了社会资源的高效运转和最大节余。消费者可以不受时间、空间、厂商的限制，广泛浏览，充分比较，模拟使用，力求以最低的价格获得最满意的商品和服务。

3）内联网商务

内联网（intranet）商务是利用企业内部网络开展的商务活动，它是指运用互联网技术，在企业内部建立的网络系统。内联网只有企业内部的人员才可以使用，信息存取只限于企业内部，并在安全的控制下连上内联网。一般内联网设有防火墙程序，以避免未经授权的人进入。由于建立成本较低，所以内联网目前发展迅速。企业开展内联网商务，一方面可以节省许多文件的往来时间，方便沟通管理并降低管理成本；另一方面可通过网络与客户进行双向沟通，适时提供产品与服务的特色，并且提升服务品质。

EDI 商务、互联网商务和内联网商务的关系可以用图 1-3 表示。

4）移动电子商务

移动（mobile）电子商务是近几年来产生的电子商务的一个新的分支。移动电子商务利用移动网络的无线连通性，允许各种非 PC 设备（如手机、掌上电脑、车载计算机、便携式计算机）在电子商务服务器上检索数据，开展交易。目前，移动电子商务已经成为电子商务的新亮点。

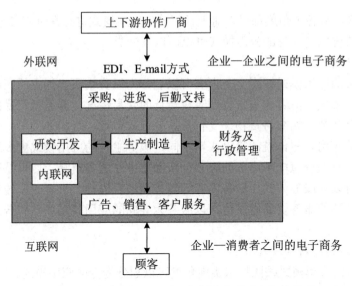

图1-3 EDI商务、互联网商务和内联网商务的关系

4. 按照贸易形式分类

按照贸易形式的不同，跨境电子商务可以分为无纸贸易、网络平台贸易、网上会展等类型。

1）无纸贸易

无纸贸易一般可理解为在贸易产业链的交易过程中，利用信息技术，通过网络环境和标准规范，将贸易相关方的商业行为和政府职能的实现结合起来，从而改善政府贸易管理部门、企业及增值服务提供商之间的信息交换和流程优化，实现商品和服务贸易等活动过程的无纸化。

2）网络平台贸易

网络平台贸易是指利用为各类网络交易（包括B2B、B2C和C2C交易）提供网络空间及技术和交易服务的计算机网络系统进行的贸易活动。例如，易趣C2C平台上主要进行支付活动的国际贸易，阿里巴巴B2B平台上主要进行信息交流的国际贸易。

3）网上会展

网上会展是指利用网络开展的贸易展览会，这类展览会通常作为传统实体交易会的一种补充。例如，网上广交会就是中国广州出口商品交易会的一个电子商务平台，常年为中国企业与国际买家提供更为方便的信息交流渠道，创造更多的贸易合作机会。

5. 按照应用模式分类

应用模式指的是跨境电子商务从商业模式、技术方案、组织管理等方面考察业务流程的优化程度、内容的创新、服务的创新、组织模式的创新，以及不同应用模式的运行是否有效，与经济和社会发展水平的适应程度等。

跨境电子商务的实施从某种意义上是围绕着企业销售领域的应用展开的。这种应用涉及国际贸易链上的多个环节，如成交、货物交付、支付、行政审批、货物通关环节等，其应用模式多种多样，从各个角度都可以对无纸贸易的应用模式进行探讨。

目前，我国跨境电子商务的应用模式可以做以下分类。

1) 从交易内容看

跨境电子商务的应用模式按照交易内容可以划分为以货物买卖为主的应用模式和以服务贸易为主的应用模式。前者侧重货物所有权转让的交易情况，其无纸贸易的应用涉及传统贸易链上的各个环节，如交付货物、支付货款、行政审批、货物通关等。后者则侧重以服务为主要内容的应用。与传统的货物买卖不同，服务主导的应用模式更多地偏重服务的提供。而实际上，有关跨境电子商务的许多创新都集中在服务贸易上，虽然网络不能代替实际交付，但是可以对服务方式、服务内容等各方面进行提升，甚至改变传统的服务内容和服务方式。经济体的服务贸易越发达，以服务为导向的应用就越成熟和普及，有关的创新也会越来越多。

2) 从技术实现角度看

跨境电子商务的应用模式按照技术实现角度可以划分为专网应用模式、开放互联网应用模式及移动商务模式。专网应用模式是无纸贸易最早的应用模式。无论发达国家（如美国、日本），还是新兴发展的亚太经济合作组织经济体国家（如新加坡、韩国），其无纸贸易的实施都经历了专网应用模式。专网应用模式商业数据传输的实现主要靠对应性极强的封闭型EDI技术，网络的基础设施相对也比较封闭。该模式可以避免许多协调成本，具有较强的安全性，但实施成本非常高，其中包括建立标准和建设大量的网络基础设施。后来发展起来的开放互联网应用模式则摆脱了原来封闭孤岛型的信息交换体系，从高成本的专网模式走向了开放的低成本互联网应用模式。移动商务模式则是在开放互联网应用模式的基础上向微型化、方便化发展的新方向，企业销售人员的流动性已经无法阻碍无纸贸易的应用。

3) 从应用领域看

跨境电子商务的应用模式从应用领域可以划分为行政应用模式、海关通关模式及跨境交易模式等，有些经济体的无纸贸易偏向于行政应用模式，如新加坡和韩国；有些经济体的无纸贸易应用偏向于海关通关模式，如中国香港等。另外，许多经济体（包括中国等）都在探讨跨境交易模式，因为无纸贸易的发展最终要建立起全球跨境的交易体系和交易平台，无缝实现商业单证和商业信息在跨境范围内的有效传输。在发达经济体内，一般跨境的贸易单证的传输主要依靠行业和大型跨国公司的内部网络服务体系。通常，跨国公司凭借着其特有的优势地位，让许多中小企业依附于其贸易链网络。目前，跨境交易的实现主要依靠各国的网络增值服务商所提供的服务来实现，但这需要各经济体的政府彼此合作，因为这种跨境的应用需要标准、利益等方面的有效协调才能实现。

1.3 跨境支付与结算概述

1.3.1 跨境支付与结算的概念

跨境支付与结算是指在国际经济活动中的当事人以一定的支付工具和方式，清偿因各种经济活动而产生的国际债权债务，并产生资金转移兑换的行为。它通常是在国际贸易中发生的，由负有金钱给付义务的当事人履行义务的一种行为。

1.3.2 跨境支付与结算的特征

跨境支付与结算伴随着商品进出口而发生，它具有以下几个特点。

（1）跨境支付与结算产生的原因是国际经济活动而引起的债权债务关系。跨境支付与结算的主体是国际经济活动中的当事人。国际经济活动中当事人的含义应依据不同的活动而定，如在货物买卖中，当事人是指双方营业地处在不同国家（或地区）的人，且有银行参与。

（2）跨境支付与结算以一定的工具进行支付。跨境支付与结算的工具一般为货币与票据，一方面，由于国际支付当事人一般是跨国（或地区）之间的自然人、法人，而各国（或地区）所使用的货币不同，因此涉及币种的选择、外汇的使用，以及与此有关的外汇汇率变动带来的风险问题；另一方面，要避免直接运送大量货币所带来的各种风险和不便，就会涉及票据或凭证的使用问题，与此相关的是各国（或地区）有关票据或凭证流转的一系列复杂的法律问题。

（3）跨境支付与结算以一定的支付方式来保障交易的安全。在国际贸易中，买卖双方通常从自身利益考虑，总是力求在货款收付方面能得到较大的安全保障，尽量避免遭受钱货两空的损失，并希望在资金周转方面得到某种融通。这就涉及如何根据不同情况，采用国际上长期形成的汇付、托收、信用证、PayPal 等不同的支付方式，以处理好货款收付中的安全保障和资金融通问题。

（4）跨境支付与结算的收付双方通常处在不同的货币圈，是异地结算中的特殊情况。由于收付双方处在不同的法律制度下，受到相关法律的限制，因此不能把一方的通行情况强加给对方，而只能以国际结算的统一惯例为准则，协调双方之间的关系，并相互约束。

（5）国际支付与结算必须以收付双方都能接受的货币作为支付结算货币，为了支付方便和安全，一般采用国际通行的结算货币，如美元、欧元、英镑等，特殊情况也有例外。

跨境支付与结算主要通过银行作为中间人进行支付结算，以确保支付过程安全、快捷、准确、保险及便利。但由于跨境支付与结算一般以不同于支付双方本国（或本地区）的货币作为支付结算货币，所以结算过程带有一定的汇兑风险。

案例 1-3

电子商务未来会是什么样子？深圳电商淘宝培训亚马逊培训

1. 艺术经纬：未来，不仅仅是销售商品，还包括服务

当前在线业务每年保持 60%～70%的增长速度，未来在线业务的比重可能还会有所上升。从 2019 年开始，我们开始尝试数字零售，通过大数据带动整个零售线，提高整个品牌的运营能力。

在新品类的开发中，更多的是依靠消费者意见的收集和自身对行业的敏感度。以口红为例，我发现很多人一开始就在谈论自己的口红，而粉丝们也非常关注唇膏。由此可见，这方面存在问题和需要，然后我对比分析发现口红的消费群体与现有女装消费群体有非常相似的地方，于是决定尝试进入这一领域，因此在进行新品类开发时我对大数据的需求很大，我真的很想通过大数据了解整个行业的趋势和未来发展。

2. 生物学：大数据是新零售模式的核心

"生物学"是一个起源于香港的创意家居品牌，主要经营各类水杯、餐饮用具和厨房用具，其产品注重原创设计和质量，目前主要面向年轻女性，倡导"健康、环保、自然"的生活方式。该品牌于2013年入驻天猫，是一个纯淘宝品牌。

自从"新零售"概念被提出，生物学开始尝试线下布局，这一举动立刻吸引了大量线下经销商，目前，其产品已进入全国数千家专卖店，并正在积极开拓线下市场。

与传统品牌相比，淘宝品牌没有优势，面临巨大挑战。至于如何线下运营，生物学目前还处于探索阶段，还有很多问题需要解决，如产品定位和布局、库存和物流等，需要制订详细的计划和拿出合适的解决方案。因此，其现阶段的运营仍然是线上，线下市场完全由经销商管理。目前，市场环境正在发生巨大变化。今后，我们将更加关注市场走势，在大数据的支持下积极进行新的尝试。

生物学认为新零售的核心是大数据架构，因此非常重视大数据分析，成立了专门的数据研究部门，负责收集企业内外的日常数据流，通过对积累的数据进行分析研究，将其应用于日常生产中。目前，生物学已经积累了数以百万计的网络粉丝，这是一个非常宝贵的资源。它将对消费者的收入、职业、偏好等特性做一系列的研究和分析，这些数据将作为制订新时期促销方向的依据。为了提高顾客的保留率和回购率，现阶段店长等领导在制订日常经营策略和方向时，会参考消费者的数据分析结果。

在新的零售模式下，线上、线下"全渠道"建设是基本配置。可以想象，未来实体店和网店将实现融合，让在线消费者获得离线体验和服务。相反，实体店的顾客可以被吸引到网上消费。那么在新的零售模式下，新的营销方式是什么？

消费者在网店下单付款后，会在一定时间内收到备货完成通知，然后可以方便地到网店提货。该方法能有效缩短网络购物的物流时间，满足消费者"即时送货"的期望。

资料来源：电子商务未来会是什么样子？深圳电商淘宝培训亚马逊培训[EB/OL].（2020-03-24）. http://www.kjqiao.com/institute/1161.html，内容有改动。

1.3.3 跨境支付与结算的模式

跨境支付与结算方式可以分成传统跨境支付与结算方式、跨境电子商务支付与结算方式两大类。

1. 传统跨境支付与结算方式

B2B跨境贸易中常采用的传统跨境支付与结算方式主要有以下几种。

1）汇付

汇付（remittance），又称汇款，即付款人主动通过银行或其他途径将款项汇给收款人，是最简单的一种支付方式。

2)托收

托收是指在进出口贸易中,出口方开具以进口方为付款人的汇票,委托出口方银行通过其在进口方的分行或代理行向进口方收款的一种结算方式。

托收属于逆汇,因为在托收中,作为结算工具的单据和单据的传送与资金的流动呈相反的方向。另外,托收也属于商业信用,银行完全根据卖方的指示来处理,银行到底能否收到货款,则需依靠买方的信用。

3)信用证

信用证(letter of credit,L/C)是指由银行(开证行)依照(申请人)要求和指示或自己主动在符合信用证条款的条件下,凭规定单据向第三者(受益人)或其指定方进行付款的书面文件,即信用证是一种银行开立的有条件的承诺付款的书面文件。

2. 跨境电子商务支付与结算方式

在跨境电子商务交易中,主要有以下几种跨境电子商务支付与结算方式。

1)PayPal

PayPal中文名为贝宝,是全球知名的跨境电子商务支付与结算工具,它于1998年12月由Peter Thiel及Max Levchin建立,总部位于美国加利福尼亚州圣荷西市。PayPal通过使用电子邮件标识身份的用户之间转移资金,替代了传统的邮寄支票或者汇款的方法。PayPal和各大知名跨境电子商务网站合作,成为它们货款的支付方式之一。当用户使用这种支付方式转账时,PayPal会收取一定数额的手续费。

2)Western Union

Western Union中文名为西联汇款,是世界上领先的特快汇款公司,迄今已有150年的历史。它拥有全球规模最大、最先进的电子汇兑金融网络,代理网点遍布全球近200个国家和地区。西联公司是美国财富五百强之一的第一数据公司(FDC)的子公司。中国光大银行、中国邮政储蓄银行、中国建设银行、浙江稠州商业银行、吉林银行、哈尔滨银行、福建海峡银行、烟台银行、龙江银行、温州银行、徽商银行、浦发银行等多家银行均是西联汇款的中国合作伙伴(本数据截止于笔者编写本书期间)。

3)WebMoney

WebMoney(简称WM)是1998年成立的WebMoney Transfer Techology公司开发的一种在线电子商务支付系统,截至2018年4月,其注册用户已接近3000万人,其支付系统可以在包括中国在内的全球70个国家和地区使用,在俄语系国家、日本、欧美国家都有相当数量的使用人群,尤其在俄语系国家,它是三大在线支付工具之一(另外两个是Yandex Wallet和QIWI Wallet)。

4)跨境电子商务平台自营的跨境电子商务支付与结算方式

亚马逊的亚马逊钱包、阿里巴巴国际站和速卖通的"国际版支付宝"(Escrow)、谷歌钱包等。

5)支付宝

无论是境内消费者在境外消费,还是境内消费者在境外跨境电子商务平台上购物,都可以通过支付宝付款。即使是境内用户跨境付款给境外商家、朋友或境外用户跨境支付给境内商家、朋友，也可以通过支付宝国际汇款实现，使用起来非常方便快捷。

6）微信

微信支付也早已开放了跨境电子商务支付功能。经过几年的发展，目前，微信电子商务支付业务已经覆盖东南亚、欧美、西亚、大洋洲的二十多个国家和地区。

7）连连支付

连连支付是专业的跨境第三方电子商务支付与结算机构，是中国领先的行业支付解决方案提供商，也是目前浙江省内最大的跨境电子商务支付与结算机构，目前在亚马逊等平台所占份额较大。

8）PingPong

杭州呯嘭智能技术有限公司（简称 PingPong）是一家主体位于杭州的国内知名的全球收款公司，为境内跨境电子商务卖家提供低成本的境外收款服务。PingPong 帮助中国企业获得公平的境外贸易保护，最近几年在跨境电子商务支付与结算领域当中的份额增长明显。

3. 传统和跨境电子商务支付与结算方式的联系

传统的跨境支付与结算方式由来已久，如信用证等方式目前仍然被广泛采用。事实证明，在大宗国际贸易活动中，传统跨境支付与结算方式仍然是主流，虽然其流程相对烦琐，但在可靠性上值得肯定。

近年来，随着各国互联网的普及以及人们对于跨境网络购物的不断认同，跨境电子商务日渐兴起，跨境电子商务支付与结算应运而生。跨境电子商务相对于传统的国际贸易来讲，体量相对较小，但是交易频次却比传统的国际贸易多出几何级别，交易信息也都是以无纸化形式为主。为了服务蓬勃发展的跨境电子商务业务，跨境电子商务支付与结算方式相对于传统的跨境支付与结算方式，在技术上始终在不断摸索和创新。

在市场中，传统跨境支付与结算方式和跨境电子商务支付与结算方式将会长期互补共存下去。

1.3.4 跨境支付与结算的现状与前景

1. 跨境电子商务支付与结算现状分析

1）网上电子支付现状

网上支付用户的快速增长，离不开网上消费的繁荣发展，随着中国网络零售市场的迅猛发展，线上消费生活服务类型的不断拓宽，交易规模的持续增大，也极大地增加了用户网上支付的普及率。快捷支付、卡通支付等便利的支付形式增强了支付的可用性，促进了网上支付覆盖更多的用户。随着移动支付技术标准的确立，支付企业在手机支付领域的布局与发力，也带动了手机网上支付用户的快速增长。

中国人民银行继续发放"支付业务许可证"，陆续出台细分业务领域管理办法，逐步向第三方支付企业开放传统金融领域支付结算业务，在完善监管、细化市场的同时，也形成了包括支付企业、传统银行、电商巨头、电信运营商在内的业态格局。未来支付领域的服务主体和模式将会更加多样化，随之而来网上支付的风险也在加大。因此，需要从健全政府监管政策，加强企业联盟合作，提升消费者安全意识等方面，不断完善网上支付安全的生态环境。

中国网上电子支付市场发展受很多因素制约，如网上电子支付的安全性有待进一步完善，支付服务费用较高，个人支付账户管理功能较少，用户对网上第三方电子支付平台信任度不高等，随着国家相关法律法规的制定出台，支付功能的逐步完善和网上第三方电子支付平台与银行合作的加强等，这些问题都将得到妥善解决。

随着互联网的迅速发展和现代密码技术的不断进步，网上电子支付在安全算法和协议等方面正不断趋于成熟。网络通信技术的不断进步，为电子支付提供了坚实的物质基础，中国网上电子支付平台开始步入优化阶段。

2）中国网上电子支付的现状

（1）中国网上电子支付市场规模。目前，中国电子支付市场并存着四套支付系统：首先是各商业银行建立的行内支付业务系统，其次是银行卡支付系统，再次是票据支付系统，最后是以中国现代化支付系统（CNAPS）为核心业务系统的信息系统集群。

CNAPS包括大额实时支付系统（HVPS）、小额批量支付系统（BEPS）、全国支票影像交换系统（CIS）、清算账户管理系统（SAPS）以及支付管理信息系统（PMIS）。中国现代化支付系统特指由CNAPS及其相关信息系统有机组合而成的信息系统集群。

人民银行支付清算系统有1517个直接参与者，他们都在国家储备中心开有清算账户。其中有商业银行的参与者、人民银行会计和国库的参与者以及特许参与者，如中国银联、国债公司、债券交易中心等。

全国支票影像交换系统连接两千多个交易所，包括直接参与者和间接参与者共六万多个。中国现代化支付系统的运行时间是：大额支付系统受理支付业务时间为08:30—17:00，清算窗口开启时间为17:00—17:30，如果资金不足则需等待。商业银行允许有半个小时的时间筹措资金，如果这半个小时内筹措到资金就可以处理，如果筹措不到，将进行回退；小额支付系统和支票影像交换系统支持72小时连续运行。

（2）中国电子支付的发展阶段。

①金融机构结算的计算机处理。银行利用计算机处理银行之间的业务，办理结算。

②金融机构与非金融机构结算的计算机处理。银行计算机与其他机构的计算机之间进行资金结算，如代发工资、代扣公积金等。

③金融网络终端的银行服务。利用网络终端向客户提供各种银行服务，如在自动柜员机（ATM）上存、取款。

④POS电子支付。利用银行销售点终端（POS）向客户提供自动的支付账款服务。

⑤网上支付。随时随地通过互联网或者电话进行直接转账结算，形成电子商务环境。

3）跨境电子商务支付与结算发展现状

（1）传统跨境贸易更多选用直接支付方式，如汇付、托收、信用证、国际保理等。常用的汇付一般用于金额较小的场合，而信用证方式由于对买卖双方都有可靠保证，所以在大额支付场景中使用较多。

直接支付方式之一的汇款主要由银行完成。银行收到汇款人申请后，以SWIFT（Society

for Worldwide Interbank Financial Telecommunications，环球银行金融电信协会）等多种形式将资金由国外汇入行解付给收款人。

在国际贸易活动中，买卖双方可能互不信任，买方担心预付款后，卖方不按合同要求发货；卖方也担心发货或提交货运单据后，买方不付款。因此，需要两家银行作为买卖双方的保证人。由于信用证模式对买卖双方都有保护作用，因此信用证成了传统国际贸易中最主要、最常用的支付方式。

（2）第三方支付机构众多。在综合型跨境 B2C 贸易中，由于参与者众多、单价较小且数量众多，所以直接支付模式已经不适用于此种跨境贸易模式。目前，国内持有跨境支付牌照的第三方机构和跨境收款企业，以及国外持牌支付机构，已经建立稳定且有效的渠道并形成稳定模式。对于关键的换汇环节，国内持牌第三方支付机构可根据跨境电子商务平台数据对单换汇。

（3）自营 B2C 跨境电子商务平台的支付方式主要采用国内持牌第三方支付机构为平台换汇。自营 B2C 跨境电子商务平台一般拥有境外账户，以方便国外第三方支付等金融机构为其办理收单业务。国内持牌第三方支付机构主要为此类平台办理换汇转账等业务，将平台的资金从境外账户转入电子商务平台境内银行账户。跨境收款企业也可以通过连接各方通道完成此过程，最后，电子商务平台再通过国内第三方支付机构将账款分发给制造企业。

（4）小额跨境 B2B 贸易直面众多海外小商家，使得跨境支付与结算成本大大降低。近年来，小额跨境 B2B 贸易发展迅速，海外小型商家众多。相对传统大型商家来说，小型商家客单价较低，多直接通过分销商采购物品。此种模式下，人力和贸易成本均可大大降低。

（5）第三方跨境支付机构普遍持有外汇和人民币支付牌照。国内公司要开展跨境支付业务，首先必须是支付机构，并须持有央行颁发的"支付业务许可证"，其次需要外汇管理局准许开展跨境电子商务外汇支付业务试点的批复文件。如果不涉及换汇，则支付机构持有各地央行分支机构颁发的人民币跨境支付牌照即可，跨境人民币支付业务不需要国家外汇管理局的批复。

（6）第三方支付机构更加适应新兴跨境电子商务小额、高频的需求。传统跨境贸易以大额、低频为主，对支付安全性要求较高，同时也损失了时效性，因此传统 B 端（企业）大额跨境贸易更愿意选择银行汇款和信用证等方式作为支付手段。但随着跨境贸易的发展，特别是跨境电子商务平台的兴起，对支付的便捷性和及时性有了更高要求，监管部门也在此时放开了第三方支付机构的准入。

（7）手续费和支付解决方案是第三方跨境支付的主要收入来源。通道手续费主要包括按照交易规模流水收费和按照支付笔数收费，或者两者兼有。B 端支付解决方案是支付机构针对每个不同行业的不同需求所提供的一体化产品支持方案，随着跨境电子商务支付与结算的发展，B 端支付解决方案进入"蓝海"。此外，收入来源还包括汇率差等非常规性收入。

2. 跨境电子商务支付与结算前景分析

1）第三方跨境支付结算服务将逐渐摆脱单一通道模式

第三方跨境支付经过近年来的发展，特别是国家外汇管理局和中国人民银行发牌以后，正在逐步打通市场渠道，从单一的基础通道服务，逐渐满足跨境贸易平台中更多的需求。部分厂家开始和跨境产业链中的服务机构合作，从出口退税，到报关的三单合一，再到跨境仓储物流解决方案，争取解决跨境贸易中存在的普遍性难题。

2）行业规范化加速，第三方跨境支付结算行业发展潜力巨大

（1）平台层。经过多年的发展，跨境电子商务平台逐渐朝着正规化发展，交易规模不断扩大，在培养起稳定消费群体的同时，平台运营日趋成熟。

（2）政策层。监管部门不间断地对国内跨境贸易进行调研，其中，对于最关键的支付和物流，更加细致合理的支持政策或将密集出台，行业规范化将会继续加速。

（3）消费层。在消费升级的带动下，国内消费者对跨境商品需求日渐增加，海淘规模、跨境旅游/购物规模、出国留学人数连创新高。

（4）机构层。第三方支付机构经过前期的市场培育阶段，正在逐渐摆脱仅作为支付通道的行业价格战阶段，各家开始打造专属的行业解决方案，在逐渐掌握更多客户的基础上，进行差异化运营。

3）小额B2B跨境支付结算或将成为下一个行业"蓝海"

传统集装箱跨境贸易由于积压资金多、风控压力大，正在被以在线交易为核心，便捷、及时的跨境电子商务小额批发及零售业务取代。第三方支付基于大数据、云计算，更加适应小额B2B贸易要求的小额、快捷、灵活的支付模式和风控需求。

4）传统跨境支付与结算方式和跨境电子商务支付与结算方式互补共存

传统国际贸易B2B的市场主导地位暂时不会改变，同样，传统跨境支付与结算方式仍会在市场中占据重要地位。新的跨境电子商务模式和平台的出现，会促使传统跨境电子商务支付与结算方式进行改革。市场中，传统跨境支付与结算方式和跨境电子商务支付与结算方式将长期互补共存。

知识扩展

传统外贸B2B企业如何转型为跨境电子商务企业？

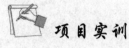# 项目实训

跨境支付与结算

实训目标

（1）培养学生收集信息的能力；

（2）加深学生对营销策划内容和程序的理解。

实训内容

假如你要在亚马逊美国站开一家销售儿童图书的店铺，需要先了解跨境支付与结算的方式。全班5人为一个团队，以团队为单位对跨境支付与结算的方式做分析研究。

（1）你了解到目前有哪些跨境支付与结算的方式？

（2）你会选择哪一种作为你店铺支付与结算的方式？

 复习与思考

1. 网络支付与结算的方式有哪几种分类？
2. 跨境电子商务的特点是什么？
3. 跨境支付与结算的模式有几种类型？
4. 跨境电子商务有几种分类方式？

第2章 跨境支付与结算工具

本章思维导图

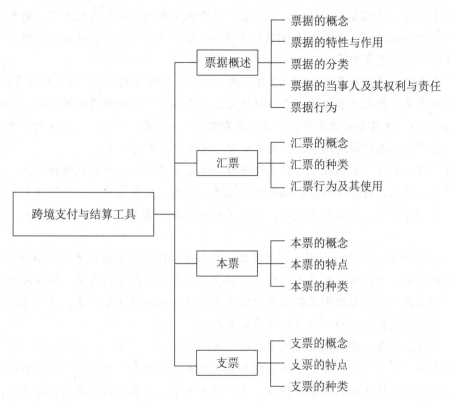

知识目标

- 了解票据行为；
- 掌握汇票行为及其使用；
- 了解本票的种类；
- 了解支票的概念与特点。

【关键词】

票据、支票、汇票、本票

案例导入

早票网:搭建 B2B 票据交易平台 做票据领域的天猫

中国银行业协会 2015 年的统计数据显示,中国票据累计承兑量已占到全国 GDP 总量的 34.72%,这是一个百万亿规模的市场。

不过行业面临的痛点在于信息不对称,持票企业和资金方之间往往还有多层票据中介,层层加收手续费、流程复杂、低效、周期长,且存在交易纠纷和欺诈的风险。随着电子票据的发展,行业出现了一些互联网 B2B 交易平台,去掉中间商环节,直连票据持有方和资本方,双方可在线完成交易。

今天要介绍的早票网于 2017 年 12 月上线,是一个 B2B 票据商城,拥有在线票据发布、即时议价及交易、票据风险查询、票据社区交流、票据管理、票据资讯等功能。创始人姚毅向 36 氪介绍,持票方可以在平台上自主发布需求(一口价、竞价),而资金方可通过筛选条件和填写需求匹配合适的票源,供需双方即时议价,即时交易。

同时,兴业数金"执剑人"票据见证平台和京东智票系统负责在线票款见证,持票方背书、需票方签收,持票方通过票据见证系统进行提现,完成交易。与传统模式相比,既可减少层层中介环节,降低双方成本,也可避免打款与背票次序争议的安全隐患,保障交易安全。

因此,2019 年公司进一步推出君财商城,其与早票网的关系类似于天猫和淘宝,是对优质票据的筛选,发行方一般是大型央企、国企、排名前十的地产商等。姚毅表示,在国家去杠杆的大环境下,票据因承载着真实的贸易信息和明确的资金用途,并且具有较强的流动性,正日渐成为企业的一个理想的融资工具。

另一方面,安全、高效的企业线上票据交易能提升企业信用的社会流通性,同时能帮助中小企业解决融资难的问题,支持实体企业的发展。而平台的价值除了报价和撮合,还在于打磨的数据智能票据信用分析模型,在积累大量企业的银行信用额度信息之后,拥有对优质资产的筛选能力;再有,经过多年的运营,平台积累了一批高黏性的理财企业客户,也拥有快速出票的能力。根据团队提供的信息,从成立至今,早票网积累了 4 万家企业客户信息数据,累计成交 7 万多笔交易,成交金额超过 280 亿。

作为平台,早票网的盈利模式在于向交易方收取服务费。据悉,多年来公司一直为盈利状态。团队方面,早票网共有 200 多人,总部位于杭州,在上海、天津、重庆、宁波等 7 座城市设有分公司。团队核心创始成员来自阿里、诺亚财富、平安等公司,以及大型国有商业银行等银行机构,拥有丰富的票据行业经验和互联网运营经验。2018 年,公司曾获得来自天津仁爱集团的 1800 万元天使轮融资。

资料来源:早票网:搭建 B2B 票据交易平台 做票据领域的天猫[EB/OL].(2019-06-27).http://www.100ec.cn/detail--6514984.html,内容有改动。

2.1 票据概述

2.1.1 票据的概念

在国际结算中，很少采用现金结算和记账结算，一般采用票据作为结算工具，但因各国法律的差异，票据的概念也不完全相同。

一般狭义的票据是指出票人自己承诺或委托他人（付款人）在见票或指定日期向收款人或持票人无条件地支付一定金额，且可流通转让的一种有价证券，主要有汇票、本票和支票三种。广义的票据是指一切商业权利证明，包括所有商品证券（如提单、仓单等）和货币证券（如汇票、本票、支票、保险单、活期存单、短期存单、国库券和短期债券等）。本书采用狭义的票据概念。

根据《中华人民共和国票据法》（以下简称我国《票据法》），我国票据分为汇票、支票和本票，汇票分为银行汇票和商业汇票，商业汇票可再分为银行承兑汇票和商业承兑汇票；支票分为转账支票、现金支票和普通支票；本票专指银行本票。

2.1.2 票据的特性与作用

1. 票据的特性

票据之所以在国际贸易中可以代替现金成为主要结算工具，原因就在于票据具有以下特性，也正是具有这些特性，它在国际结算中的作用才得以发挥。

1）流通性

流通（或转让）性是票据的最基本特性，它是指票据可以代替现金在市场上流通，票据上的权利可依背书或交付的方式自由转让而不必通知原债务人。除非票据上载明"不得转让"（Not Negotiable/Not Transferable）字样或以其他形式载明不得转让，否则受让人取得票据后即取得其全部权利，并有权以自己的名义行使这些权利。

通过票据付款给持票人的方式一般有下列几种。

（1）支付给一个特定人的指定人（payable to the order of a specified person）。

（2）支付给来人（payable to bearer）。

（3）票据上仅有的或最后的背书是空白背书（an endorsement in blank）。

（4）支付给一个特定人（payable to a specified person）。

2）无因性

无因性是指票据必须无条件支付，所以又称"不要因证券、无条件证券"。票据是否有效，不受票据原因的影响，只要符合法定要式，在票据到期日，付款人必须无条件支付款项。票据原因是指出票或转让的原因。只要票据合格，持票人即可获得票据文义载明的权利，除非持票人以恶意或欺诈取得票据，否则出票人不得以自己与持票人的前手所存在的抗辩理由对抗持票人。

国际惯例和大多数国家的票据法都将原因与票据权利及义务区别开来，承认票据只要"式"不要"因"，有关当事人或关系人的权利及义务完全以票据的法定记载文义为准。例如，甲因欠乙1000元而出具以乙为债权人的字据，让乙凭字据向丙去取；但乙原来曾欠丙200元未还，这时按照民法原则，无论是乙自己去向丙索款，还是乙将此1000元债权转让给丁后再由丁去向丙取款，丙都可以凭此字据冲抵欠乙的200元钱而只付800元（如果是丁去索款，则丙可采取将其对乙的200元债权转让给丁的办法来冲抵，而不管丁是否事先知道丙有权利缺陷）。但是，如果这里甲向乙出具的是一张票据而非普通字据的话，情况就不同了。按照票据法原则，只要票据受让人丁是正当持票人，丙就必须向丁足额付款，而不能以乙的权利缺陷来对抗丁的票据权利。这保障了票据受让人不必耗费精力去事先了解转让人有无权利缺陷而放心受让票据，由此使得票据能够广为接受。

3）设权性

设权性是指持票人凭借票据上所记载的权利内容来证明其票据权利。票据发行的目的并非证明已存在的权利，而是设定新的权利，即持票人凭票可以要求支付一定金额的货币请求权。票据上的权利在票据生成之前并不存在，但会在票据生成的同时与票据一起产生并被确立。票据上权利的行使以票据的占有为必要条件，若丧失票据，则无法行使权利。

4）文义性

文义性是指票据当事人的权利及义务完全取决于票据上记载的具有法律效力的文字含义，而与其他非票据记载的事项无关。凡是在票据上签名的人即对票据文义负责，承担到期付款责任。票据上所记载的文义，即使有错误也不得依票据之外的其他方式变更或补充，其目的是保护善意持票人的权利，维护交易的安全。但是，票据上金额以外的记载若有变更，应在开立时予以变更，且于变更时签名或盖章。因此，买方不得以汇票金额有误为由拒绝向持票人支付款项。

5）要式性

要式性是指票据行为必须符合票据法的法定形式，即票据上所记载的绝对必要项目必须齐全且严格按票据法的规定填制，否则不产生法律效力，同时票据行为必须根据法律规范进行。无论出票、背书还是提示、转让或追索等票据行为，都必须符合票据法的要求，否则票据及票据行为无效。对于票据法没有规定的事项，可由有关当事人或关系人约定。

6）可追索性

可追索性是指票据的付款人或承兑人如果对合格票据拒绝承兑或拒绝付款，正当持票人有权通过法定程序向所有票据债务人起诉、追索，以要求行使票据权利。

7）提示性

提示性是指票据的持票人在行使其付款请求权或追索权时，必须向票据债务人提示票据，票据债务人才能履行其债务。无论是向付款人请求承兑或是要求付款，还是对前手行使追索权，同样要向其提示票据，否则付款人有权不予理会。若票据债权人丧失票据，经法院判决，可以继续行使票据权利。

8）返还性

返还性是指票据债权人在受领票据金额之后，应将票据返回给付款人，以便使票据关系消灭（如向自己付款的人为承兑人或付款人）或向前手再行使追索权（如付款人为权利人的前手）。票据债权人若不返还证券，债务人有权拒绝支付票据金额。这是因为付款人虽然可因付款而免除债务，但若不收回票据，票据就有可能被恶意地再次转让。票据一经付款就不能流通，这说明了其货币功能具有局限性。

在票据的特性中，最重要的是流通性、无因性和要式性，其中流通性又是最为基础的特性，无因性和要式性都是取决于流通性或服务于流通性的。

2. 票据的作用

票据由于其形式简明、具有流通性的特点，各国法律均予以保护，因而在经济生活中发挥着重要作用。

1）流通功能

票据作为一种支付工具，可以减少现金的使用。票据经过背书可以从前手转让给后手，而且可以多次背书转让。背书具有担保作用，背书人越多，票据的担保性越强，因而票据可以在市场上广泛流通，成为一种重要的流通工具，扩大市场流通手段。

2）汇兑功能

票据可以代替货币在不同地方之间运送，方便异地之间的支付，比运送或携带现金要安全、方便。当代国际结算中，非现金结算方法取代了现金结算。在非现金结算条件下，必须使用一定的支付工具来结清位于不同国家的两个当事人之间的债权债务关系，而票据就是这样一种支付工具。

3）信用功能

票据本身并不是商品，没有内在价值，它是建立在信用基础上的书面支付凭证。出票人在票据上立下书面的支付信用保证，付款人或承兑人允诺按照票面规定履行付款义务。例如，在某项商品的交易中，约定买方在收到货物后的某个时间付款时，买方可以开立一张本票，这张本票就代表了买方到时付款的信用。

4）结算功能（抵销债务功能）

国际上由于多种经济交易而引发的债权债务关系，可以使用票据来加以抵销。例如，甲国A商向乙国B商购买了1万美元的商品，同时乙国B商又向甲国C商购买了1万美元的商品，这时就可以利用汇票来作为抵销债务的工具，从而避免要由甲国A商向乙国B商汇付1万美元，乙国B商又要向甲国C商汇付1万美元的双重麻烦。也就是说，这时可以由乙国B商出具一张以甲国A商为付款人、甲国C商为收款人的1万美元汇票寄给甲国C商，让后者凭此汇票直接去向本国A商索偿就可以。由此可见，如果能够恰当地利用票据来作为支付和抵销债务的工具，就可以有效降低国际结算的成本和减少结算上的麻烦。

5）融资功能

融资是指持票人可以对未到期的远期票据进行贴现和再贴现，在支付一定的贴现息之后将票据卖出（一般是卖给银行），从而获得现金。此外，持票人还可以将票据抵押给银行，进行质押贷款融资。票据的融资功能是通过票据的贴现、转贴现和再贴现实现的。

案例 2-1

慧聪集团拟发行 3.5 亿港元票据及 1 亿港元可换股债券

慧聪集团(02280.HK)宣布，于 2018 年 11 月 16 日，公司拟向投资者发行 3.5 亿港元 2.85%加 HIBOR 的有担保及有抵押票据和 1 亿港元 2.85%加 HIBOR 的有担保及有抵押可换股债券。

初步换股价每股 6.00 港元，较 11 月 16 日收市价 4.91 港元溢价约 22.20%。假设可换股债券按换股价每股换股股份 6.00 港元获悉数转换，则可换股债券将转换为 1666.67 万股新股份。换股股份相当于公司经发行换股股份扩大后的已发行股本约 1.466%。

估计所得款项净额约为 4.36 亿港元。公司拟将所得款项净额用作以下用途：50%～55%用作交易服务支援及供应链融资；20%用作信息服务相关的技术开发，包括使用者原创内容及应用程式；20%用作数据服务相关的软件，即服务、物联网及区块链应用程式；5%～10%用作一般用途。

资料来源：慧聪集团拟发行 3.5 亿港元票据及 1 亿港元可换股债券[EB/OL].（2018-11-19）.http://www.100ec.cn/detail--6481793.html，内容有改动。

2.1.3 票据的分类

1. 法律上的分类

票据在法律上的分类因各国立法不同而有所差别，英国《票据法》将票据分为汇票、本票和支票三种，美国《统一商法典》将票据分为汇票、本票、支票及存款单等四种，我国《票据法》将票据分为汇票、本票和支票三种。尽管各国立法存在差异，但是一般认为票据应分为汇票、本票和支票三种。

2. 学理上的分类

票据在学理上的分类也因划分标准不同而有所不同，常见的分类有以下几种。

1）自付票据和委托票据

按照出票人是否直接对票据付款，票据可分为自付票据（预约票据）和委托票据。自付票据是指出票人同时又是付款人，必须对其出具的票据无条件地付款的票据，如本票。委托票据是指出票人自己不充当付款人，而是在票据上记载他人为付款人的票据，如汇票和支票。

在自付票据中，只有两个基本当事人，即出票人和收款人。出票人必须对票据负责，即持票人应直接请求出票人付款。在委托票据中，通常有三个基本当事人，即出票人、收款人和付款人（受票人）。只有当出票人委托的付款人拒付时，出票人才对票据负责，即持票人应直接请求付款人付款。

2）支付票据和信用票据

按照票据的信用，票据可分为支付票据和信用票据。支付票据是指以金融机构为付款人，在见票时无条件付款的票据，如支票。信用票据是指票据的持票人在票据到期日之前，信赖出票人的信用而接受的票据，如汇票和本票。支付票据（支票）的到期日只有一种，即见票即付，持票人可随时请求银行付款。支票只能在有资金（银行存款）的条件下才能签发，否则将构成空头支票，签发人要为此承担民事赔偿、刑事或行政责任。信用票据的到期日既可为即期（见票即付），也可以为远期到期，持票人必须在到期日后才可请求付款。这种票据的使用不受有无资金的限制，即签发远期票据时，可以无资金关系。

3）记名票据、无记名票据、指示票据

按照票据对权利人的记载方式，票据可分为记名票据、无记名票据和指示票据。记名票据是指在票据上明确载明特定的人为权利人的票据。无记名票据是指票据上不载明权利人的名称，而只记载"持票人"或"来人"为权利人的票据。指示票据是指在票据上载明"特定人或其指定的人"为权利人的票据。记名票据的出票人可以在票据上注明"不得转让"字样，从而限制票据的流转，无记名票据依直接交付即可转让，指示票据必须依背书和交付而转让，出票人不得注明"不得转让"。

2.1.4 票据的当事人及其权利与责任

票据有三个基本当事人，即出票人、收款人（受款人）和付款人（受票人）。在票据进入流通领域后，又派生出其他当事人，如背书人、被背书人、保证人和持票人等。

1. 出票人

出票人（drawer）是指开立、签发和交付票据的人。票据一经签发，出票人即对收款人及善意持票人承担票据在提示时的付款或承兑的保证责任。如果票据遭到拒付，出票人被追索时，应对持票人或被迫付款的任何背书人承担偿付票款的责任。出票人在即期票据付款前或远期票据承兑前是主债务人，在远期票据承兑后是从债务人。

2. 收款人

收款人（payee）是指收取票款的人，是首先拥有票据的人，即第一持票人，其自获得票据时即成为票据的主债权人。收款人所拥有的票据权利包括付款请求权和追索权。此外，一般情况下，收款人也有将票据背书转让给他人的权利。

3. 付款人

付款人（drawee）是指接受票据和付款命令或付款委托的人，又称受票人。付款人在票据上签名以前不是票据的债务人，不承担票据的付款责任。付款人同意接受出票人的命令并在票据正面表示承兑时即成为承兑人（acceptor），他以自己的签名表示他同意执行出票人发给他的无条件命令，需按照自己的承兑文句保证到期日自己付款。付款人一旦在票据上承兑并签名成为承兑人后，就成为票据的主债务人，承担到期付款的责任，而出票人则退居从债务人地位。

4. 背书人

背书人（endorser）是指在票据背面签字以将票据转让他人的人。收款人背书后即成为第一背书人。背书人是票据的债务人，承担保证其后手所持票据被承兑和付款的责任。如果票据遭到拒付，背书人应对持票人或被迫付款的后手背书人承担偿付票款的责任。

5. 被背书人

被背书人（endorsee）是指接受票据权利转让的人，其为票据的债权人，享有付款请求权和追索权。当被背书人再次转让票据时就成为另一个背书人。最后的被背书人必将是持票人。

6. 保证人

保证人（guarantor）是指为票据债务人的行为提供担保并在票据上签章的人，其为票据债务人以外的第三人。保证人与被保证人承担相同责任。

7. 持票人

持票人（holder）是指拥有票据的人，包括拥有票据的收款人或接受票据转让的被背书人。

2.1.5 票据行为

票据行为有狭义和广义之分。狭义的票据行为是指以承担票据上的债务为目的而做的必要形式的法律行为，包括出票、背书、承兑、保证等。其中，出票为主票据行为，也是创造票据的基本票据行为；其他行为都是以"出票"所开立的票据为基础，故称为附属票据行为。

广义的票据行为是指一切能够引起票据法律关系的发生、变更或消亡的各种行为。除包括上述狭义的票据行为外，广义的票据行为还包括提示、付款、拒付、追索等准票据行为。票据的开立是要式的，票据行为也是要式的，因此要符合票据法的规定。广义的票据行为如图 2-1 所示。

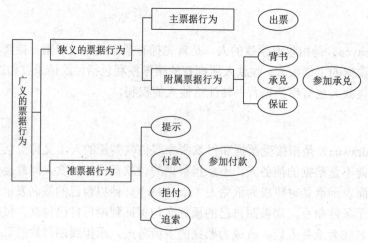

图 2-1　广义的票据行为

1. 出票

出票（issue）是指出票人按照票据法规定签发票据并交付收款人的一种票据行为。出票包含做成和交付两个动作，票据的做成是指在原始票据上记载法定事项并签章，票据的交付是指以成立票据关系为目的而将票据交付他人占有。做成和交付是出票行为成立和票据有效成立的必要条件，缺一不可。

2. 背书

背书（endorsement）是指在票据背面签字并交付给被背书人的一种票据行为。通过写成背书并交付，背书人将票据及其权利转让给被背书人。背书的产生是票据成为流通证券的一个标志，是票据发展史上的一个质的飞跃。

背书具有不可分性，即转让的票据金额必须是票据上的全部金额并且受让人是唯一的。如果背书违反不可分性，则背书无效，被背书人不能取得票据权利。此外，英国、美国和我国《票据法》还规定了背书的单纯性，即背书不得附有条件。如果背书违反单纯性，其所附加的条件将视为无效，且不影响背书的效力，被背书人仍然可以依此背书取得票据权利。

背书的目的不外乎三个，即转让收款权利、委托收款和质押票据。由此，背书可以分为转让背书和非转让背书。

1）转让背书

转让背书又可分为特别背书和空白背书。

（1）特别背书（special endorsement），又称记名背书或完全背书，是由背书人先记载被背书人名称再签章的一种背书形式。例如：

Pay to the order of B Co., New York（支付给 B 公司的指定人）

或 Pay to B Co., or Order，New York（支付给 B 公司或其指定人）

或 Pay to B Co., New York（支付给 B 公司）

For A Company，London.

Signature

例如，被背书人 B 公司可以用背书和交付的方式继续转让票据，但应保持背书的连续性。例如，一张以 A 公司为收款人的票据经 B、C、D 三家公司，最后转让给 E 公司，E 公司为最终持票人，其背书转让的过程可以用表 2-1 表示。

表 2-1 背书转让的过程

当事人名称	1	2	3	4
被背书人	B	C	D	E（持票人）
背书人	A（收款人）	B	C	D

在本例中，对于持票人 E 来说，在其以前的所有背书人 D、C、B、A 和出票人都是其前手（prior party）；而对于收款人 A 而言，在其交付或让与以后的所有受让人 B、C、D、E 都是其后手（subsequent party）。票据上的当事人行使追索权时，只能由后手向前手追索，而前手不能向后手追索。前手对后手负有保证票据必然被承兑和/或付款的担保责任。

（2）空白背书（blank endorsement/endorsement in blank），又称不记名背书，是不

记载被背书人名称的背书。背书人在票据背面签章后，将票据交付给受让人即完成转让行为。

仍以上例来说明。假设B公司将票据空白背书给C公司，C公司作为空白背书的持票人，则可以：① 直接交付转让给D公司；② 直接将受让人D公司记载在空白背书的被背书人处，形成完全背书（需要注意，在这种情况下，C公司因为没有在票据上签章，将不对票据承担任何责任）；③ C公司再进行一次空白背书，将票据转让给D公司；④ C公司将自己的名字补充在空白背书的被背书人处，形成完全背书之后，再背书转让。

我国《票据法》禁止采用空白背书，但国外的票据法律大多允许采用这种背书形式。

2）非转让背书

非转让背书又可分为托收背书和质押背书。

（1）托收背书（endorsement for collection），是指背书人委托被背书人代收票款而对票据所做的一种背书，通常是在"Pay to the order of A Bank"的前面或后面写上"for collection""value in collection"等字样。这种背书仅赋予被背书人代收票款的权利，被背书人虽然持有票据，但没有获得票据所有权，不得将票据权利转让，票据也不能再流通。

（2）质押背书（endorsement for pledged），是指背书人以票据的债权做抵押而对票据所做的一种背书。在质押期内，背书人仍是该票据的所有权人，若背书人到期无力赎回，被背书人可依法成为正当持票人，并可以自身名义行使追索权。

此外，还有一种限制性背书（restrictive endorsement），它是指支付给被背书人的指示中带有限制性的词语，以防止票据继续转让的一种背书。例如：

例如：Pay to A Co., only（仅付给A公司）

Pay to A bank for account of B Co.,（支付给A银行记入B公司账户）

Pay to A bank not negotiable（支付给A银行不可流通）

Pay to A bank not transferable（支付给A银行不可转让）

Pay to A bank not to order（支付给A银行不得付给指定人）

3. 承兑

承兑（acceptance）是指远期票据的付款人承诺在票据到期日支付票据金额的票据行为。承兑行为的完成包括记载"accepted"（承兑）字样并签名和将已承兑票据进行交付两个动作。付款人在承兑票据后就变为承兑人，承担到期向持票人支付票据金额的主要责任。

承兑包括普通承兑和限制承兑。

1）普通承兑（general acceptance）

普通承兑是指无附加修改票据文义的保留性付款记载的承兑。例如：

ACCEPTED

1st June，2011

For C Trading Co., New York

Signature

2）限制承兑（qualified acceptance）

限制承兑是指以明确的条款改变票据原有文义的承兑。常见的限制承兑有以下几种。

（1）有条件承兑（conditional acceptance），即承兑人的付款依赖于承兑时所提条件的完成。

例如：ACCEPTED

Payable on delivery of B/L

1st June，2011

For C Trading Co., New York

Signature

（2）部分承兑（partial acceptance），即仅承兑和支付票面金额的一部分。例如，对于票面金额为1000美元的汇票，在承兑时特别加列承兑金额为600美元，则：

ACCEPTED

Payable for US＄600.00 only

1st June，2011

For C Trading Co., New York

Signature

（3）限定付款地点的承兑（local acceptance），即加上只能在某一特定地点付款的承兑。

例如：ACCEPTED

Payable at the B Bank and there only

1st June，2011

For C Trading Co., New York

Signature

（4）修改付款期限的承兑（qualified acceptance as to time），即修改了付款期限的承兑。例如，出票人要求见票后90天付款，但付款人在承兑时特别加列付款期限为出票后180天。则：

ACCEPTED

Payable at 180 days after date

1st June，2011

For C Trading Co., New York

Signature

4. 保证

保证（guarantee）是指非票据债务人凭自己的信用，对票据的有关债务人（如出票人、背书人、承兑人等）支付票款进行担保的附属票据行为。如果保证时未具体指明被保证人名称，则出票人被视为被保证人。保证可以增加票据的可靠性，提高票据信用。保证一经做出，保证人即与被保证人负有相同的责任。保证不得附有条件，如附有条件，并不影响保证人对票据的保证责任。

5. 提示

提示（presentation）是指持票人将票据提交给票据上的付款人，要求付款人按照票据上的指示承兑或付款的票据行为。提示可以分为付款提示和承兑提示两种，付款提示是指持票人将即期票据或已承兑并已到期的远期票据向付款人或承兑人提示要求付款；承兑提示是指持票人将远期票据向付款人提示要求承兑。即期票据只需一次提示，承兑和付款一次完成；远期票据则需经过两次提示，即先提示承兑和后提示付款。

持票人应按票据载明的指定付款地点做承兑提示，如票据没有载明付款地点，则向付款人营业场所、住所或经常居住地提示票据。持票人在做付款提示时，还可通过向执行付款人（直接/邮寄）提示票据，或通过清算银行和票据清算所做付款提示。

付款提示和承兑提示均应在法定期限内进行，但各国票据法对此规定不一。对于即期票据的付款提示和远期票据的承兑提示期限，《日内瓦统一票据法》规定必须自出票日起算一年内；英国《票据法》规定可以在合理时间内，我国《票据法》则规定即期和见票后定期付款的票据自出票日起算一个月内，定日和出票后定期付款的票据只需在到期日前做承兑提示即可。至于已经承兑的远期票据的提示付款期限，《日内瓦统一票据法》规定在到期日或其后两个营业日内做提示付款，英国《票据法》规定在付款到期日提示付款，我国《票据法》规定自到期日起十日内提示付款。

6. 付款

付款（payment）是指持票人在规定的期限内，在规定的地点向付款人做付款提示，付款人按票据的命令支付票款的行为。付款是票据流通的最终目的和流通过程的终点。这里所指的付款是指正当付款，即：① 在票据到期日那天或以后付款；② 票据被付款人或承兑人支付；③ 票据如被转让，其背书应连续且真实；④ 付款人是善意付款，即其已按专业惯例尽了专业职责，利用专业信息都不知道持票人权利有何缺陷而付款。

付款行应以票据载明的货币支付，如果票据金额为外币，一般按付款日的市场汇价折算成付款地货币支付；如果票据当事人对票据支付的货币种类另有约定，则从其约定。

7. 拒付

拒付（dishonour）也称"退票"，是指持票人按票据法的规定提示票据要求承兑或付款时，遭到拒绝承兑或拒绝付款的行为。除拒绝承兑和拒绝付款外，付款人避而不见、死亡或宣告破产，以致付款事实上已不可能实现时，也称为拒付。当票据遭拒付时，持票人须及时做出拒绝证书，并对每个前手背书人和出票人发出拒付通知，以依法行使追索权。

拒绝证书（protest）是指持票人为保全票据权利和行使追索权而委托付款地公证机构出具的证明付款人拒付事实的一种文件。做拒绝证书时，公证机构应再次向付款人提示票据，如仍遭拒绝，付款当地的公证机构就要在法律规定的时间内做出拒绝证书，并及时交给持票人，以便追索。拒绝证书的内容通常包括：① 拒绝者与被拒绝者的名称；② 拒付原因；③ 做出拒绝证书的地点和日期；④ 拒绝证书制作者的签字等。

拒付通知（notice of dishonour）也称"退票通知"，是指持票人在遭到拒付时将拒付事实以书面形式告知被追索人。拒付通知的目的是使票据债务人及早知道拒付，以便做好准备。

一般情况下，持票人必须按规定向其前手发出拒付通知，前手背书人在接到持票人的拒付通知后，应在规定时间内通知其前手，直至出票人。此外，持票人也可将拒付事实通知全体前手，这样每个前手就无须继续向其前手发出通知。英国《票据法》规定，持票人若不做成拒付通知并及时发出，将丧失其追索权。而《日内瓦统一票据法》则认为不及时通知拒付并不丧失追索权。因为拒付通知仅是后手对于前手的义务，但如因未及时通知使前手遭受损失的，应负赔偿责任，赔偿金额不得超过票据金额。

8. 追索

追索（recourse）是指票据遭到拒付，持票人对其前手背书人或出票人请求偿还票据金额及费用的行为。持票人或背书人必须在法定期限内行使其追索权，否则即行丧失其追索权。英国《票据法》规定，保留追索权的期限为 6 年，而《日内瓦统一法》则规定，持票人对前一背书人或出票人行使追索权的期限为 1 年，背书人对其前手背书人行使追索权的期限为半年。

持票人行使追索权必须具备以下条件：① 持票人持有合格票据，即票据的记载和背书的连续都合格；② 持票人必须在规定时间内提示票据而遭拒付；③ 持票人在规定时间内做成拒绝证书和拒付通知，并通知前手。

持票人可按票据债务人的顺序逐一进行追索，也可不按先后顺序而对其中任何一人、数人或全体行使追索权。

2.2　汇　　票

2.2.1　汇票的概念

我国《票据法》对汇票给出的定义是：汇票是由出票人签发的，委托付款人在见票时或者在指定日期无条件支付确定的金额给收款人或者持票人的票据。

英国《票据法》对汇票给出的定义是：汇票是由一个人开给另一个人的书面的无条件命令，由发出命令的人签名，要求接受命令的人立即或在固定时间，或在可以确定的将来时间，把一定金额的货币支付给一个特定的人、其指定人或来人。

2.2.2　汇票的种类

汇票的种类繁多，从不同的角度可分为不同的类型。

1. 银行汇票和商业汇票

根据出票人的不同，汇票可分为银行汇票和商业汇票。

（1）银行汇票（banker's draft）是一家银行向另一家银行签发的书面支付命令，其出票人和付款人都是银行。银行汇票的信用基础是银行信用。

（2）商业汇票（commercial draft）是由公司、企业或个人签发的汇票，其付款人可以是公司、企业或个人，也可以是银行。商业汇票的信用基础是商业信用，其收款人或持票人承担的风险较大。但通过对商业汇票进行承兑，特别是由银行进行承兑，可以降低收款人或持票人的风险。

2. 即期汇票和远期汇票

根据付款时间不同，汇票可分为即期汇票和远期汇票。

（1）即期汇票（sight draft）是指汇票被提示时或见票时立即付款的汇票。

（2）远期汇票（time draft）是指在未来一定时限内或特定的日期付款的汇票。根据汇票上关于付款日期的记载，远期汇票包括出票日后定期付款汇票、见票日后定期付款汇票和定日付款汇票三种。远期汇票须由付款人承兑，以确定其付款责任。

3. 光票和跟单汇票

根据是否附带单据，汇票可分为光票和跟单汇票。

（1）光票（clean draft）是指不附带任何货运单据的汇票。银行汇票多为光票。

（2）跟单汇票（documentary draft）是指附带有关单据的汇票。跟单汇票一般为商业汇票。跟单汇票的流通转让及资金融通，除与当事人的信用有关，更取决于单据质量。

4. 银行承兑汇票和商业承兑汇票

根据承兑人不同，汇票可分为银行承兑汇票和商业承兑汇票。

（1）银行承兑汇票（banker's acceptance bill）是指付款人和承兑人都是银行的远期汇票。银行承兑汇票以银行信用为基础。

（2）商业承兑汇票（commercial acceptance bill）是指由公司、企业或个人承兑的远期汇票。商业承兑汇票以商业信用为基础。

5. 国内汇票和国外汇票

根据流通范围不同，汇票可分为国内汇票和国外汇票。

（1）国内汇票（inland draft）是指流通范围仅限于某一国的汇票。

（2）国外汇票（foreign draft）是指流通范围在两个以上国家的汇票。

案例 2-2

浙商银行区块链移动数字汇票正式上线

2017年1月3日，浙商银行基于区块链技术的移动数字汇票产品正式上线并完成了首笔交易，标志着区块链技术在银行核心业务真正落地应用。

人民银行行长周小川在去年曾表示："区块链技术是一项可选的技术，人民银行部署了重要力量研究区块链应用技术。"据了解，浙商银行已于去年年末成功搭建基于区块链技术的移动数字汇票平台，具有在移动客户端签发、签收、转让、买卖、兑付移动数字汇票的功能，并在区块链平台实现公开、安全记账。

区别于传统纸质与电子汇票，移动汇票通过采用区块链技术，将以数字资产的方式进行存储、交易，在区块链系统内流通，不易丢失、无法篡改，具有更强的安全性和不可抵赖性。此外，纸质汇票电子化，也有效解决了防伪、流通、遗失等问题。

浙商银行信息科技部相关负责人表示，本次在商户处实现首笔真实交易，将真正验证区块链技术可降低交易成本、提升结算效率、实现安全互信等特质，从而彰显区块链在升级打造金融体系底层技术架构中的价值。

"我们研发正是充分利用区块链去中心化、分布式记账的特点，以平台提供信任，单节点完成交易确认，而不是利用银行资信。"上述负责人还表示，未来其他银行可快速接入和参与到这一业务中，并通过区块链的去中心化、去信任、天然清算等特性对资金进行实时清算，免去目前不同机构之间进行对账的第三方信用、时间成本和资本耗用，有效提升清算效率。

据介绍，从区块链项目地域分布看，2015年美国投入占比达80%以上，欧洲占比10%左右，亚洲仅占约4%。国际上，R3区块链联盟正在测试基于区块链的国际跨境支付系统，花旗银行推出基于区块链的数字货币，而国内金融机构大多于2015年年末开始关注研究区块链技术，且处于各自为战的局面。

目前，国内区块链技术已从概念探讨迅速发展至商业应用阶段。然而，在区块链应用金融的场景中，需要多方参与才能形成多中心多节点的网络，去中心化的结算和清算才有可能实现，金融资产才能流动。小额移动汇票签发、流转等只是浙商银行区块链技术应用的第一阶段。

资料来源：浙商银行区块链移动数字汇票正式上线[EB/OL].（2017-01-04）.http://www.100ec.cn/detail--6378733.html，内容有改动。

2.2.3 汇票行为及其使用

汇票行为是指能够产生票据债权、债务关系的要式法律行为。汇票行为一般包括以下几个环节：汇票的出票、背书、承兑、保证、付款、拒付与追索等。在国际结算中，汇票行为主要表现为有关当事人或关系人如何使用汇票的问题。

1. 汇票的出票

汇票的出票是指出票人签发（或开立）汇票并将其交付给收（受）款人的票据行为。出票人一般是国际贸易中的出口方。出票又称发票、签发或开立，从本质上讲，是出票人创设票据关系、委托付款人向收款人无条件支付一定金额的基本票据行为，通常称之为"主票据行为"，而背书、承兑等称为"附属票据行为"。若主票据行为无效，则附属票据行为自然也无效。

汇票的出票必须包括"开立"（draw）和"交付"（delivery）两个行为。开立汇票是指出票人在汇票上记载前述的各种事项，交付汇票是指出票人将汇票交付给受票人。出票行为完成后即产生票据法上的效力，但它对各当事人的效力不同。

1）对出票人的效力（effect of issuing on drawer）

出票行为使出票人成为票据的义务人，其义务是担保其所签发的汇票能够获得付款或承兑，即出票人必须保证汇票权利得以实现。出票人是收款人的债务人（debtor），若持票人未能获得支付或遭到拒绝承兑,则出票人负有偿还持票人相关款项的责任。承兑前,出票人是汇票的主债务人(principal debtor),承兑后则成为次债务人(secondary debtor)。在票据遭受拒付的情况下,出票人有向付款人、承兑人追索的权利,也应尽被其后手追索的义务。若汇票上记载"无追索权"(without recourse),则其效力因各国票据法规定的不同而有所不同。

2)对付款人的效力(effect of issuing on drawee)

付款人(drawee)一般是指国际贸易中的进口方。付款人有权决定对汇票予以承兑或付款,但没有义务必须对汇票承兑或付款。因为汇票不是"领款单",而是由出票人担保的"信用货币",收款人的债权完全依赖于出票人的信用。但付款人一旦对汇票承兑,即成为承兑人,是汇票的债务人,必须承担到期付款责任。若付款人不对汇票承兑或付款,则他并不负任何票据法上的责任,也就是说,此时付款人只是汇票的关系人,而不是债务人,收款人不能强求或起诉他付款。

付款人可以在以下几种情况下拒付汇票:①事先没有商定开票的付款方法;②事先没有谈妥允许透支的金额及代付票款的方法;③完全没有债权和债务关系;④汇票的签名是伪造的;⑤汇票未在合理时间内流通。

3)对收(受)款人的效力(effect of issuing on payee)

收款人取得汇票后成为持票人,他便取得了汇票的付款请求权和追索权。付款请求权是持票人向付款人请求支付汇票金额的权利。在付款人承兑汇票之前,这种请求权仅仅是一种期待权,只有在付款人承兑汇票后,期待权才成为现实的请求权。此外,收款人还有转让汇票的权利。

2. 汇票的背书

汇票必须通过转让使其流通,其转让方式有两种:交付与背书。背书是指持票人将一定或全部汇票权利转让给他人,在汇票的背面或粘单上记载有关事项并签名,然后将汇票交付被背书人(受让人)的一种附属票据行为。背书的适用范围比交付更为广泛。记名汇票和指示汇票的转让必须以背书的方式进行,而交付的方式仅适用于无记名汇票的转让。《日内瓦统一票据法》和我国《票据法》不承认无记名汇票的效力,因此,背书便成为汇票转让的唯一方式。

背书可以持续多次,被背书人可以再作背书,这样持票人可将一张汇票持续转让下去,从而实现汇票的流通。

1)背书的种类及其转让记载方法

背书主要以票据权利的转让为目的,但有时背书人也将背书用于其他目的,因此,可将背书分为转让背书和非转让背书两大类。

转让背书即以转让票据权利为目的的背书,通常所说的背书多属此种。转让背书,又称正则背书或固有背书,可分为一般转让背书和特殊转让背书,若票据经背书后,其权利转让的效力是充分的、不受任何限制的,则属一般转让背书,这是最常见的一种背书,包括完全背书和空白背书。若经背书后,汇票的权利转移效力和权利担保效力受到限制,则属特殊转让背书,包括限制背书、有条件背书和托收背书等。

(1) 一般转让背书。

① 完全背书。完全背书又称记名背书或正式背书。依据票据法的规定，完全背书需要记载"支付给被背书人名称的指定人"字样，并且被背书人需要签章。例如：

Pay B（被背书人），A（签章）×年×月×日

或者

Pay to the order of B（被背书），A（签章）×年×月×日

以上是第一次背书。被背书人 B 可以用背书和交付的方法继续转让汇票，从一系列的特别背书中可以看出背书的连续性。若 B 转让给 C，则

Pay C（被背书人），B（签章）×年×月×日

这是第二次背书。

也可以采用表格形式的背书，如表 2-2 所示。

表 2-2 表格形式的背书

当事人名称/顺序	第一次	第二次	第三次	第四次	第五次
被背书人					
背书人					

完全背书的汇票，其持票人再转让时，必须以背书形式转让，采用记名背书或空白背书形式均可，但不得仅以交付转让而无背书。

② 空白背书。空白背书是指不记载被背书人的名称、汇票背面仅签背书人自己的名字（或签章）的背书，所以也称不完全背书、略（简）式背书或无记名背书。空白背书只有一项必须记载事项，那就是背书人的签名。

在国际贸易中，汇票的背书多采用空白背书。这种背书与记名背书不同的是持票人仅凭交付即可再次转让，而不必签名，使汇票易于流通。由于没有背书，还不需负背书人的责任，付款人拒绝付款时，容易执行追索权。目前世界上大多数国家或地区的票据法承认空白背书的效力，但我国《票据法》不承认空白背书的效力。

空白背书的记载方法（格式）同样可以采用文句形式或表格形式，例如：

Pay to the order of（blank），A（签章）×年×月×日

空白背书汇票的持票人也可以再以空白背书方式转让汇票，如 A 以空白背书转让给 B，B 也可仅签章而以空白背书再转让给 C。空白背书的汇票或最后背书为空白背书的汇票，其持票人可以在原有空白背书汇票的背书空白内记载自己为被背书人而进行再次转让。这样，空白背书就变为了记名背书，记名背书的被背书人在再次转让汇票时可以继续以空白背书方式进行，此时汇票又变为了空白背书汇票。经过多次背书的汇票，之前的背书既有记名背书又夹杂空白背书，但最后的背书为空白背书的仍然是空白背书汇票。但是，持票人可以在最后背书空白内记载自己为被背书人，一是为了再转让（记名背书或空白背书）；二是为防止汇票遗失，以此作为保障。

另外，持票人再次转让空白背书时可以不负背书的责任，即将该汇票直接交付给受让人（或空白栏内记载他人为被背书人），而自己并不需要背书便可完成转让手续。此时，

汇票实际上虽然曾经易手，但由于形式上未作背书，因此持票人可不负背书的责任。

一般转让背书，背书人通常可以在背书时记载以下任意几项事项。

① 背书日期的记载。背书日期可以记载，也可以不记载，这是多数国家包括我国的票据法的规定。《日内瓦统一票据法》规定，背书未记载日期的，推定其在做出拒绝证书而规定之期限届满后作出之背书，除非有相反证明，我国《票据法》第二十九条规定，背书未记载日期的，视为在汇票到期日前背书。依据我国《票据法》的规定，汇票被拒付、拒绝承兑或超过付款提示期限后不得背书。因此，依背书日期是否超过上述期限，可以确定背书的效力，依背书日期可以确定背书人在背书时是否具有行为能力，汇票上记载的背书日期并不需要和实际背书日期一致，当两者不一致时应以汇票记载的日期为准。

② 限制转让的记载。限制转让的记载是指背书人在背书时记载"不得转让"字样。多数国家的票据法规定，背书人在汇票上记载了"不得转让"字样，其后手再转让时，原背书人对后手的被背书人不负担保责任。

(2) 特殊转让背书。特殊转让背书在形式上与一般转让背书并无不同，只是效力有所不同。这种背书通常包括限制背书、有条件背书和托收背书等。

① 限制背书（restrictive endorsement）。限制背书是指禁止汇票继续转让或仅表明汇票授权的种类，一般带有"支付给被背书人"等限制性语句，持票人不得将汇票再行流通或转让，只能凭票取款。例如：

Pay to A bank only（仅付给 A 银行）

Pay to A bank for account of ABC Co.,（支付给 A 银行记入 ABC 公司账户）

Pay to A bank not negotiable（支付给 A 银行不可流通）

Pay to A bank not transferable（支付给 A 银行不可转让）

Pay to A bank not to order（支付给 A 银行不得付给指定人）

② 有条件背书（conditional endorsement）。有条件背书是指向被背书人的背书是带有条件的。例如：

Pay to the order of B Co.,

On delivery of B/L No. 125

For A Co., London

Signature

虽然开出的汇票必须是无条件的支付命令，但背书却可以带有条件。附带条件仅对背书人和被背书人有约束作用，它与付款人、出票人无关。当汇票向付款人提示要求付款时，付款人不管背书上的条件是否履行，均可以照常付款给持票人，汇票即被解除责任。有条件背书实际上是指背书行为中的交付，只有在条件履行后方可把汇票交给被背书人。

③ 托收背书（endorsement for collection）。托收背书是指要求被背书人按照委托代收票款的指示处理汇票，通常是在"Pay to the order of B Bank"的前面或后面写上"For collection"字样，有时还可写出其他指示，例如：

For collection pay to the order of B Bank（托收按 B 银行指示付款）

Pay to the order of B bank for collection only, prior indorsement guaranteed（只按 B 银行指示付款，有优先背书保证）

Pay to the order of B bank for deposit（按 B 银行指示付款）

Pay to the order of B bank for value in collection（按 B 银行指示托收货值付款）

Pay to the order of B bank by procuration（按 B 银行指示代付）

Pay to any bank（向任何银行付款）

此时，被背书人只是接受被背书人授权代收票款，虽然持有汇票，但并没有获得汇票所有权，因此也不对任何后手持票人承担责任。其可以行使由票据产生的一切权利，如提示要求付款权，并且受前手背书人所遭受一切索偿和抗辩的限制。

英国《票据法》第二十四条规定，伪造背书的后手不能成为持票人，当汇票转让给一个受让人时，他必须确定背书的连续性和证实前手背书的真实性，才能接受汇票使自己成为持票人，最后持票人即汇票提示人多是一家代收行，当它汇票提示给付款行（Drawee Bank）要求付款时应作空白背书，付款行需要证明背书的真实性才能付款。

2）汇票背书的连续与不连续

《日内瓦统一票据法》及各国票据法均规定，在汇票权利转让中，汇票的持票人必须以背书的连续性证明其汇票的权利，即汇票的持票人若能通过连续的背书证明其对汇票的权利，则其为合法持票人；若背书不连续，即间断背书，则持票人不得主张汇票权利。

汇票背书的连续，是指汇票上所记载的背书，自收款人至最后被背书人的持票人在形式上必须无间断地连续，即在汇票上作第一次背书的人应当是汇票上记载的收（受）款人，从第二次背书起，每一次背书的背书人必须是前一次背书的被背书人，最后的持票人必须是最后一次背书的被背书人。例如，A 背书给 B，B 背书给 C，C 背书给 D，D 背书给 E……若 A 背书给 B，B 背书给 C，而 D 背书给 E，则出现了背书间断，即不连续。因此，一般情况下，连续是指前一背书的被背书人与后一背书的背书人一致。由于一张汇票往往在很多主体之间流通，为保证流通的安全，票据法都要求背书必须具有连续性。

汇票背书的连续必须以下列标准来认定：形式上必须连续。背书的连续以背书形式上有效即可，即使背书中有伪造或无权代理等实际上无效背书的存在，也无碍其连续性。背书连续是指转让背书的连续。若背书中夹有设质背书或委托取款背书，不碍于转让背书的连续。记名背书与空白背书的连续不同。记名背书时，前背书的被背书人为后背书的背书人，则连续，否则视为不连续。若有背书日期，也将作为判断是否连续的标准。即使前背书的被背书人与后背书的背书人实质上为同一人，但形式上的记载不能认为是同一人时，背书也不连续。在背书中，除有记名背书外，若夹有空白背书，其后的背书人视为前空白背书的被背书人。当全部为空白背书时，若有背书日期，是否连续可以参考背书的日期及背书人是否为同一人，而若无背书日期且背书人具有同一性，则此时视为连续。判定背书的连续，须先判定背书的顺序连续，再判定背书上背书人与收款人或前背书的被背书人是否为同一人。

依各国票据法，若背书是连续的，则对票据权利的转让具有以下证明效力。

（1）持票人所持汇票即为行使票据权利的证明，无须再以其他证据表示自己为真正的票据权利人。

（2）票据付款人在向背书连续的持票人付款时，无须审查对方是否为真正的票据权利人。

（3）依连续背书而取得汇票的人，享有汇票权利。另外，背书还必须是无条件的，否则背书无效，如下面的背书视为无效：

Pay to the order of N company on delivery of Bill of Lading No.××××

（For）H company, Beijing

（signed）

3. 汇票的承兑

1）汇票承兑的种类

承兑是指远期汇票的付款人在汇票上签名，表示将于到期日支付汇票金额并记载于汇票正面上的一项承诺。承兑是远期汇票所特有的法律制度，未经承兑的远期汇票在法律上对付款人没有约束力。

由上述可知，承兑具有以下几个意义。

（1）承兑是一种附属票据行为。承兑以出票这一基本票据行为为前提，即只有在出票行为有效时，承兑才具有效力。

（2）远期汇票可承兑，即期汇票由于持票人可即时请求付款，付款人要么同意付款，要么拒付，因而无须承兑。远期汇票在付款前持票人的权利不确定，因此需承兑来加以确定。

（3）汇票付款人并不因出票人的命令或委托而自然成为票据债务人，只有经承兑之后才承担绝对的付款责任，从而成为汇票的主债务人。

（4）承兑是要式法律行为，须由付款人在汇票正面记载"承兑"（accepted）字样并签名和注明日期。

汇票承兑依据有无限制，可分为一般承兑和限制承兑两种。

（1）一般承兑，也叫单纯承兑，是指付款人完全依汇票文义予以承兑，而不附加任何条件的限制。一般情况下，汇票承兑多为单纯承兑。

（2）限制承兑，是指付款人对汇票文义加以限制或变更而进行的承兑。这种承兑又分为部分承兑和附条件承兑。部分承兑是指付款人只承兑汇票金额的一部分。我国《票据法》不允许对汇票金额做部分承兑。附条件承兑是指付款人承兑时附加了一定条件。例如，付款人承兑时附加"到期日前收到出票人的资金才予以付款"，"到日期后××天内不请求付款，则承兑失效"，或"此汇票承兑后禁止背书"等条件。大多数国家的票据法规定，附条件承兑视为拒绝承兑，持票人如接受必须征得出票人及前手背书人的同意，承兑人仍应依所附条件承担责任。我国《票据法》不承认附条件承兑，即视其为拒绝承兑。

除此之外，汇票依其形式，还可分为正式承兑（完全承兑）与普通承兑（略式承兑）。正式承兑是指在汇票正面记载"承兑"字样或其类似的文义，并由付款人签字（签章）。普通承兑是指仅由付款人在汇票的正面签字（签章）而不必记载任何文义。若汇票正面有付款人的签字（签章），不论签字人是否有承兑的意思均表示视为承兑。但我国《票据法》第四十二条规定，付款人承兑汇票，必须在汇票正面记载"承兑"字样，因此我国不承认普通承兑汇票的效力。

2）汇票承兑的适用范围

汇票承兑是为了确定汇票当事人的权利和义务，但并非所有汇票均需承兑。因此，持票人在取得汇票后应明白承兑所适用的范围，即了解哪些类型的汇票需要承兑，哪些类型的汇票无须承兑。根据国际惯例及各国票据法的规定，汇票承兑所适用的范围有以下几种情形。

（1）应当承兑的汇票。《日内瓦统一票据法》和包括我国在内的各国票据法均规定，见票后定期付款的汇票应承兑，否则无法确定汇票的到期日，进而无法行使汇票权利。但我国《票据法》第三十九条和第四十条规定，定日付款汇票和出票后定期付款的汇票也应当提示承兑，否则持票人将丧失对其前手的追索权，这一点与大多数国家票据法的规定有所不同。

（2）可以承兑的汇票。这类汇票是指法律允许其承兑，但即使持票人不提示承兑也不影响汇票权利的行使。《日内瓦统一票据法》和大多数国家票据法都规定，提示承兑是持票人的权利而非义务，若不提示承兑，持票人的权利也不会因此受到影响。可以承兑的汇票主要是指定日付款汇票和出票后定期付款的汇票。依据上述说明，这两类汇票按我国《票据法》的规定也必须承兑，否则将影响持票人的追索权。

（3）无须承兑的汇票。这种汇票是指见票即付的汇票。由于见票即付汇票首次向付款人提示时，付款人即应付款或拒付，因此承兑没有任何意义。在我国，银行汇票均为见票即付，因而无须承兑。

（4）禁止承兑的汇票。《日内瓦统一票据法》和有些国家的票据法允许出票人在汇票上记载"禁止请求承兑"，这实质上是免除出票人担保承兑的责任，而且效力及于背书人。但见票后定期付款的汇票不能做这种记载。对于禁止承兑的汇票，持票人仍然有权请求付款人承兑，若付款人承兑了这种汇票，则产生承兑效力，若付款人拒绝承兑这种汇票，则持票人不能进行期前追索。我国《票据法》规定，不允许做禁止承兑的记载。

3）汇票承兑的程序

汇票承兑的程序包括提示承兑、承兑或拒绝承兑和交还汇票三个环节。

（1）提示承兑。提示承兑是指汇票的持票人在汇票到期日前向付款人出示汇票，请求其在汇票上表示在到期日愿意支付汇票金额的行为。提示承兑有两个目的：一是向付款人显示实际占有汇票以及对方是汇票记载的付款人，二是请求付款人承诺在到期日支付汇票金额。

（2）承兑或拒绝承兑。持票人在上述时间向付款人提示汇票请求承兑后，付款人也应在规定的时间内做出承兑或拒绝承兑的决定。若付款人决定承兑，则应在规定时间，按规定的款式完成承兑行为。若付款人决定承兑汇票，则付款人必须在汇票正面记载承兑的文句，如"承兑""照付""兑付"等，并签字盖章。当从外观上看签章与汇票记载的付款人并非同一人，但实质上为同一人时，签章仍然有效。付款人承兑时通常在汇票正面记载，若付款人仅在汇票正面签字，而未记载"承兑"等字样，依据《日内瓦统一票据法》和大多数国家票据法规定也视为承兑，但此时仅限于汇票正面，以免与背书混淆。关于承兑日期的记载，惯例和大多数国家票据法规定为相对必要记载事项。

（3）交还汇票。付款人收到持票人提示承兑的汇票后占有汇票，在其承兑或拒绝承兑后应将汇票交还给持票人。但在没有交还汇票前，付款人可以涂销其承兑，使之不产生效力。付款人一旦承兑并交还了汇票，汇票的承兑程序完成，承兑产生效力，承兑人将作为汇票的主债务人而承担无条件支付汇票金额的义务。

4) 汇票承兑的效力

汇票经付款人承兑后，即产生承兑效力，依据惯例和各国票据法，对承兑人而言，即承担到期付款的责任，即使承兑人与出票人并不存在资金关系。总而言之，承兑人不得以任何理由对抗持票人的付款请求。同时，汇票的其他债务人（如出票人、背书人、保证人等）被追索或主动清偿了汇票债务而取得汇票时，均可对承兑人行使再追索权。另外，当持票人未按期提示付款时，其对背书人、保证人等的追索权也因此而丧失，但持票人仍有权对承兑人主张权利。

5) 汇票承兑的撤回

汇票承兑的撤回是指付款人在汇票上完成承兑记载后，在将汇票交还给持票人之前，改变主意不想对汇票给予承兑，即收回其承兑的行为。这种行为是在汇票承兑没有产生效力时进行的，因此，《日内瓦统一票据法》和多数国家票据法允许撤回承兑。

4. 汇票的保证

汇票的保证是指汇票债务人以外的第三人，以担保汇票债务的履行为目的，在汇票上记载有关事项并签字的一种附属票据行为。英美法系国家一般没有专门规定票据保证问题，仅规定凡未以出票人或承兑人名义在票据上签字的，应对善意持票人承担背书人的义务，而大陆法系国家的票据法通常对此做出了相关规定。

5. 汇票的付款

付款是指汇票付款人、承兑人或代理付款人（担当付款人）所进行的消灭汇票关系的付款。付款人支付金钱后票据关系最终消灭，其过程包括汇票的持票人向付款人或承兑人提示汇票，要求付款，付款人或承兑人付款并收回汇票，从而消灭汇票关系。

1) 提示

提示是指持票人向付款人或承兑人出示汇票，请求其支付汇票金额的行为。付款提示能够确认持票人的权利，是行使追索权的程序要件，也是确定汇票到期日的依据。根据票据法的相关规定，提示必须在规定的时间及地点做出才有效。

（1）提示的期限。关于提示期限，各国票据法对即期汇票和远期汇票的提示期限规定有所不同。《日内瓦统一票据法》规定，见票即付汇票应自出票日起 1 年内提示付款；远期汇票的持票人应在到期日或其后两个营业日之内提示付款，即共有 3 天的提示日。英国《票据法》规定，见票即付汇票应在出票日后的合理期限内提示付款，经背书转让的汇票应在背书日后"合理期限"内提示付款，而远期汇票的付款提示应在到期日进行，提示日只有 1 天。我国《票据法》规定，见票即付汇票的提示付款的期限自出票日起 1 个月内，远期汇票的付款提示期限为到期日起 10 天内。

需要注意的是，提示在某种情况下可以免除。《日内瓦统一票据法》第四十四条和第五十四条对此做出了规定：拒绝承兑证书做成后，无须再做付款提示，也无须再请求做出拒绝付款证书；由于不可抗力事件等原因导致无法在规定期限内提示付款，其期限可延长，事件终止后，持票人应立即提示付款；若不可抗力事件延长至到期日后 30 天以外，持票人可直接行使追索权而无须再提示。我国和其他国家的票据法对此都做出了类似规定。

（2）提示的地点。若汇票上记载有付款地，持票人应在该地提示付款。若汇票未记载付款地，则以付款人的住所或营业地为付款提示地点。

（3）提示的效力。持票人依法进行付款提示后，将在汇票有关当事人之间产生以下法律效力：① 行使付款请求权。持票人在到期日进行付款提示，即行使付款请求权，它拥有保全偿还请求权的效力。若付款人支付了汇票金额，即发生了清偿效力。② 延迟责任产生。持票人在法定或约定期限内进行付款提示时，如汇票债务人不在期限内付款，则使债务人承担延迟责任。此时持票人可以对汇票债务人请求票面金额及自到期日起的利息。若在提示期限过后直接向出票人提示，当出票人不付款时，也应自提示日起负延迟责任。③ 保全追索权。持票人在法定或约定期限内进行付款提示后，则履行了追索权的保全程序。若持票人不在期限内提示付款，则视为丧失对出票人和其他前手的追索权，但因汇票承兑人是主债务人，故即使持票人未在规定的期限内提示，承兑人仍应承担责任。

2）付款

付款是指持票人向付款人出示票据时，付款人支付票款的行为。在付款时，付款人必须做到以下几点。

（1）对票据权利所有人正当付款。正当付款指付款人付款时必须是出于善意，即不知道持票人权利的缺陷，同时还要鉴定背书的连续性。符合此两种情况的付款才叫正当付款，付款人才可以免除债务。

（2）到期日付款。持票人按照规定的期限向付款人做付款提示后，付款人应依法或依约定向其付款。付款人不承担在规定期限到来之前付款的义务，有权对此拒绝，这不属于拒付，因而持票人不得行使追索权，而持票人也有权拒绝在到期日前受领票款。若双方都愿意在到期日前付款，法律对此并不禁止。如果付款人提前支付了票款，就应承担由此产生的一切后果。

（3）期后付款。期后付款是指付款提示期限已过或拒绝证书做成后方可进行的付款。期后付款的效力因付款人是否承兑汇票而有所不同，具体分为以下两种情况。

① 承兑人的期后付款。汇票经付款人承兑后，付款人（承兑人）成为汇票的主债务人，除时效已经完全消灭可以免责外，应承担绝对付款的责任，并不因提示期限已过而受影响，因而承兑人的期后付款与到期付款的效力相同。承兑人在时效消灭前，随时有被请求付款的可能，承兑人可以请求持票人受领票款，也可将票款依法提存，以使其责任免除。对持票人而言，若期后提示付款，将丧失对前手的追索权，但其付款请求权依然存在。依据我国《票据法》第十七条的规定，持票人对出票人和承兑人的权利时效为自票据到期日起 2 年；见票即付的汇票、本票，自出票日起 2 年。

② 未承兑汇票的付款人的期后付款。未经承兑的汇票，持票人仅有追索权而无付款请求权，但追索权的行使以保全汇票上权利的义务为要件。若持票人没有在规定期限内提示付款或保全汇票上的权利，将丧失对其前手的追索权，付款人也没有义务对其付款。

（4）足额付款。我国《票据法》第五十四条规定，付款人必须在持票人提示付款的当日足额付款。因此，付款人的付款应为付清全部金额，而不允许部分付款。但《日内瓦统一票据法》和大多数国家或地区票据法均规定，付款人可以全部也可以部分支付票面金额，持票人不得拒绝部分支付，否则将丧失该部分付款的追索权。

（5）汇票金额的提存与汇票的注销。提存是指当持票人不在规定的期限内做付款提示时，票据债务人可将相应的汇票金额提交给有关机构保存，提存后视为票据债务人已履行了付款人的义务。这是保护债务人的一种制度和国际惯例。付款人付款后，应要求持票人在汇票上记载"收讫"（paid）字样，并签字收回汇票，此时票据就会被注销（discharge），付款人和所有债务人的责任都因此而消灭。

6. 汇票的拒付

拒付也称退票，当汇票的持票人依票据法的规定向付款人要求付款或要求承兑时，却不获付款或承兑，这种行为称为拒付或退票。由于拒绝承兑表明付款人拒绝承担汇票的付款义务，因此，持票人无须等到汇票到期日再做付款提示，拒绝承兑本身就说明拒绝付款。

拒付实际上包括拒绝付款（dishonor by non-payment）和拒绝承兑（dishonor by non-acceptance）两种情况。除此之外，在付款人逃逸、失踪、死亡、破产或因违法被责令终止业务活动时，持票人无法获得付款或承兑的，也属于拒付。拒付时通常要求拒付方做出拒绝证书。

拒绝证书是指由法律规定的，对持票人依法提示承兑或付款而被拒绝的事实具有证明效力的文件。各国关于拒绝承兑或拒绝付款的证明方法不完全相同。多数国家的票据法规定，拒绝证书必须由一定机关做出才能作为法定的证明形式，一般由拒付地点的法定公证人做出。如果拒付地点没有法定公证人，拒绝证书可由当地知名人士在两个见证人面前做出。在我国可请公证处做出拒付证明。

持票人取得或做出拒绝证书，是行使和保全追索权的重要程序之一，但国际惯例和大多数国家票据法又规定在下列情况下，无须做出或取得拒绝证书或以其他合法证明替代拒绝证书：① 拒绝证书的约定免除；② 因不可抗力等事件而免除拒绝证书；③ 以其他合法证明替代拒绝证书。

7. 汇票的追索

汇票在合理时间内提示但遭到拒绝承兑，或在汇票到期日提示而遭到拒付时，持票人就拥有了汇票追索权。追索权是指汇票到期不获付款或到期前不获承兑或有其他法定原因时，持票人在依法履行保全手续后，有向汇票的出票人、背书人或其他汇票债务人等前手请求偿还汇票金额、利息及有关费用（如公证费）的权利。

持票人拥有的汇票追索权是一种票据法上的特别权利，这种权利具有以下性质：① 连带性或共同性。出票人、承兑人、背书人及其他汇票债务人，对持票人负连带责任。② 飞越性或选择性。持票人可以自行选择追索对象，而不必依债务的前后顺序依次向前追索，同时既可向一个债务人，也可向几个债务人进行追索，或向全体债务人追索。③ 变向性或变更性。持票人对于汇票债务人中的一人或数人已经进行追索的，对其他尚未被追索的汇票债务人仍可行使追索权。④ 移转性或代位性。持票人行使追索权在获得清偿后，追索权并未消灭，而是转移给被追索人，被追索人在清偿债务后，即与持票人享有同等权利，可以继续向其前手追索，同时也拥有上述飞越请求权和变向请求权。

依法拥有追索权之人为追索权人或追索人，通常追索权人分为最初追索权人和再追索权人。最初追索权人是最后的持票人,也称基本追索人。最后持票人也是汇票最终债权人,当其在到期未获得付款或在到期前未获得承兑时,可以行使追索权,即最初追索权。当持票人为出票人时,对其前手无追索权。再追索权人是指已清偿的汇票债务人,与持票人享有相同的权利,可以向其他债务人再行使追索权。再追索权人包括背书人、保证人和参加付款人。

被追索人又称为偿还义务人,该义务人负有偿还汇票金额、利息和费用的责任。被追索人一般包括以下三种:① 出票人。由于出票人应依照汇票文义担保承兑和付款,因此,出票人将成为被追索人。但若汇票出票时,出票人有免除担保承兑的约定,则持票人不得在到期日前对其行使追索权。持票人为出票人时,对其前手无追索权。② 背书人。汇票背书人因负担保承兑和付款的责任,所以成为被追索人。但背书人有免除担保责任的约定时,持票人不得在到期日前对其行使追索权,同时,持票人为背书人时,对于该背书人的后手无追索权;禁止背书的背书人,对于自己的直接被背书人以外的后手,不承担票据责任,因此不能成为被追索人,委托取款背书的背书人所作背书的目的并非转让票据权利,其背书并不产生担保付款责任,因此,该背书人不能成为被追索人。③ 其他票据债务人。这些被追索人包括保证人、承兑人或参加承兑人。

汇票追索权的行使必须同时具备实质要件和形式要件,持票人才能依法行使追索权。实质要件包括两个方面:一是汇票持票人必须为合法的持票人,并且背书连续;二是必须具备法律规定的可引起追索权发生的客观原因。

形式要件是指持票人必须履行保全手续或行为,包括汇票的提示、拒绝证书的做出和拒绝事由的通知。

若持票人未履行票据提示和做出拒绝证书义务,则将丧失追索权。追索权人因行使追索权而受清偿后,其票据权利归于消灭;持票人同时负有向被追索人交付汇票、拒绝证书和收据的义务。所有被追索人对持票人负有连带责任;被追索人清偿债务后,其责任解除;被追索人基于清偿而取得汇票,与持票人享有同一权利,可再向其前手追索,但背书人为持票人时,对其后手无追索权;出票人为持票人时,对其前手无追索权;背书人进行清偿后,可以涂销自己及其后手的背书,以防汇票落于非善意第三人手中再进行追索;被追索人有权请求持票人交回汇票、拒绝证书;当被追索人进行再追索时,票据债务人不得以自己与出票人或被追索人的前手之间的抗辩理由来对抗被追索人,但该被追索人未履行与票据债务人之间约定的义务,以致两者之间存在直接的债权、债务关系,则不在此范围内。

2.3 本 票

2.3.1 本票的概念

我国《票据法》对本票的定义是:本票是出票人签发的,承诺自己在见票时无条件支付确定的金额给收款人或者持票人的票据。

英国《票据法》对本票的定义是:本票是一个人向另一个人签发的,保证即期或在可以确定的将来时间，保证对某人、其指定人或持票人所支付一定金额的无条件的书面承诺。

2.3.2 本票的特点

本票作为一种可自由流通转让的证券，有其自身的特点，具体表现在以下几个方面。
（1）本票是一种无条件的承诺。本票的出票人在完成出票行为后即负绝对的付款责任。
（2）本票的出票人就是付款人，是本票的主债务人。
（3）本票无承兑行为。由于其出票人本来就负有保证付款责任，因此本票无承兑行为。
（4）本票在开立时通常只开立成一式单份。

2.3.3 本票的种类

本票依其分类标准不同，一般可分为以下几种。

1. 记名本票、无记名本票和指示本票

这种分类以本票上是否记载权利人为标准。记名本票（又称抬头本票）是指在出票时记载受款人名称的本票，持票人在转让时必须背书。无记名本票（又称来人本票）是指在出票时不记载受款人名称，或记载为"来人""持票人"的本票，持票人转让时只需交付而无须背书。指示本票是指出票时除了记载受款人名称外，还记载"或其指定人"的本票，出票人开立这种本票时，不得禁止持票人背书转让。依据我国《票据法》第七十五条规定，本票必须记载收款人名称，否则本票无效。因此，在我国不存在无记名本票和指示本票，只存在记名本票。

2. 银行本票和商业本票

这种分类以出票人的身份不同为标准。银行本票的出票人为银行，商业本票的出票人为除银行以外的其他企业、团体、事业单位等。我国《票据法》第七十三条规定，在我国能够签发本票的只有银行，其他企业等不能签发本票。由此可见，在我国只有银行本票，而没有商业本票。

银行本票是指由商业银行签发，即期付给记名收款人的不定额本票。银行本票可以当作现金，交给提取存款的客户。商业银行还可以发行即期定额付给来人的本票（银行券），客户购买后可以当作货币使用支付，且便于携带。由于这种银行本票容易造成货币流通量的增加，所以各国一般不允许商业银行发行定额不记名（来人）的本票，但可以发行不定额的记名本票。

3. 即期本票和远期本票

即期本票是指见票即付的本票，其持票人自出票日起可随时要求出票人付款。远期本票是指其持票人只能在票据到期日才能请求出票人付款的本票。远期本票又分为定期本票、出票后定期付款本票和见票后定期付款本票。我国《票据法》不承认远期本票的效力，即在我国，本票均为见票即付的本票。因此，我国本票的功能仅为支付工具，其信用功能下降。

4. 定额本票和不定额本票

依据我国《支付结算办法》规定，定额本票的面额有 1000 元、5000 元、10 000 元和 50 000 元四种；不定额本票的金额由出票人和受款人约定。

此外，以票据行为发生地为标准，本票还可分为国内本票和国外本票；以付款方式为标准，本票又分为现金本票和转账本票。

2.4 支　　票

2.4.1 支票的概念

我国《票据法》对支票的定义是：支票是出票人签发的，委托办理支票存款业务的银行或者其他金融机构在见票时无条件支付确定的金额给收款人或者持票人的票据。

英国《票据法》将支票定义为：支票是以银行为付款人的即期汇票。

2.4.2 支票的特点

（1）支票的付款日期仅限于见票即付。

（2）支票的付款人仅限于办理支票存款业务的银行或其他金融机构，其出票人与付款人之间必须先有资金关系，即出票人必须在付款银行有存款，并和付款银行签有支票协议。

（3）支票的提示付款期限较短。我国《票据法》规定，支票的持票人应当自出票日起 10 日内提示付款；异地使用的支票，其提示付款的期限由中国人民银行另行规定；超过提示付款期限的，付款人可以不予付款；付款人不予付款的，出票人仍应当对持票人承担票据责任。《日内瓦统一票据法》规定：支票的提示期限，一般国内支票为 8 天；出票与付款不在同一国家但在同一洲的是 20 天；不在同一国家且又不在同一洲的为 70 天。

案例 2-3

"刷手机"取代签支票　津巴布韦移动支付迅猛发展

"无论是逛超市、交电费，还是吃饭、看电影，我都不怎么带钱，只带手机。"正在哈拉雷市区一家超市购物的市民塔万达告诉新华社记者。只见他选好自己需要的商品后，在收银台掏出手机，输入超市收款点的代号和付款金额，不到 1 分钟就完成了支付。

近年来，互联网的发展潜移默化地改变了津巴布韦人的消费习惯。如同在中国人们使用支付宝、微信等移动支付工具一样，在津巴布韦，许多人也开始通过手机支付消费款或转账，用现金的少了，签支票的少了，"刷手机"的多了。

过去两年，津巴布韦三大移动通信运营商分别推出了自己的移动支付平台，许多超市、餐馆、百货商店、政府收费窗口，都挂了一个写有 5 位数字的牌子，这是该收款点的代号，付款人只需要将该数字和消费金额输入手机，即可完成移动支付，非常方便快捷。

据津巴布韦邮政电信公司提供的数据，仅 2015 年，移动支付用户数量就从 490 万增加到 730 万，增长了近 50%；终端商户数量超过 3.3 万家，同比增长 52%；全年交易金额约 5.5 亿美元，同比增长 37%，约占津巴布韦全年 GDP 的 5%。

对移动支付业务的蓬勃发展，津巴布韦电信专家奇卡达雅撰文指出，其最重要的原因是日益普及的移动通信网络和便捷的操作过程。他认为，以前电子银行等服务由银行提供，操作过于烦琐，收费也十分高昂，让人望而却步。"现在，移动运营商在移动设备中植入金融服务，人们不需要重新学习如何使用手机，他们只需要学习如何打开手机客户端，这要容易得多。移动支付业务为服务提供商和用户带来双赢。"奇卡达雅说。

在哈拉雷市区开店的拉奇也认为，津巴布韦人之所以快速接受移动支付，是因为这给他们带来很多便利。"无论我在哪里，如果你决定给我付款，钱就会'找'我，我在全国任何一个地方都可以取出这笔钱。而如果你从银行转账或者签支票给我，你必须知道我的住处或工作地址才行。可以说，移动支付有更好的私密性和更高的效率。"拉奇说。

另一方面，移动支付也为津巴布韦缓解现钞紧缺的窘境提供了一个解决之道。2009 年，津巴布韦在经历恶性通胀后弃用津元，转为流通美元等外币。2015 年下半年以来，经济低迷和贸易收支恶化使得美元等外币供应短缺，许多银行也纷纷设置取款额度限制，导致出现"有钱在账户却花不出去"的局面。移动支付并不需要通过现钞完成，只是资金在账面上的划转和交易，这也成为很多津巴布韦民众热衷于使用这种支付手段的一个原因。

资料来源："刷手机"取代签支票 津巴布韦移动支付迅猛发展[EB/OL].(2016-11-16). http://www.100ec.cn/detail--6369763.html，有改动。

2.4.3 支票的种类

支票依其分类标准不同，一般可分为以下几种。

1. 按付款方式分类

按付款方式是否有保障，支票可分为普通支票、划线支票和保付支票。

1）普通支票

普通支票（uncrossed check）是指可用于支取现金，也可用于银行转账的支票。在我国，普通支票是指支票上没有印就"现金"或"转账"字样的支票，普通支票在付款上并无特殊保障。

2）划线支票

划线支票（crossed cheque）又称平行线支票、横线支票，是指出票人、背书人或持票人在支票正面划两条横跨票面的平行线，或在两条平行线中记载某银行的名称或其他内容，付款人仅对银行支付支票金额的一种支票。这种支票只能用于银行转账，不能提取现金，以防支票遗失被冒领。

《日内瓦统一票据法》和大多数国家的票据法规定，划线支票分为普通划线支票和特殊划线支票。

（1）普通划线支票。普通划线支票（generally crossed check）是指出票人、背书人或持票人在支票正面划两条平行线,两条平行线内不记载任何文字的支票。对于这种划线支票,任何银行都可代为委托收款。若持票人为非金融业者,则应委托银行代收取票款;持票人如在委托行已开有账户,则将该项票款记入其账户。

(2)特殊划线支票。特殊划线支票(specially crossed check)是指出票人、背书人或持票人在支票正面划两条平行线,并在两条平行线内记载委托取款的银行的名称或其他内容的支票。这种划线支票只能委托票面注明的银行收款,不能委托其他银行收款,并需将该票款存入委托银行的账户。付款人若违反划线支票付款的规定而付款,给出票人或真正权利人造成损失,应负赔偿责任,赔偿额以支票金额为限。若付款人违反上述规定,但其确已向真正权利人付款,则其付款仍然有效。

《日内瓦统一票据法》和多数国家票据法相关规定,出票人、背书人或持票人等均可在支票上记载平行线,其效力相同。平行线要记载于支票的正面,若记载于支票的背面则无效。在实务中,两条平行线通常记载于支票正面的左上角。《日内瓦统一票据法》和多数国家票据法规定,支票上若有多处特殊划线,付款人不得付款。但若仅有两处特殊划线,其中之一是经由票据交换所收款,则不受此限。因此,除委托取款的原因外,支票不得超过一个以上特殊划线的记载,但普通划线即使有几处划线也不影响其效力。

有权记载划线的人,均可以在未经划线的支票上记载普通划线或特殊划线。对于已经记载普通划线的支票,也可以再做特殊划线记载,但特殊划线记载不得变为普通划线。若将特殊划线内的收款银行涂销,则应视为未涂销,包括两条平行线也不得涂销。若支票左上角被撕破,致使无法判定该支票是否为划线支票,付款人一般应先查询出票人,倘若有平行线的记载,则应按照出票人的意见处理,若无法查询,则以记载平行线支票处理。划线支票的唯一目的就是在支票遗失时,防止被人冒领,保证交易安全。

3)保付支票

保付支票(certified/accepted check)是指由于支票为支付票据,无法保证肯定兑现,为避免出票人开出空头支票,出票人或受款人可要求付款人在支票上记载"照付"或"保付"或其他类似文字并签名,表示在支票提示时一定付款。

支票经付款人保付后,付款人应承担绝对付款的责任,出票人及背书人均免除其责任,即付款人成为主债务人。支票的可靠性因此而提高,且更有利于其流通。但各国对保付责任的规定并不完全相同。依美国和我国台湾地区的法律,保付支票的出票人和背书人均免除债务。但日本《支票法》规定,保付支票的出票人和背书人不能免除其债务,而应与保付人共同负责。我国内地《票据法》对此没有规定。

在实务中,保付人在做出保付行为后,通常从出票人的存款账户中将该支票金额另列入保付支票账户内,以供核销保付支票提示时付款。支票一经保付则具有以下效力。

(1)对付款人的效力。付款人保付支票后,则对支票的付款承担绝对责任,即使支付的有效期届满,付款人仍负付款的责任;付款人不得对存款额以外或信用证所规定金额以外的金额进行保付。若有违反而进行了保付,仍具保付效力,但付款人可能被罚款。

(2)对出票人的效力。支票一经保付,出票人免除其责任,即使保付人不付款,持票人通常也不得对出票人行使追索权。支票经保付后,出票人不得撤销付款的委托,即使出票人破产也不影响保付的效力。

(3)对背书人的效力。付款人在支票上保付后,背书人通常免除其责任,即使保付人不付款,也不得对背书人行使追索权。

(4)对持票人的效力。持票人在付款期限内未做提示的,仍有权请求付款。若保付支票遗失,持票人应自负责任,而不得做止付通知,但可通过公示催告程序解决。

2. 按收款人的记载方式分类

按收款人的记载方式不同,支票可分为记名支票、指示支票和无记名支票。这种区别与汇票、本票的分类标准及实际作用完全相同,这里不再赘述。在我国,虽然不允许签发无记名的汇票和本票,但可以签发无记名支票,而且依据我国《票据法》第八十七条规定,支票上未记载收款人名称的,经出票人授权,可以补记。

3. 按支票的当事人资格分类

按支票的当事人资格不同,支票可分为对己支票、指己支票和受付支票。通常情况下,支票有三方当事人,但在特殊情况下,这三方当事人中的任何两个当事人可能产生资格重合,即由一方充当两个当事人,这样就产生了三种变式支票。

1)对己支票

对己支票又称己付支票,是指出票人签发的以自己为付款人的支票。这种支票的出票人和付款人由一个人充任。由于支票的付款人是银行等其他法定金融机构,因此,对己支票只能由银行等金融机构签发,其他单位或个人不可能签发这种支票。

2)指己支票

指己支票又称己受支票,是指出票人以自己为受款人而签发的支票。这种支票与指己汇票相似,任何人只要在银行等金融机构开设支票存款账户,均可签发该支票,没有任何限制。我国《票据法》第八十七条也规定,出票人可以在支票上记载自己为收款人。

3)受付支票

受付支票是指出票人签发的以付款人为受款人的支票,即付款人同时也是受款人。因支票的付款人限于金融机构,所以这种支票的受款人也只能是金融机构。

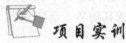

跨境支付与结算工具的运用

实训目标

(1)培养学生收集信息的能力;
(2)加强学生对跨境支付与结算工具的操作能力。

实训内容

假如你在亚马逊美国站上开了一家儿童图书的店铺,你想对跨境支付与结算的工具有所了解。全班 5 人为一个团队,以团队为单位收集关于跨境支付与结算工具的相关内容。

(1) 跨境支付与结算有哪些工具可以使用?

(2) 在店铺运营过程中,你觉得使用哪种跨境支付与结算工具最为合适?

 复习与思考

1. 票据的特性有哪些?

2. 汇票有哪几种分类方式?

3. 本票的种类有哪些?

4. 支票的特点是什么?

第 3 章　跨境支付与结算方式（Ⅰ）——国际电汇

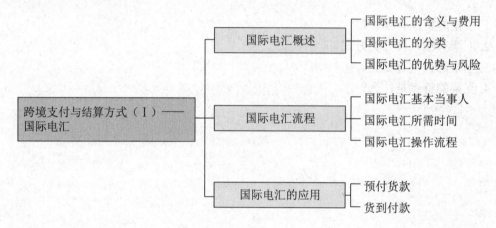

知识目标

- 了解国际电汇的含义；
- 了解国际电汇的优势与风险；
- 掌握国际电汇流程；
- 了解国际电汇应用。

【关键词】

国际电汇、国际电汇流程、国际电汇当事人、国际电汇操作流程

案例导入

国际汇款也讲究体验，西联汇款的优势了解一下

有亲友在国外留学、旅游、定居的你，想必跨境汇款已经成为一种情感纽带和生活必需。可是，在这个用户需求多元化的时代，人们无论做什么事情，都越来越注重"体验"。对于跨境汇款，它也需要寻找另一层含义。

我们知道，传统的银行电汇手续极为烦琐，而且汇款周期漫长，中间还要被中间行、收款行收取好几道手续费，最终收款人对自己实际的收款金额往往是一头雾水。

如果有一种汇款方式，让你不必经历漫长的汇款周期，也不用在意收汇人有没有银行账号，而且服务费透明可知，你想不想尝试呢？

现在还真有这样的国际汇款方式！只要通过一个叫"西联汇款"的国际汇款公司，只需几分钟，就能把钱安全、快速地汇给国外的亲人、朋友、同学。

为什么西联汇款如此给力？这就要从头说起了。西联汇款是一家全球领先的跨境汇款公司，拥有逾140年的国际汇款服务经验，超过500 000个西联网点遍布全球200多个国家及地区，公司以"为人们建立起连接的桥梁"为使命，致力于为用户提供安全可靠、方便快捷的汇款体验。

发汇人只需前往西联汇款合作的网点填写"汇款表格"，递交个人身份证明文件及款项，在一次性付清手续费之后，领取一张印有"汇款监控号码"的收据，汇款即可完成。远在国外的收款人在收到汇款之后，凭汇款监控号码就可以去海外西联合作网点提款，操作起来简便快捷。

目前，西联汇款已和中国邮政储蓄银行、中国光大银行、上海浦东发展银行、中国银行、中国建设银行等多家银行合作。通过西联汇款微信平台，可以查询附近的西联网点。当然，你也可以拨打西联客服热线进行咨询。

和传统的银行电汇相比，西联汇款是比较方便和快捷的。不过，西联汇款适用于小额汇款、日常支出或应急使用，大额汇款还是推荐大家选择银行电汇。

资料来源：国际汇款也讲究体验，西联汇款的优势了解一下[EB/OL].（2018-07-11）.http://www.ceweekly.cn/2018/0711/229175.shtml，内容有改动。

3.1 国际电汇概述

3.1.1 国际电汇的含义与费用

1. 国际电汇的含义

国际电汇（telegraphic transfer，T/T）是指汇出行应汇款人的申请，拍发加押电报或电传给在另一国家的分行或代理行（汇入行），指示其给付一定金额给收款人的一种汇款方式。

2. 国际电汇的费用

一般来说，电汇的费用分为两部分，一部分与电汇金额有关，即1‰的手续费；另一部分与汇款的金额无关，而与笔数有关，即每汇一笔就要收取一次电汇费。不同银行的收费标准差距较大，客户在选择汇款银行时可进行比较。需要注意的是，由于汇款存在中间行扣费，且无法预知汇款过程中的扣费金额，所以可能导致汇出的款项不能足额到账，影响交易。由于汇款手续费一般都有最高限额，每次汇的金额越多越划算，因此在条件允许的情况下，建议一次多汇一些，尽量不要分多次汇款，否则需要多支付不少手续费。

PayPal 在欧洲推出 Xoom 国际汇款服务 抢占市场份额

美国支付公司 PayPal 将在英国以及其他 31 个欧洲国家推出国际汇款服务 Xoom,进一步在欧洲市场扩张。客户可通过 Xoom 向全球 130 多个国家汇款,包括印度、巴基斯坦、尼日利亚、肯尼亚和波兰。

该公司称,在欧洲市场推出 Xoom 将帮助其在规模 6 890 亿美元的全球汇款市场抢占市场份额。之前该公司已经在美国和加拿大推出这项服务。仅英国人每年就向国外汇款逾 260 亿美元,许多人都通过汇款来帮助家庭成员支付账单。

Xoom 与大型银行和其他金融企业合作,以方便客户汇款,客户每笔交易最多可汇款 8800 英镑(11 029 美元)。

资料来源:Paypal 在欧洲推出 Xoom 国际汇款服务 抢占市场份额[EB/OL].(2019-07-16). https://baijiahao.baidu.com/s?id=1639224479519433633&wfr=spider&for=pc,内容有改动。

3.1.2 国际电汇的分类

国际电汇(T/T)分为两种。第一种叫前 T/T。在国际贸易行业内,在发货人发货前付清 100%货款的称为前 T/T。相对卖方而言,这种付款方式是国际贸易中最安全的贸易方式,因为卖方不需要承担任何风险,只要收到款就发货,没收到款就不发货。改革开放以来,我国企业都使用这种前 T/T 的付款方式作为国际贸易的支付方式。前 T/T 也可以分为很多种灵活的方式,如先付 20%~40%定金,后 80%~60%于出货前付清。前后支付的比例可根据不同情况进行灵活变通。随着贸易的发展,产生了另外一种国际电汇付款方式,即后 T/T 付款方式。

后 T/T 付款方式即在发完货后,买家付清余款。那买家是凭借什么付清余款的呢?一般情况,后 T/T 是根据提单复印件来付清余款的。后 T/T 模式也比较灵活,总体来说,普遍流行的国际后 T/T 付款方式是:客户先付 30%定金,另外 70%货款客户依据提单复印件来付清。当然前后支付的比例可灵活确定。

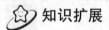

国际电汇与支票和异地取款的区别

3.1.3 国际电汇的优势与风险

1. 国际电汇的优势

1）手续简便

国际电汇最大的优点是方便快捷,这使得它在众多的传统跨境汇款方式中占据了最重要的地位。首先,只要把境内公司或者个人的银行卡号和姓名告诉境外的客户,他们就能直接把款项汇到境内账户上。其次,这种汇款方式也是银行大力推广的,因为他们不需要承担任何信用风险,手续费却很可观。电汇完全建立在双方的商业信誉上。若境外客户大量使用电汇方式付汇,则侧面反映出双方合作期已较长,业务稳定。公司与对方采取电汇的结算方式,也是以对方为长期合作的熟客为前提的。

2）覆盖面广

选取国际电汇作为汇款方式除了操作简便以外,它的无处不在也是一个主要原因。电汇的覆盖面可以说相当广,以中国银行全球电汇为例,现在中国银行在多个国家和地区设有境外分支机构,覆盖面较广。

3）资金到账快

在浮动汇率制度下,汇率经常出现大幅波动,而电汇收付外汇的时间较短,一定程度上可降低汇率波动带来的风险。因此,公司在条件允许时,贸易合同中应尽量要求境外客户采用电汇方式汇款。此外,商业银行在平衡外汇买卖、调拨外汇,以及投机者在进行外汇投机时,也都使用国际电汇这种汇款方式。

2. 国际电汇的风险

1）电汇诈骗

国际电汇缺少第三方的保证,在实际操作中,由于利用汇款方式结算货款,银行只提供服务,不提供信用担保,货款能否结清完全取决于买方的信用,所以电汇属于商业信用。利用银行办理电汇过程中的时间差,采用先汇后退的手段实施诈骗,这是犯罪分子近来对公司实施诈骗的新手段。电汇是三种票据中风险最高的,因为它无法留下任何具有法律意义的证据,双方又互不相见。

因此,使用国际电汇的前提是要先考虑老客户,如果是新客户,则要针对不同地方、不同的公司和交易金额确定结算方式。一般对新客户,建议采用信用证的方式进行货款结算为妥。

2）传真风险

如果采用国际电汇作为一家公司的主要结算方式,那么传真就扮演着很重要的角色。传真的风险也是不可小视的。如果对方的传真一到,你就叫工厂安排发货,那就有可能犯下了一个天大的错误,因为很有可能最终货、款两空。

3）电汇凭证欺诈

当电汇数额较大时,犯罪分子便会挖空心思钻空子。一直以来,利用假的电汇凭证骗取货、款的事件时有发生。

3.2 国际电汇流程

3.2.1 国际电汇基本当事人

国际电汇的当事人通常有 4 个：汇款人、汇出行、汇入行、收款人。他们的义务和责任分别如下。

1. 汇款人

汇款人（remitter）是指债务人，在国际贸易中，通常为进口方。汇款人在委托汇出行办理汇款时，应注意以下几方面事项。

1）需填写汇出行提供的格式化的申请书

汇出汇款申请书是汇款人和汇出行之间的一种契约。汇款人应根据实际情况准确填写申请书，如收款人的名称、地址、国别、开户行的名称、账号、汇款的货币、金额、使用何种汇款方式（如电汇、票汇还是信汇），汇款的用途等。若由于汇款申请书的错漏而引起汇款延误、差错等，后果由汇款人承担。

2）提交外汇管理要求的单据

由于我国是外汇管制国家，因此汇款人还必须根据我国外汇管理局的要求，在汇出汇款时将有关单据交银行审核。

（1）货到付款：提交报关单、合同、发票、运输单与"或有材料"，以及备案表、许可证、特定产品。

（2）预付款：提交形式发票、合同、核销单（银行提供），20 万美元以上，还需提交国外进口方银行开出的预付款保函。预付款在 20 万美元以上，可以不提交预付款保函的情况有下列两种。

① 境内外商投资企业向其境外总（母）公司，或其境外总（母）公司在国外设立的分公司及参股、控股的公司预付进口货款，可以不提交预付款保函，但仍需提交形式发票、合同、核销单（银行提供）、外汇登记证或其他关联公司的证明。

② 中资企业向国外的分支公司及参股、控股的公司预付进口货款，也可以不提交预付款保函，但仍需提交形式发票、合同、核销单（银行提供）、海外投资企业批准证书或其他关联公司的证明。

（3）佣金：提交进出口贸易合同、进出口的发票。暗佣（是指未在合同中表明有佣金及佣金比例的佣金）还需提供佣金协议。超过合同金额5%，并且超过 1 万美元以上的佣金汇出，还需提供外汇管理局的批准件。

（4）尾款：提交进出口贸易合同、验货合格证明。

（5）外商投资企业从外汇账户中提取员工境外差旅费汇出：提交已办妥前往国家和地区的有效入境签证的护照、出国用汇预算表。

（6）外商投资企业人员的工资薪金汇出：提交企业的董事会决议、公司证明书、工资单、完税证明。

（7）红利、股息汇出：提交董事会利润分配决议书、《外商投资企业外汇登记证》、注册会计师事务所出具的验资报告，以及相关年度利润或股息、红利情况的审计报告和税务凭证。

（8）国外专利权许可费汇出：提交合同或协议、发票或支付通知、国家专利主管部门颁发的专利实施许可合同备案回执、外经贸主管部门颁发的《技术引进和设备进口合同注册生效证书》或《技术进口许可证》《技术进口合同登记证》《技术引进合同数据表》、税务凭证。

（9）国外专利权转让费汇出：提交合同或协议、发票或支付通知、国家专利主管部门颁发的《专利权登记簿副本》《专利广告证明》、外经贸主管部门颁发的《技术引进和设备进口合同注册生效证书》《技术进口许可证》《技术进口合同登记证》《技术引进合同数据表》、税务凭证。

（10）不包含专利、专有技术许可或转让的商标许可费用的汇出：提交合同或协议、发票或支付通知、国家商标主管部门颁发的《商标使用许可合同备案通知书》、税务凭证。

（11）包含专利、专有技术许可或转让的商标许可费用的汇出：提交合同或协议、发票或支付通知、国家商标主管部门颁发的《专利权的登记副本》《专利广告证明》、外经贸主管部门颁发的《技术引进和设备进口合同注册生效证书》《技术进口许可证》《技术进口合同登记证》《技术引进合同数据表》、税务凭证。

（12）不包含专利、专有技术许可或转让的商标转让费用的汇出：提交合同或协议、发票或支付通知、国家商标主管部门颁发的《核准转让注册商标证明》、税务凭证。

（13）包含专利、专有技术许可或转让的商标转让费用的汇出：提交合同或协议、发票或支付通知、国家商标主管部门颁发的专利权的登记副本或《专利广告证明》、国家商标主管部门颁发的《核准转让注册商标证明》、外经贸主管部门颁发的《技术引进和设备进口合同注册生效证书》《技术进口许可证》《技术进口合同登记证》《技术引进合同数据表》、税务凭证。

（14）取得境外授权，以图书形式翻译或重印境外作品（包括配合图书出版的音像制品）的费用汇出：提交合同或协议、发票或支付通知、盖有版权主管部门"著作权合同登记章"的著作权许可使用合同或合同登记的批复、音像制品主管部门颁发的核准件、税务凭证。

（15）音像制品著作权许可的费用汇出：提交合同或协议、发票或支付通知、盖有版权主管部门"著作权合同登记章"的著作权许可使用合同或合同登记的批复、音像制品主管部门颁发的核准件、税务凭证。

（16）电子出版物著作权许可的费用汇出：提交合同或协议、发票或支付通知、盖有版权主管部门"著作权合同登记章"的著作权许可使用合同或合同登记的批复、音像制品主管部门颁发的核准件、税务凭证。

（17）计算机软件许可使用的费用汇出：提交合同或协议、发票或支付通知、盖有版权主管部门"著作权合同登记章"的著作权许可使用合同或合同登记的批复、外经贸主管部门颁发的《技术引进和设备进口合同注册生效证书》、《技术进口许可证》、《技术进口合同登记证》、《技术引进合同数据表》、税务凭证。

（18）专有技术的许可和转让的费用汇出：提交合同或协议、发票或支付通知、外经贸主管部门颁发的《技术引进和设备进口合同注册生效证书》《技术进口许可证》《技术进口合同登记证》《技术引进合同数据表》、税务凭证。

（19）技术咨询、技术服务、合作设计、合作研究、合作开发、合作生产的费用汇出：提交合同或协议、发票或支付通知、外经贸主管部门颁发的《技术引进和设备进口合同注册生效证书》《技术进口许可证》《技术进口合同登记证》《技术引进合同数据表》、税务凭证。

（20）货主购买国际海运运费汇出：提交进口或出口合同、国际运输业专用发票（购付汇联）。

（21）进口项下的海运运费汇出：提交与境外船运公司签订的运输合同或协议、境外船公司的发票、提单正本（或副本）。

（22）出口项下的海运运费汇出：提交与境外船运公司签订的运输合同或协议、境外船公司的发票、提单正本（或副本）、税务凭证。

（23）向境外汇出有关代理费用：如清关、关税预付、装卸、仓储、拼装拆箱等海运运费相关的费用汇出：提交与境外代理机构签订的协议、境外代理机构出具的发票、税务凭证。

（24）国际通信基础设施服务业务：如地面国际通信网络宽带、光通信波长、电缆、光纤、光缆及其他网络元素的出租、出售业务等费用的汇出：提交合同或协议、发票或支付通知、信息产业主管部门业务批准文件、税务凭证。

（25）国际电信业务：如国际长途电话业务、国际数据通信业务和国际图像通信业务等费用的汇出：提交合同或协议、发票或支付通知、信息产业主管部门业务批准文件、税务凭证。

（26）卫星转发器租用和卫星线路租用业务的费用汇出：提交合同或协议、发票或支付通知、信息产业主管部门业务批准文件、税务凭证。

（27）其他国际通信业务费用汇出：提交合同或协议、发票或支付通知、相关业务主管部门业务审核文件、税务凭证。

（28）远洋渔业中的入渔费汇出：提交与外方签订的合作协议或代理合同。

（29）远洋渔业中的油料费汇出：提交境外发票。

（30）远洋渔业中的运费汇出：提交运输发票。

（31）远洋渔业中的渔船境外保险费汇出：提交保险单。

（32）远洋渔业中的外籍船员工资汇出：提交工资清单、劳务协议、税务凭证。

（33）远洋渔业中的购买饵料及渔需物资费用汇出：提交购买饵料及渔需物资合同、发票。

（34）远洋渔业中的渔船修理费用汇出：提交渔船修理合同、发票、税务凭证。

（35）远洋渔业中的观察员费用汇出：提交派驻观察员协议。

（36）远洋渔业中的国外合作方渔货分成款项的汇出：提交渔业主管部门的批准文件、能证明代理人合作方按比例分成渔货的合作合同。

（37）远洋渔业中的境外加工费或税收的汇出：提交有关主管部门批准采取这种方式的所在国有关法规文件。

(38) 远洋渔业中有关的国外罚款汇出：提交国外罚款的单据和证明。

(39) 境外承包工程的垫款汇出：提交外经贸主管部门批准该企业经营劳务承包批件、境外承包合同或协议、境外银行出具的承包工程履约保函或其他证明文件。

(40) 境外承包工程款汇出：提交外经贸主管部门批准该企业经营劳务承包的批准文件、对外承包的合同或协议、工程预算表、《外汇账户使用证》。

(41) 境外劳务、承包工程项下中介费的汇出：提交外经贸主管部门批准该企业经营劳务承包的批准文件、对外承包的合同或协议、中介合同、《外汇账户使用证》、税务凭证。

(42) 境内旅行社代售国际机票款汇出：提交民航主管部门批准经营业务资格文件、与境外航空公司签订的代售国际机票的合同、境外航空公司提供的票款结算清单、与境外航空公司提供的票款结算清单相对应的机票存根联和发票、税务凭证。

(43) 境外演员来华的商业性演出的费用汇出：提交文化主管部门关于同意境外演出团队来华演出的批复、演出承办单位和主办单位与境外演出团队签订的三方演出合同或协议（或主办单位与承办单位的合同与协议及主办单位与境外演出团队的合同或协议）、税务凭证。

(44) 赴境外拍摄影视片费用的汇出：提交广播电视主管部门同意赴境外拍摄影视片的批复文件、由主管部门认可的费用预算书、出国任务批件。

(45) 境外运动员转会费的汇出：提交企业营业执照、中外俱乐部签订的运动员转会协议、主管部门出具的批准文件或确认件、税务凭证。

(46) 计算机软件服务（包括软件开发、存储联网、数据处理、软件、软件安装、软件、维护等）费用的汇出：提交合同或协议、发票或支付通知、税务凭证。

(47) 计算机硬件维护（硬件咨询、计算机硬件和各类外部设备的维护等）的费用汇出：提交合同或协议、发票或支付通知、外经贸主管部门颁发的《技术引进和设备进口合同注册生效证书》《技术进口许可证》《技术进口合同登记证》《技术引进合同数据表》、税务凭证。

(48) 计算机中的域名注册费用的汇出：提交合同或协议、发票或支付通知、公安部门颁发的计算机信息系统国际联网备案证、行业主管部门批件。

(49) 计算机信息服务费的汇出：提交合同或协议、发票或支付通知、业务对口主管部门批件、税务凭证。

(50) 贸易进口项下的信息服务费的汇出：提交合同或协议、进口付汇核销单、进口报关单、发票或支付通知、税务凭证。

(51) 国际赔偿项下（不含国际贸易项下的赔偿）款项汇出：提交法院判决书或仲裁机构出具的仲裁书或授权调解机构出具的调解书。

(52) 咨询服务费（不含技术咨询）汇出：提交合同或协议、发票或支付通知、税务凭证。

(53) 在境外设立代表处或办事机构的开办费和年度经费的汇出：主管部门批准设立该机构的批准文件、经费预算书。

(54) 境外广告费汇出：提交合同或协议、发票或支付通知、税务凭证。

(55) 境外举办展览费汇出：提交中国国际贸易促进委员会或外经贸主管部门的批件、因公出国任务批件、展览组委会的摊位确认书、境外支付通知或发票（如展览摊位是地区代理商取得的,还需审核地区代理商的展览组委会授权书)。

(56)境外参展费(如摊位费、搭建费、展览道具租赁费、电费及水电安装费、宣传广告费、展品运费、杂费等)汇出:提交合同或协议、发票或支付通知、其他相关材料。

(57)境外质量认证费用汇出:提交合同或协议、发票或支付通知、税务凭证。

3)支付相应的金额或支款凭证

需交付与汇款金额(包括银行的汇出汇款手续费)相当的现金或支款凭证。

2. 汇出行

汇出行(remitting bank)是指接受汇款人的委托,办理汇出汇款业务的银行。在国际贸易中,通常为进口地银行。从汇出行接受汇款申请书时起,其与汇款人之间的契约关系与效力就此成立,汇出行应按汇款申请书的内容及选择的汇款方式办理该笔汇出汇款,并准确无误地将款项交给收款人。由于汇出行未按汇款申请书要求办理汇款产生的差错,由汇出行承担;因头寸未及时到位或错漏,或因转汇行、汇入行的错漏、延误而引起的问题,须根据具体情况,查明原因,分清责任。汇出行在办理汇款时应注意以下几方面事项。

(1)认真审核汇出汇款申请书,对不符合要求的,有无法顺利解付风险的,须根据情况请汇款人补充、修改,必要时可退回申请书,不予受理。

(2)根据外汇管理的要求,认真审核汇款人提供的有关单据(参看本节前述"提交外汇管理要求的单据"),审核材料的真实性和一致性。

(3)必须在汇款人的现金或支付凭证入账后,即汇款人的账户有足够的汇出金额时才能办理汇出汇款;严禁在透支的情况下汇出汇款。

(4)银行的支付授权书(payment order,P.O.)必须根据汇款申请书的内容制作。汇款线路应选择不迂回的,即选择环节最少的。

(5)支付授权书必须正确表示头寸的偿付方法。若汇出行与汇入行之间相互开立了与汇款货币相同的账户,往账用"请借记我账",来账用"已贷记你账";若须经另一中转行拨付头寸,在支付授权书上应明确表明"头寸已通知××银行拨交你账",并另用银行划拨单(bank transfer,B.T.)授权账户行将头寸拨交汇入行;若头寸须由汇入行主动向汇出行的账户行索偿头寸,在支付授权书上应表明"头寸请径向××银行索偿",并向账户行发出偿付授权书,待汇入行向其索偿时借记开户行账户。

3. 汇入行

汇入行(paying bank)是指接受汇出行委托,将汇款解付给收款人的银行,也称解付行。汇入行解付汇款时应注意以下几方面事项。

(1)解付汇入款必须严格按照汇出行的支付授权书办理,不能擅自改变内容,否则由此引起的后果由汇入行承担。

(2)收到支付授权书后,必须根据具体情况核验其真伪,如为信汇、票汇,均需核验其印鉴;如为加押电报,必须核对其密押;如使用 SWIFT,必须检查其使用的报文格式是否为有效的加密格式。

(3)收妥后解付,并根据汇出行支付授权书上对头寸划拨的指示,区分不同的情况进行不同的处理。

（4）根据收款人的不同情况解付，若支付授权书上的收款人在汇入行开立有账户，在收到款项后可直接入账；若收款人在汇入行没有开立账户，在收到款项后可通知收款人或转入其账户行。

（5）必须根据国家外汇管理局的要求办理解付。如在贸易项下，汇入行必须在收款人提供出口核销单号码后入账，并要求收款人及时填写国际收汇申报单后交汇入行录入有关申报系统。

（6）正确处理不能解付的汇款。若收款账号、户名不符，或虽已通知，但迟迟不来领取，甚至因种种原因收款人表示拒收，或头寸无法落实等原因不能解付，汇入行应尽可能及时向汇出行说明不能解付的理由，请其查复并给予进一步的指示，待汇出行回复后，视情况处理。

（7）无条件的汇入款通常汇款的解付是无条件的，支付授权书上的附言仅是一种请解付行转告收款人的信息，而不是解付条件。但若是有条件的汇款，如支付授权书上表明"在收款人提交××合同项下的全套单据后付款"，汇入行的处理应谨慎，如不愿接受，应及时告知汇出行。

4. 收款人

收款人（payee/beneficiary）是指债权、债务关系中的债权人，通常为国际贸易中的出口方。收款人在收到汇入行的收款通知时，应注意以下几点事项。

（1）认真审核并确认该笔款项是否是自己的应收款项。

（2）根据我国国家外汇管理的要求提供以下相关资料。

① 贸易项下的收汇。提供出口核销单号码，及时填写国际收支申报单后交汇入行录入有关国际收支的申报系统。

② 专利、版权收入。提供本人身份证、专利或版权证书、转让或者使用协议、境外税务凭证。

③ 稿费收入。提供本人身份证、已发表作品、境外税务凭证。

④ 咨询费收入。提供本人身份证、咨询协议、境外税务凭证。

⑤ 保险金收入。提供本人身份证、保单、索赔书、理赔证明。

⑥ 个人投资的利润、红利收入。提供本人身份证、投资协议或股权证明、利润分配决议或红利支付书、境外税务凭证。

⑦ 利息收入。提供本人身份证、债券或债券登记证、存款利息清单、境外税务凭证。

⑧ 年金、退休金汇入。提供本人身份证、境外工作证明、境外税务凭证。

⑨ 雇员报酬汇入。提供本人身份证、雇佣协议、境外税务凭证。

⑩ 遗产继承收入。提供本人身份证、公证书、境外税务凭证。

⑪ 赡家款汇入。提供本人身份证、与汇款人的亲属关系说明书。

⑫ 捐赠款汇入。提供本人身份证、捐赠函、捐赠人的身份证明。

⑬ 其他经常项目外汇收入。提供本人身份证和相应的证明材料。

（3）对有疑问的汇款，须及时请汇入行查询。

(4)收款人若希望接受有条件的汇款,必须配合解付行的工作,办理交单或履行汇出行要求的义务和责任。

3.2.2 国际电汇所需时间

国内只有内部全国联网的银行在汇款时才可以实时划账。各个银行办理汇款所收取的手续费不同,中国工商银行为1%,最高不超过50元;中国农业银行为0.5%,最高不超过50元,跨行不另收费。最好采用同行且联网的银行办理电汇,不同行之间的电汇需要的天数较多。

同行与非同行汇款天数的差别可以在汇款时询问银行,时间长短也与选择的汇款方式(普通或加急等)有关,当然手续费也有差别。

3.2.3 国际电汇操作流程

(1)电汇时,由汇款人填写汇款申请书,并在申请书中注明采用电汇方式。同时,将所汇款项及所需费用交汇出行,并取得电汇回执。汇出行接到汇款申请书后,为防止因申请书中出现的差错而耽误或引起汇出资金的意外损失,应仔细审核申请书,不清楚的地方须及时与汇款人联系。

(2)汇出行办理电汇时,根据汇款申请书内容以电报或电传向汇入行发出解付指示。电文内容主要有:汇款金额及币种,收款人名称、地址或账号,汇款人名称、地址,附言,头寸拨付办法,汇出行名称或SWIFT系统地址等。为使汇入行证实电文内容确实是由汇出行发出的,汇出行在正文前要加列双方银行约定使用的密押(testkey)。

(3)汇入行收到电报或电传后,即核对密押是否相符,若不符,应立即拟电文向汇出行查询;若相符,即缮制电汇通知书,通知收款人取款。收款人持通知书一式两联向汇入行取款,并在收款人收据上签章后,汇入行即凭以解付汇款。实务中,如果收款人在汇入行开有账户,汇入行往往不缮制汇款通知书,仅凭电文直接将款项记入收款人账户,然后向收款人发送一份收账通知单,无须收款人签具收据。最后,汇入行将付讫借记通知书(debit advice)寄给汇出行。

电汇中的电报费用由汇款人承担,银行对电汇业务一般均当天处理,所以对于金额较大的汇款或通过SWIFT或银行间的汇划,多采用电汇方式。

3.3 国际电汇的应用

3.3.1 预付货款

预付货款是指买方(进口商)先将货款的全部或一部分通过银行汇交卖方(出口商),卖方收到货款后,根据买卖双方事先签订的合约,在一定时间内或立即将货物运交进口商的结算方式。在实务中，预付货款通常称为前 T/T。根据进口商前期汇款的多少和比例，又可以将前 T/T 分为全部前 T/T 和部分前 T/T，后者通常称为预付定金（down payment）。

此方式对进口商来说是预付货款，对出口方来说则是预收货款。对银行来说，预付货款属于汇出款项，而预收货款属于汇入款项。在国际贸易中，处理汇入款项业务的银行向出口商结汇后，出口商才将货物运出，所以此种结算方式又叫"先结后出"。

预付货款对出口商极为有利，主要基于以下三个原因：第一，货物未发出时已收到一笔货款，等同于得到无息贷款；第二，收款后再发货，降低了货物出售的风险，如果进口商毁约，出口商可没收预付款；第三，出口商可充分利用预收货款，甚至可在收到货款后再购货发运。

预付货款对进口商极为不利，主要基于以下两个原因：第一，货物到手前付出了货款，造成资金周转困难及利息损失；第二，未收到货物时已先垫付款项，如将来不能收到、不能如期收到货物，或货物与合同不符，将遭受损失或承担风险。

进口商为保障自己的权益，降低预付货款的风险，一般要通过银行与出口商达成解付款项的条件协议，通常称为解付条件。该条件由进口商在汇出汇款时提出，由解付行在解付时执行。常见的解付条件是：收款人取款时，要出具个人书面担保或银行保函，担保收到货款后如期履约交货，否则退还已收到的货款并附加利息；或保证提供全套货运单据等。除了附加解付条件外，进口商有时还会向出口商提出对进口商品折价支付，作为抵付预付货款造成的资金利息损失。

一般来说，预付货款适用于以下情况：出口商的商品是进口国市场上的抢手货，进口商迫切需要该货物以取得高额利润，因此不惜预付货款；进出口双方关系密切，相互了解对方的资信状况，进口商愿以预付货款购入货物；卖方货物旺销，出口商与进口商初次成交，卖方对买方资信不甚了解，担心买方收货后不按合约履行付款义务，为了收汇安全，卖方提出将预付货款作为发货的前提条件。

3.3.2 货到付款

货到付款与预付货款相反，是指出口商先行将货物出运，在得到进口商的口头付款承诺而没有任何保证的情况下，将代表物权凭证的全套货运单据交给进口商，进口商提货后再将货款汇付给出口商。此方式实际上属于赊账交易（open account transaction，O/A），又称赊销（sold on credit）或延期付款（deferred payment）结算，就是实务中通常所说的后 T/T。

货到付款对进口商有利，主要基于以下两个原因：第一，进口商不承担资金风险，货未到或货不符合合同要求则不付款，在整个交易中占据主动地位；第二，由于进口商常在收到货物一段时间后再付款，无形中占用了出口商的资金。

货到付款使出口商承担风险，主要基于以下两个原因：第一，出口商先发货，必然要承担进口商不付款的风险；第二，由于出口商常常不能及时收回货款，资金被占用，从而造成一定的损失。

货到付款在国际贸易上可分为售定（sold on consignment）和寄售（cash on delivery，C.O.D）两种。

售定是指买卖双方已经谈妥成交条件并签订成交合同，同时确定了货价和付款时间，一般是货到即付款或货到后若干天付款，由进口商用汇款方式通过银行汇交出口商。这种特定的延期付款方式习惯上称为先出后结，又因价格事先已经确定，故也称售定。售定只适用于我国内地对港澳地区出口鲜活商品时的贸易结算。

寄售是指由出口商先将货物运至国外，委托国外商人在当地市场代为销售，货物售出后，被委托人将货款扣除佣金后通过银行汇交出口商的结算方法。

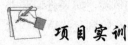

国际电汇支付与结算

实训目标

（1）培养学生收集信息的能力；
（2）加强学生对国际电汇的实操能力。

实训内容

假如你在亚马逊美国站开了一家儿童图书的店铺，需要了解国际电汇的相关信息，全班5人为一个团队，以团队为单位收集国际电汇的相关知识。

（1）在跨境支付与结算的所有方式中，你选择国际电汇的理由是什么？
（2）用国际电汇的方式来模拟操作跨境电商的支付与结算。

1. 国际电汇怎么收费？
2. 国际电汇有几种分类？
3. 国际电汇的优势是什么？
4. 国际电汇基本当事人有几个？
5. 预付货款指的是什么？

第4章 跨境支付与结算方式（Ⅱ）——国际信用卡

本章思维导图

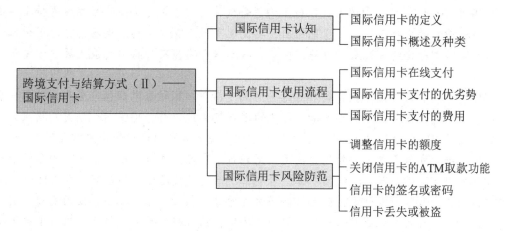

知识目标

- 了解国际信用卡的定义；
- 了解国际信用卡的种类；
- 掌握国际信用卡的使用流程；
- 了解国际信用卡的风险防范。

【关键词】

国际信用卡、国际信用卡使用流程

案例导入

腾讯与五大国际卡组织合作　支持国际信用卡绑定微信支付

2019年11月7日讯　近日，腾讯公司在相关政策指引下，与VISA、MasterCard、American Express、Discover Global Network（含Diners Club）、JCB五大国际卡组织开展一系列合作，支持境外开立的国际信用卡绑定微信支付，已支持用户在12306平台购票、滴滴出行、京东、携程等覆盖衣食住行的数十个商户消费，后续将在监管指导下、在严格落实反洗钱相关政策基础上，进一步有序放开更多使用场景。

近年来，越来越多的外籍人士选择来中国旅游、工作、生活。据文化和旅游部公布的数据显示，2018年入境旅游人数为14 120万人次，比上年同期增长1.2%；据科技部部长王志刚介绍，中国正日益成为世界各国人才创新创业的理想栖息地，2018年中国累计发放外国人才工作许可证33.6万份，在中国境内工作的外国人已经超过95万人。

然而，不能便捷地使用移动支付，已成为外籍人士在中国生活的一大痛点。在此背景下，中国政府部门出台了多种政策，以方便外籍人士在中国内地的生活。

2019年8月23日，国务院办公厅发布了《关于进一步激发文化和旅游消费潜力的意见》，提及要提升入境旅游环境，完善入境游客移动支付解决方案，提升消费场所多语种服务水平，提高游客消费便利性。

2019年10月30日，中国人民银行上海总部发布《关于促进金融科技发展支持上海建设金融科技中心的指导意见》。意见指出，要优化支付清算服务的应用场景，运用金融科技优化人民币国际化的金融基础设施，探索突破港澳台同胞及外籍用户应用第三方支付工具的障碍。

2018年9月，在中国人民银行和香港金管局支持下，微信香港钱包率先为香港用户在内地提供移动支付服务，目前已支持在内地的近百万商户使用。2019年10月，腾讯为入境游客推出了We TaxFree Pass微信小程序，方便入境游客在离境时使用微信退税。

据悉，微信支付已支持境外用户使用内地银行卡绑定，并进行线上、线下的多场景消费。境外用户可通过护照、港澳回乡证、台胞证、港澳居民居住证和台湾居民居住证5种证件进行储蓄卡及信用卡绑定，覆盖银行多达128家。持上述任一证件，使用支持范围内银行的银行卡，即可打开微信—钱包—银行卡绑定，输入银行卡号、姓名、银行卡开卡所使用的证件号码及手机号进行绑定，简单几步就能轻松开通微信支付。

考虑到境外用户更多使用的是境外发行的国际信用卡，腾讯公司在中国人民银行的指导下，与VISA、MasterCard、American Express、Discover Global Network（含Diners Club）、JCB五大国际卡组织探讨合作，支持国际信用卡绑定微信支付，为境外人士在境内的衣食住行等领域消费提供便利的移动支付体验。

资料来源：腾讯与五大国际卡组织合作 支持国际信用卡绑定微信支付[EB/OL].（2019-11-07）. https://baijiahao.baidu.com/s?id=1649521622423882490&wfr=spider&for=pc，内容有改动。

4.1 国际信用卡认知

4.1.1 国际信用卡的定义

国际信用卡是指一种银行联合国际信用卡组织签发给那些资信良好的人士，并可以在全球范围内进行透支消费的卡片，同时该卡也被用于在国际网络上确认用户的身份。

4.1.2 国际信用卡概述及种类

1. 国际信用卡概述

国际信用卡是国际支付组织的会员（银行）发行的卡，该卡在该组织的特约商户都可以签账。众所周知，三大国际支付组织有 VISA、MasterCard、JCB。其中，VISA 的市场占有率最高，其次为 MasterCard、JCB。JCB 在日本很好用，但在其他地方就不一定了。虽然 JCB 也是国际卡，但有些网络购物平台是不接受 JCB 付款的。

国际信用卡通常以美元作为结算货币，它可以进行透支消费（先消费后还款）。国际上比较常见的国际信用卡品牌主要是 VISA、MasterCard 等，国内各大商业银行也均开展了国际信用卡业务，用户可以很方便地在银行柜台办理信用卡申请手续。此外，在国际信用卡内存款是没有利息的。

2. 国际信用卡的种类

1）VISA

VISA 是全球支付技术公司，连接全世界两百多个国家和地区的消费者、企业、金融机构和政府，促进人们更方便地使用数字货币。VISA 拥有并管理 VISA 的品牌及基于 VISA 品牌的一切支付产品——VISA 品牌的卡片。

同时，作为全球市场占有率最高的信用卡，VISA 卡可在世界各地 2900 多万个商户受理交易，并在 180 万台自动提款机提供取现服务，使用起来极为方便。

全球流通的 VISA 卡超过 18.5 亿张，足以证明 VISA 是最受欢迎的支付品牌。VISA 提供种类繁多的信用和借记产品，能够满足人们的各种付款和生活所需。

2）MasterCard

目前，万事达卡（MasterCard）在全球已家喻户晓。不过，30 年前它仅是一种美国境内的国内卡，它的知名在于万事达国际组织一直本着服务持卡人的理念，为持卡人提供最新、最完整的支付服务，因而受到全世界持卡人的认同。

3）American Express

美国运通卡（American Express，AMEX）是世界上最容易辨认的信用卡之一，自 1958 年发行以来，截至 2017 年年底，已在 68 个国家和地区以 49 种货币发行，构建起全球最大的自成体系的特约商户网络，并拥有超过 6000 万名的优质持卡人群体。

4）国内特色信用卡

（1）中国工商银行牡丹国际信用卡。卡内同时开立人民币账户和美元（或港币）账户，除可在国内刷卡消费、在中国工商银行全国营业网点或"银联"ATM 机上存取现金和查询外，还可在 VISA、MasterCard 或 American Express 指定商户及有其标志的 ATM 机上使用或提取当地货币，可享受国际信用卡组织的优惠汇率，并可减少兑换外币的损失和麻烦。

牡丹国际信用卡人民币账户和外币账户（美元或港币）各自拥有授信额度，互不影响，外币账户可在国外网站消费，牡丹国际卡独有的网络交易开关功能，能够充分保障用户的用卡安全。

(2) 中国农业银行金穗贷记卡双币种卡。中国农业银行发行的双币种贷记卡是 VISA 和 MasterCard，另外特色卡种有金穗白金卡、金穗国际旅行卡、万事达海航联名卡等。金穗贷记卡双币种卡内设人民币和美元两个账户，两个账户共享一个信用额度。在境外非银联 POS 消费、境外 ATM 取现使用的是美元账户，消费不收手续费，取现按交易金额的 3%（最低 3 美元）收取手续费。如果当地货币是非美元币种，则需加收国际结算费，VISA 为交易金额的 1%，MasterCard 为交易金额的 1.1%。

(3) 中银长城国际卡。中银长城国际卡为符合国际标准的芯片（EMV）信用卡，有美元卡、港币卡、欧元卡和英镑卡供选择，可在全球 256 个国家和地区的 2900 多万家 VISA 或 MasterCard 特约商户消费，也可在会员银行办理取现业务，可在全球标有"PLUS"或"CIRRUS"的 ATM 机上提款使用。此外，还可在网上支付相关费用。

(4) 中银长城国际卓隽卡。中银长城国际卓隽卡是专为出国留学人士设计的信用卡，产品服务全面照顾海外留学生需要。卓隽卡有欧元卡和英镑卡可供选择，父母可通过多种多样的还款方式在国内替子女支付留学的生活费用。

(5) 中国建设银行龙卡双币种信用卡。中国建设银行商旅系列中的东航龙卡、深航龙卡、芒果旅行龙卡等多张信用卡均为双币种信用卡。例如东航龙卡，是中国建设银行与东方航空公司联名发行的航空联名信用卡。该卡集龙卡双币种信用卡和东方万里行会员卡于一体，除可累积东方万里行积分外，还可获赠高额航空意外保险，若搭乘的东航国内航班延误 4 小时以上，还可获赠航班延误险和行李延误险。

(6) 交通银行双币信用卡。交通银行双币信用卡采用主卡和附属卡的形式，可在全球使用，消费没有手续费，最长 56 天免息期，在国外也可以紧急取现。

(7) 招商银行双币种国际信用卡。招商银行有多类双币种国际信用卡，其中航空类信用卡和多家航空公司有合作。例如，招行携手全日空推出中国境内首张外航联名信用卡——ANA CARD，刷卡消费可累积里程，用该卡支付全额飞机票或 80% 的旅游团费，即可获赠最高达 200 万元的航空意外险。

(8) 中信银行双币信用卡。中信双币信用卡（人民币及美元、人民币及港币）可在全球超过 2700 万家有 VISA 标志的商户签账消费，也可 24 小时在全球超过 70 万台 ATM 机上取现。

案例 4-1

五大国际卡组织首次联盟，招行信用卡发布"非常全球"计划

2019 年 7 月 1 日讯 业内首家联合五大国际卡组织共建合作平台，一举推出力度最大的刷卡活动，并将境外旅行服务全面升级至 3.0 时代：6 月 26 日，在"非常全球，刷新世界"——2019 境外旅行服务升级发布会上，行业领先品牌招商银行信用卡宣布推出"非常全球"计划。该计划为了让持卡人拥有更好的用卡体验，全新打造"3A"优惠平台和"4O"服务平台，业内独家推出"掌上生活境外出行管家"，通过提升优惠力度，升级服务水平，为每个在境外的持卡人"刷新世界"。

1. 五大卡组织首次联盟与招行信用卡共建合作平台

目前，招行信用卡持卡人足迹遍布全球近两百个国家和地区，境外出行目的地分散化、需求多元化成为新趋势。聚焦这一新变化，招行信用卡推出"非常全球"计划，将境外旅行服务升级至3.0时代。在"非常全球"计划中，招行信用卡业内首家联合银联、VISA、MasterCard、American Express、JCB五大国际卡组织，搭建统一合作平台，实现同一活动标准全线路覆盖，这也是五大卡组织为了共同的愿景首次联盟。

信用卡观察人士分析，拥有全线路平台后，持卡人不用再花费大量时间研究烦琐活动规则，只需打开掌上生活App一键参与，无论去世界任何地方，只携带招行卡就够了，这极大优化了用户体验。对比来看，同业合作普遍聚焦在部分支付线路，无法做到全线路覆盖，招行信用卡可以说又一次开创了具有行业标杆意义的合作形式。

2. "3A+4O"，"优惠"和"服务"成两大关键词

在"非常全球"计划中，招行信用卡还特别针对持卡人最关注的优惠和服务进行了升级。

一方面，提出"3A"理念，将原有优惠平台升级为支持"全品牌、全客群、全目的地"的境外返现平台。为用户提供远高于同业的返现优惠：活动期间持卡人成功领取2019元刷卡金礼包后，境外线下商户同一支付线路刷卡返现上限达到2019元，五大支付线路累计可超过万元。

招行信用卡境外受理商户达数千万，覆盖购物、餐饮、住宿、交通等全品类商户。本次活动还与高品质商户联盟结合，覆盖境外1500家头部知名品牌3万多家门店，切实满足持卡人各项需求。

另一方面，从用户体验的角度出发，招行信用卡全新打造"4O"服务矩阵，基于掌上生活App搭建"境外出行管家平台"。"4O"即"一站式服务、LBS智能展示、一键报名、智能临额"，当一位掌上生活App的用户打开"境外出行管家"时，他可以一站式获得覆盖行前、行中、行后的全面境外旅行服务：首先，在大数据和LBS技术的支持下，可以得到"千人千面"的专属智能体验；其次，通过一键报名，能享受全线路返现；最后，还能通过实时生效的智能临额提升境外刷卡体验。未来，针对返现等境外优惠活动，用户只需登录掌上生活App就可完成优惠查询、活动报名、进度查询、回馈领取等一站式体验。

据悉，该平台也是同业首个针对用户的境外专属移动端，目标是让每个人都拥有属于自己的境外出行管家。

随着全球范围内的文化互鉴与交流更顺畅、更频繁，出境游市场后续增长潜力巨大。招行信用卡多年境外深耕经营打造了强大的品牌号召力，凭借支付更顺畅、境外优惠多、服务体验佳、技术优势强等特点，成为最多持卡人首选的境外消费信用卡品牌。"此次招行信用卡推出'非常全球'计划，给原本就占优的境外业务又添了'一把柴'。未来，'境外旅行，就刷招商银行信用卡'的理念必将更深入人心。"在发布会后，某资深观察人士如是说。

资料来源：五大国际卡组织首次联盟，招行信用卡发布"非常全球"计划[EB/OL].（2019-06-27）. http://www.twwtn.com/detail_270025.htm，内容有改动。

4.2 国际信用卡使用流程

4.2.1 国际信用卡在线支付

1. 国际信用卡收款

国际信用卡收款通常指的是国际信用卡在线支付,一般用于国际贸易中1000美元以下的小额收款,比较适合于网店零售,主要行业涉及服饰、电子产品、虚拟游戏和订票等。

目前国际信用卡收款是通过第三方信用卡支付公司提供支付通道达到收款的目的,是支付网关对支付网关模式(类似于网银支付),主要有深圳优仕支付(YourSPay)、网银在线、PayPal等几家公司提供在线支付服务。

这种支付方式可以拒付,从而保护消费者的利益,外籍人士比较喜欢用。欧美几乎人手一张信用卡,网络购物发达,如果商家想发展欧美市场的话,接受信用卡收款是必不可少的。

2. 国际信用卡在线支付流程

使用信用卡支付的风险,来自于"先用钱,后还款"。我们可以看看国际信用卡在线支付流程:买家从自己的信用卡上发出支付指令给发卡银行→银行垫钱为其支付给我方(指卖家,下同)银行→银行通知持卡人免息期满的还款日期和金额。

在这之后,尽管我方已经完成交易,但是只有当买家做出如下行动时才会100%收到货款:① 买家在还款日到期之前还款,交易顺利完成,我方收款成功;② 买家先还部分欠款,一般大于银行规定的最小还款额,其余作为银行贷款,并确认同意支付利息,以后再逐步偿还本息,最终买家得到融资便利,银行得到利息收入,卖家及时得到货款,实现共赢。

如果出现买家证明这笔支付交易取消,原因可以是退货、货物短缺或者质量问题等,那么麻烦就来了:当买家通知发卡银行取消支付后,发卡银行通知信用卡清算公司,如VISA、MasterCard或我方的银联,要求退款,随后信用卡清算公司会向收款方银行扣收退款。

收款方银行从我方卡中扣款给信用卡清算公司时,可能会出现如下几种情形。

(1) 如果我方卡中有足够的钱来扣,则认扣。

(2) 如果我方卡中没钱可扣,则需要存钱进去,那么此时还将出现以下问题:① 我方确认退款,存款进卡,顺利退款;② 我方否认退款,不存款,形成透支,则进入透支黑名单,且面临银行追债。

3. 跨境电子商务平台国际信用卡支付的流程

跨境电子商务平台国际信用卡支付的流程如下:商户网站接入国际信用卡支付→境外客户在商户网站选择自己喜欢的商品,放入购物车→确认订单金额、收货地址等订单信息→选择国际信用卡支付→选择卡的类别→输入国际信用卡相关信息→提交支付信息→银行反馈支付结果→商家发货→商家找第三方支付网关或银行结算到商户的境内银行账户。

案例 4-2

国际信用卡额度是多少　国际信用卡有什么用

国际信用卡指的是可以在全球通用的信用卡,这类信用卡目前有六大发卡组织,很多人对这类信用卡不是很了解,不知道国际信用卡有什么用。下面就一起来了解一下吧。

1. 国际信用卡额度是多少

据了解,国际信用卡都是根据持卡人的资信情况综合评定后给出额度的,因此,申请人的资信条件越好,获得的额度也就越高。审批额度时主要考虑以下几个因素。

(1) 个人条件。银行对于信用卡申请人的基本要求是有固定工作和稳定收入,且年满18周岁。但是要申请到更高额度的信用卡,就要求持卡人的收入更高,工作单位的稳定性更高。

(2) 持卡人经济条件。经济条件是决定信用卡额度的主要因素,名下有房、有车、有存款的人额度会更高。

(3) 个人征信条件。申请人信用越好,越能申请到高额信用卡;信用越差,申请成功的概率越低,甚至无法申请到信用卡。

2. 国际信用卡有什么用

国际信用卡其实就是卡友们都知道的可以走 VISA、MasterCard 这些国际线路的信用卡,持这种信用卡可以在全球支持 VISA、MasterCard 网络的地方刷卡消费或者网上购物。

如果你需要一款覆盖面比较广的国际信用卡,建议选择 VISA 网络的信用卡,目前国内每个能够发行信用卡的银行都有支持 VISA 网络的信用卡,使用起来也更加方便。使用国际信用卡能做的事情非常多,具体包括以下几种。

(1) 国际信用卡不需要存款即可透支消费,并可享有 20～56 天的免息还款期。

(2) 使用国际信用卡可在相应标识的 ATM 机上取现,但要收手续费并计算利息。

(3) 国际信用卡在全球指定的合作商户刷卡消费可享受折扣优惠,并且可以累积积分。

(4) 所有的信用卡都可以累积个人信用。多刷卡,按时还款,养成良好的信用,对日后办理与银行相关的业务大有裨益。

(5) 国际信用卡全球通行无障碍,可以在带有相关标识的 POS 机上刷卡消费。

(6) 有的国际信用卡刷卡取现不仅有积分,还能参加银行的优惠活动等。

资料来源:国际信用卡额度是多少　国际信用卡有什么用? [EB/OL]. (2016-12-14). https: //baijiahao. baidu.com/s? id=1553679146578381&wfr=spider&for=pc,内容有改动。

4.2.2　国际信用卡支付的优劣势

1. 国际信用卡支付的优势

(1) 将支付接口连接在一起,方便客户付款。

（2）信用卡的拒付相对较为麻烦，需用户向银行提出申请，并且会在用户的银行记录里留下一笔，因此用户一般情况下不会无理取闹。

（3）卖家可针对恶意拒付采取多种应对方法，比如，留下双方通信的内容记录，金额较大时要求对方将信用卡正反两面传真过来，这样可有效地防止恶意拒付情况的出现，还可以有意地回避某些恶意拒付。

信用卡诞生至今已有一百多年的历史，每家银行都已建立了一整套属于自己的完善的客户信用档案。在欧美地区，一个人的信誉与信用卡密切相关，信誉差直接影响其找工作、贷款、汽车分期付款、房子的分期付款等。一般持卡人自己拒付的情况非常少，通常都是盗卡、黑卡引起的，对于信用卡支付的风控系统会把这些卡屏蔽掉，持卡人的拒付率大概在千分之一。

2. 国际信用卡支付的劣势

1）汇率损失

如果个人在境外刷信用卡消费，尤其是消费非该信用卡结算货币的外币，那么汇率转换带来的汇率损失相对较大。因此，在去该国（或地区）之前，最好先兑换好该国（或地区）的货币。

2）网络风险

如果使用国际信用卡，在 eBay、Amazon 等购物平台上购物，可能会留下 Cookie（储存在用户本地终端上的数据），从而为网络犯罪留下机会。因此，在陌生计算机上绑定国际信用卡支付后，需要及时清空相关数据。

4.2.3 国际信用卡支付的费用

（1）在持卡人境外刷卡消费支付的账单中，刷卡费用一般为 3%～4%。另外，VISA 或 MasterCard 等国际卡组织向发卡行收取的国际交易费为每笔交易的 1%～1.5%。虽说这是向银行收取的，但这笔费用实际上是由刷卡人承担的，各银行收取的手续费或兑换费为 1%～2%。

（2）过去如果使用国际信用卡进行消费支付，会实行相同利息费用率，统一收取交易金额的 3%，但现在这项规定已经修改，VISA/MasterCard 国际组织最新规定，参照国际惯例，信用卡收费标准按照交易金额的 1.5%施行。目前 1000 元的商品仅需交纳 15 元的手续费，减少了一半。

（3）当然在一些特殊地区，也有特殊的手续费，用卡分期手续费还需以支付页面提示的费率为准。

（4）所有未开通信用卡支付，但符合开通信用卡支付资质的类目，无法通过信用卡大额付款的，可以选择自己支付交易金额（含运费）的 1%服务费来完成付款。

（5）如果在境外旅游没有当地的银行卡，用国际信用卡去 ATM 取钱时也会收取手续费。比如，中国工商银行的手续费为 2%，中国农业银行的手续费为 5‰。

4.3 国际信用卡风险防范

4.3.1 调整信用卡的额度

通常情况下银行给的信用卡额度都比较大,但一般来说人们用不了这么多的信用额度,而万一信用卡丢失则会产生很多不必要的损失,因此个人可以手动调整信用卡的限额。比如,在招商银行网上银行专业版的信用卡额度调整中设置限额,将信用卡的消费额度限制在较小限额之内,这样风险就小了很多,当需要更多额度时还可以手动修改回去。

4.3.2 关闭信用卡的 ATM 取款功能

人们很少会使用信用卡在 ATM 上取款,因为其利息高得惊人,一旦信用卡失窃还会带来更多风险,因此建议关闭信用卡的 ATM 取款功能。

4.3.3 信用卡的签名或密码

以签名作为信用卡的消费凭证是国际银行业的主流操作方式,从安全性角度来讲,这种信用卡不用设密码,仅凭签字就可消费,尤其是通过网上银行消费,一般只要知道持卡人姓名、卡号、信用卡到期日以及查询密码就有可能被盗用。因此很多国内持卡人认为,密码比签名更安全。但是使用密码也有一些坏处,就是保管密码的责任转嫁到了持卡人身上,也就意味着"损失自负"。一旦发生信用卡被冒用的事件,使用签名的持卡人的权益往往能得到更好的保护。

4.3.4 信用卡丢失或被盗

申请信用卡前应先了解银行的信用卡风险条款,不要申请一些高风险银行的信用卡,这些银行通常将信用卡风险转嫁至持卡人身上,让信用卡丢失、被盗后的损失由持卡人承担,而好的银行则承诺会承担挂失前 48 小时内的被盗损失。

因此,一旦用户发现信用卡丢失、被盗等情况应立即联系银行挂失。以招商银行的信用卡为例,在招商银行信用卡丢失或失窃后,以挂失时间为起算点,之前 48 小时内发生的被盗用损失,都可以向招商银行申请补偿,招商银行承担信用额度内被盗刷损失,普卡持卡人每年最高保障人民币 1 万元,金卡为 2 万元。值得注意的是,招商银行承担的损失不包括凭密码进行的交易。

信用卡签名条上的末 3 位数字,绝对不能让人知道,建议在平常用不到时用胶带封起来,不然很容易被盗刷。

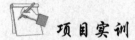 **项目实训**

跨境电商平台国际信用卡支付与结算

实训目标

（1）培养学生收集信息的能力；
（2）加深学生对跨境支付与结算的实操能力。

实训内容

假如你在亚马逊美国站上开了一家儿童图书的店铺，你需要了解国际信用卡作为跨境电商平台支付与结算的相关知识。全班 5 人为一个团队，以团队为单位收集关于国际信用卡的相关信息。

（1）在你看来，用国际信用卡在跨境电商平台进行支付与结算的优势是什么？
（2）你还了解哪些关于国际信用卡的课外知识？

 复习与思考

1. 国际信用卡的种类有哪些？
2. 国际信用卡在线支付的优势是什么？
3. 国际信用卡在线支付的劣势是什么？
4. 跨境电商平台国际信用卡支付的流程是什么？

第5章 跨境支付与结算方式（Ⅲ）——信用证

本章思维导图

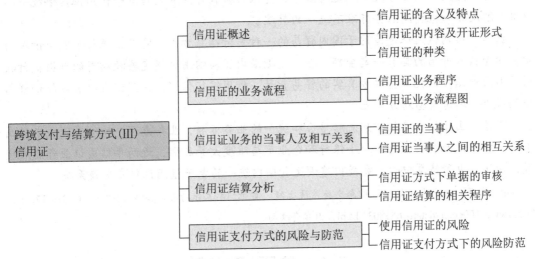

知识目标

- 了解信用证的含义；
- 掌握信用证的种类及开证形式；
- 了解信用证的业务流程；
- 了解信用证方式下单据的审核。

【关键词】

信用证、信用证的内容、信用证的特点、信用证的种类、信用证结算的相关程序

案例导入

央行电子信用证信息交换系统上线　首批 14 家银行参与试点

2019 年 12 月 9 日，央行清算中心公告称，由央行清算总中心建设运营的电子信用证信息交换系统（以下简称"电证系统"）于今日正式投产上线，电证系统将解决国内信用证业务标准不统一、跨行流转不便及业务处理与资金清算相分离等长期制约业务发展的难题。

据悉，电证系统首批试点参与机构包括中国工商银行、中国农业银行、中国银行、中国建设银行、交通银行、中国邮政储蓄银行、招商银行、浦发银行、中信银行、民生银行、平安银行、上海银行、杭州银行、桂林银行 14 家银行。后续，清算总中心将继续加大电证系统推广力度，分批组织有意愿的银行机构接入系统，不断扩大服务主体范围。

央行清算中心称，上线首日，电证系统运行安全稳定，业务处理及时准确。截至 12 月 9 日 11 时，电证系统共处理 7 家银行发起的 20 笔信用证业务，业务金额 1.65 亿元。其中首笔业务由中国银行发起，金额 500 万元。

央行清算中心介绍，电证系统将支持电子信用证跨行流转，并实现信用证线上资金清算，通过制定统一的业务规则和运行规范，为银行机构开立和处理电子信用证提供统一的标准，解决银行机构间业务标准不统一的弊端。

据悉，国内信用证是适用于国内贸易的一种支付结算方式，是开证银行依照申请人的申请向受益人开出的具有一定金额、在一定期限内凭与信用证规定条款相符的单据支付款项的书面承诺。依托贸易双方真实的贸易背景，借用银行信用，信用证可以有效降低贸易中的风险，增进贸易双方的互信。

不过，由于缺少跨行信息流转平台和统一的业务标准，业务办理、风险管理成本居高不下，信用证业务门槛高、中小银行和企业参与难度大等原因，近两年信用证业务发展缓慢，由此，央行清算中心研究提出建设运营国内统一的电子信用证信息交换系统。

资料来源：央行电子信用证信息交换系统上线 首批 14 家银行参与试点[EB/OL].（2019-12-11）. http://www.100ec.cn/detail--6538031.html，内容有改动。

5.1 信用证概述

5.1.1 信用证的含义及特点

1. 信用证的含义

信用证（letter of credit，L/C）是指由银行（开证行）依照申请人的要求和指示或自己主动在符合信用证条款的条件下，凭规定单据向第三者（受益人）或其指定方进行付款的书面文件，即信用证是一种银行开立的有条件的承诺付款的书面文件。在国际贸易活动中，买卖双方可能互不信任，买方担心预付款后，卖方不按合同要求发货；卖方也担心在发货或提交货运单据后买方不付款。因此，需要两家银行作为买卖双方的保证人，代为收款交单，以银行信用代替商业信用。银行在这一活动中所使用的工具就是信用证。

可见，信用证是银行有条件保证付款的证书，目前已成为国际贸易活动中常见的结算方式。按照这种结算方式的一般规定，买方先将货款交存银行，由银行开立信用证，并通知异地卖方开户银行转告卖方，卖方按合同和信用证规定的条款发货，最后银行代买方付款。

2. 信用证的特点

在进出口贸易实务中,信用证具有以下几个特点。

1)信用证是一项独立文件

信用证的开立虽以贸易合同为基础,但它一经开立,就成为独立于贸易合同之外的另一种契约。贸易合同是买卖双方之间签订的契约,只对买卖双方具有约束力。信用证则是开证行与受益人之间的契约,开证行和受益人以及参与信用证业务的其他银行均应受信用证的约束,但这些银行当事人与贸易合同无关,故不受合同的约束。对此,《UCP600》(《跟单信用证统一惯例》国际商会第600号出版物)第四条明确规定:信用证与其可能依据的销售合约或其他合约是性质上不同的业务,即使信用证中包含关于该合约的任何援引,银行也与该合约完全无关,并不受其约束。

2)开证行是第一性付款人

信用证支付方式是一种银行信用,由开证行以其信用做出付款保证,开证行提供的是信用而不是资金,其特点是在符合信用证规定的条件下,首先由开证行承担付款的责任。《UCP600》第二条明确规定:信用证是一项约定,根据此约定,开证行依照开证申请人的要求和指示,在规定的单据符合信用证条款的情况下,向受益人或其指定人付款,或支付或承兑受益人开立的汇票;也可授权另一银行进行该项付款,或支付、承兑、议付该汇票。显然,后一种情况并不能改变开证行作为第一性付款人的责任。

3)信用证业务处理的是单据

《UCP600》第五条明确规定:在信用证业务中,各有关方面处理的是单据,而不是与单据有关的货物、服务或其他行为。可见,信用证业务是一种纯粹的凭单据付款的单据业务。《UCP600》第十五条、第十六条及第十七条对该规定做了进一步的说明,即只要单据与单据相符、单据与信用证相符,只要能确定单据在表面上符合信用证条款,银行就得凭单据付款。单据成为银行付款的唯一依据,也就是说,银行只认单据是否与信用证相符,而对于任何单据的形式、完整性、准确性、真实性或法律效力,单据上规定的或附加的一般及/或特殊条件,一律不负责;对于货物的品质是否良好、包装是否完好、数(重)量是否正确等,也不负责。因此,在使用信用证支付的条件下,受益人要想安全、及时地收到货款,必须做到单单一致、单证一致。

案例 5-1

汇丰完成全球首笔区块链跨境人民币信用证业务

汇丰银行(中国)有限公司(下称"汇丰中国")3日对外宣布,已协助一家深圳电子制造企业完成了全球首笔基于区块链技术的跨境人民币信用证交易,这也是在粤港澳大湾区内完成的首单区块链跨境信用证交易。

汇丰中国环球贸易及融资业务部总经理陈佩营表示,作为世界第一贸易大国,中国在与全球的贸易往来中仅去年一年就开具了120万份信用证,涉及贸易额近7500亿美元。随着人民币国际化的推进,跨境人民币信用证的业务需求也随之不断增长。

陈佩营称，上述交易充分展示了区块链技术在提升贸易融资效率、推动了人民币作为贸易结算货币方面的巨大潜力，将为中国的进出口企业创造巨大价值。

据悉，借助区块链平台，该交易的全套电子文件传输和确认在24小时之内即已完成，而传统的纸质信用证等文件交换通常需要5~10天。数字化技术的应用令贸易融资交易变得更为简单、高效、透明和安全。

汇丰广东联席行政总裁兼工商金融董事总经理王立伟表示，粤港澳大湾区的出口额接近全国总量的40%，无疑是中国对外贸易增长的重要引擎。应用区块链技术推动区内贸易数字化不仅能帮助当地企业提升交易效率、加速资金周转，也将为大湾区内更趋紧密的贸易往来提供创新支持，从而促进区域经济繁荣。

资料来源：汇丰完成全球首笔区块链跨境人民币信用证业务[EB/OL].（2019-09-12）.http://www.100ec.cn/detail--6526959.html，内容有改动。

5.1.2 信用证的内容及开证形式

1. 信用证的内容

目前，信用证大多采用全电开证，各国银行使用的格式虽不尽相同，文字语句也有很大差别，但基本内容大致相同，主要包括以下几个方面。

1）信用证开证日期（date of issue）

开证日期是开证行开立信用证的日期。信用证中必须明确表明开证日期，如果信用证中没有"开证日期"字样，则视开证行的发电日期（电开信用证）或抬头日期（信开信用证）为开证日期。信用证的开证日期应当明确、清楚、完整。确定信用证的开证日期非常重要，因为需要使用开证日期计算其他时间，或根据开证日期判断所提示单据的日期是否在开证日期之后。同时，开证日期还表明进口商是否是在商务合同规定的开证期限内开立的信用证。

2）信用证的汇票条款（draft clause）

信用证中应明确规定有关汇票开立条款，即信用证项下开具的汇票须注明是根据某号信用证开立的，并明确注明是对开证行或开证申请人开出汇票。如："All drafts drawn under this credit must contain the clause 'Drafts drawn Under Bank or Applicant of … credit No … dated …'"（本信用证项下开具的所有汇票必须包含本条款"在下列银行或申请人项下开具的汇票……信用号……日期为……"）。

3）信用证装运期限、有效期限和有效地点

（1）信用证装运期限（shipment date）和有效期限（expiry date）。信用证装运期限是指受益人装船发货的最后期限，受益人应在最后装运日期之前或当天装船发货。信用证的有效期限是指受益人向银行提交单据的最后日期，受益人应在有效期限之前或当天向银行提交信用证单据。信用证的装运期限应在有效期限内。信用证的装运日期和有效期限之间应有一定的时间间隔，该时间间隔不宜过长，也不宜过短。间隔太长时，容易造成受益人迟迟不交单而货已到港，进口商由于拿不到货运单据无法提货以致造成压港压仓。间隔太短时，受益人从装船发货取得单据到向银行提交单据的时间有限，由此可能造成交单时间太紧张，或在有效期限内无法交单。因此，应根据具体情况审核信用证的装运期限和有效期限，必要时应建议或要求受益人联系开证申请人予以修改。一般情况下，信用证的装运日期和有效日期之间的间隔约为 10~15 天，除非信用证上另有特别规定。

（2）信用证有效地点（expiry place）。有效地点是指受益人在有效期限内向银行提交单据的地点。国外开来的信用证一般规定有效地点在我国境内，如果有效地点在国外，受益人要特别注意，一定要在有效期限之前提前交单（我国港、澳地区和新、马等近洋国家应提前 7 天左右；远洋国家或地区应提前 10~15 天），以便银行在有效期限之内将单据寄到有效地点的银行。在实际业务中，如果有效地点在国外，最好建议将其修改在国内。如果信用证未列明有效地点，则应立即要求开证行进行确认，如果开证行始终不予答复，则视为有效地点在我国境内。

4）单据条款及货物描述

（1）信用证所需单据条款（documents required clause）。信用证所需单据条款是指开证行在信用证中列明的受益人必须提交单据的种类、份数、签发条件等内容。信用证单据条款之间应保持一致，不应有相互矛盾之处。

（2）信用证货物和/或服务描述（description of goods and/or services）。信用证的货物和/或服务描述，是信用证上对货物的名称、数量、型号或规格等的叙述。根据国际惯例，内容描述不宜烦琐，因为烦琐的描述会给受益人制单带来麻烦，描述应准确、明确和完整。如果描述过于烦琐，应建议受益人洽商开证申请人修改信用证的该部分内容。

5）信用证特别条款（special conditions clause）

信用证中有时附有对受益人、通知行、付款行、承兑行、保兑行或议付行的特别条款，对于不能接受的条款，应立即洽商开证行或开证申请人修改。

6）信用证偿付条款（reimbursement clause）

信用证的偿付条款是指开证行在信用证中规定的如何向付款行、承兑行、保兑行或议付行偿付信用证款项的条款。信用证的偿付条款直接涉及收汇问题，因此必须保证偿付条款的正确性与合理性。对于偿付条款复杂、偿付路线迂回曲折的信用证，应尽量要求开证行修改。

7）开证行保证条款（issuing bank's guarantee clause）

开证行通过这一条款表明自己的付款责任。保证文句常以"我们谨以允诺……"[We hereby engage (agree) 或…We hereby undertake...]之类的句式开头。由于《UCP600》已经严格规定了银行的责任，所以目前通过 SWIFT 传递的信用证中不再需要此条款。

2. 信用证的开证形式

依据信用证开立方式的不同，可将信用证分为信开信用证、电开信用证和简电信用证。

1）信开信用证（L/C issued by mail）

信开信用证是指开证行以书面文本的形式开立信用证的有效文本，并用航邮或者快递方式寄给通知行的信用证。早期信用证都是信开信用证。信开信用证格式较为固定，有授权签名人的签字样本，并被作为信用证真伪审核的主要依据。

2）电开信用证（full cable of credit）

电开信用证是指开证行以电子文本的形式开立信用证的有效文本，并以电信方式（电报、电传或SWIFT系统）传递给通知行的信用证。电开信用证主要通过密押方式核对信用证的真伪。

3）简电信用证（brief cable of credit）

简电信用证指开证行预先将信用证的编号、受益人名称、金额和有效期等主要内容以简单的电子文本形式开立信用证的预先通知文本（简电信用证或预先通知信用证），用电信方式传递给通知行，随后再以书面文本的形式开立信用证的有效文本（证实书），并用航邮或者快递方式寄给通知行的信用证。通知行接到简电信用证后，要缮制简电通知书，照录电报原文，在通知受益人（出口商）时要注明"此系简电通知，不凭以议付"。在实务中，简电信用证只能作为受益人备货的依据，不能作为发货和交单议付的依据，要等开证行送达证实书后，方可凭以出运货物和制单结汇。

5.1.3 信用证的种类

1. 以信用证项下的汇票是否附有货运单据为标准

1）跟单信用证（documentary credit）

跟单信用证是指凭跟单汇票或仅凭单据付款的信用证。此处的单据指代表货物所有权的单据（如海运提单等），或证明货物已交运的单据（如铁路运单、航空运单、邮包收据）。

2）光票信用证（clean credit）

光票信用证是指凭不随附货运单据的光票（clean draft）付款的信用证。银行凭光票信用证付款，也可要求受益人提交一些非货运单据，如发票、垫款清单等。

在国际贸易的货款结算中，绝大部分使用的是跟单信用证。

2. 以开证行所负的责任为标准

1）不可撤销信用证（irrevocable L/C）

不可撤销信用证是指信用证一经开出，在有效期内未经受益人及有关当事人的同意，开证行不能片面修改和撤销，只要受益人提供的单据符合信用证规定，开证行必须履行付款义务。

2）可撤销信用证（revocable L/C）

可撤销信用证是指开证行不必征得受益人或有关当事人同意有权随时撤销的信用证，应在信用证上注明"可撤销"字样。但《UCP500》（《跟单信用证统一惯例》国际商会第500号出版物）规定：只要受益人依信用证条款规定已得到了议付、承兑或延期付款保证，该信用证即不能被撤销或修改。此外它还规定，如信用证中未注明是否可撤销，应视为不可撤销信用证。最新的《UCP600》规定银行不可开立可撤销信用证（注：现在常用的都是不可撤销信用证）。

3. 以有无另一银行加以保兑为标准

1）保兑信用证（confirmed L/C）

保兑信用证是指开证行开出的信用证，由另一银行保证对符合信用证条款规定的单据履行付款义务。对信用证加以保兑的银行称为保兑行。

2）不保兑信用证（unconfirmed L/C）

不保兑信用证是指开证行开出的信用证未经另一家银行保兑。

4. 以付款时间为标准

1）即期信用证（sight L/C）

即期信用证是指开证行或付款行收到符合信用证条款的跟单汇票或装运单据后，立即履行付款义务的信用证。

2）远期信用证（usance L/C）

远期信用证是指开证行或付款行收到信用证的单据时，在规定期限内履行付款义务的信用证。

3）假远期信用证（usance credit payable at sight）

假远期信用证是指规定受益人开立远期汇票，由付款行负责贴现，并规定一切利息和费用由开证人承担。这种信用证对受益人来讲，实际上仍属即期收款，在信用证中有"假远期"（usance L/C payable at sight）条款。

5. 以受益人对信用证的权利可否转让为标准

1）可转让信用证（transferable L/C）

可转让信用证是指信用证的受益人（第一受益人）可要求授权付款、承担延期付款责任、承兑或议付的银行（统称"转让行"），或当信用证是自由议付时，可要求信用证中特别授权的转让银行，将信用证全部或部分转让给一个或数个受益人（第二受益人）使用的信用证。开证行在信用证中要明确注明"可转让"（transferable），且只能转让一次。

2）不可转让信用证

不可转让信用证是指受益人不能将信用证的权利转让给他人的信用证。凡信用证中未注明"可转让"，即是不可转让信用证。

6. 循环信用证

循环信用证（revolving L/C）是指信用证被全部或部分使用后，其金额又恢复到原金额，可再次使用，直至达到规定的次数或规定的总金额为止。它通常用于分批均匀交货的情况下。在按金额循环的信用证条件下，恢复到原金额的具体做法有以下几种。

（1）自动式循环。每期用完一定金额，不须等待开证行的通知，信用证即可自动恢复到原金额。

（2）非自动循环。每期用完一定金额后，必须等待开证行通知到达，信用证才能恢复到原金额使用。

（3）半自动循环。每期用完一定金额后若干天内，开证行未提出停止循环使用的通知，自第×天起信用证即可自动恢复至原金额。

7. 对开信用证

对开信用证（reciprocal L/C）是指两张信用证申请人互以对方为受益人开立的信用证。

两张信用证的金额相等或大体相等,可同时互开,也可先后开立,它多用于易货贸易或来料加工和补偿贸易业务。

8. 对背信用证

对背信用证(back to back L/C)又称转开信用证,是指受益人要求原证的通知行或其他银行以原证为基础,另开一张内容相似的新信用证,对背信用证的开证行只能根据不可撤销信用证来开立。对背信用证的开立通常是中间商转售他人货物,或两国不能直接办理进出口贸易时,通过第三者以此种办法来进行交易。原信用证的金额(单价)应高于对背信用证的金额(单价),对背信用证的装运期应早于原信用证的规定。

9. 预支信用证/打包信用证

预支信用证/打包信用证(anticipatory credit/packing credit)是指开证行授权代付行(通知行)向受益人预付信用证金额的全部或一部分,由开证行保证偿还并负担利息,即开证行付款在前,受益人交单在后,与远期信用证相反。预支信用证凭出口人的光票付款,也有要求受益人附一份负责补交信用证规定单据的说明书,当货运单据交到后,付款行在支付剩余货款时,将扣除预支货款的利息。

10. 备用信用证

备用信用证(standby credit),又称商业票据信用证(commercial paper credit)、担保信用证,是指开证行根据开证申请人的请求对受益人开立的承诺承担某项义务的凭证,即开证行保证在开证申请人未能履行其义务时,受益人只要凭备用信用证的规定并提交开证人违约证明,即可取得开证行的偿付。它是银行信用,对受益人来说,是备用于开证人违约时取得补偿的一种方式。

5.2 信用证的业务流程

5.2.1 信用证业务程序

1. 进口商提出开证申请

如果进出口双方在销售合同中规定采用信用证作为结算方式,那么进口商必须在合同规定的装运期之前及时地向银行提出开证申请。进口商须提交一份详细的开证申请书(application for L/C issuing),其格式由开证行提供。此外,如果进口国外贸、外汇管理当局有特定要求,进口商还须提供其他文件,如进口许可证、外汇额度证明以及合同文本等。就信用证业务本身而言,最重要的文件是开证申请书。

开证申请书的内容包括两部分:第一部分是进口商对开证行详细的开证指示,即规定信用证应该列出的内容,主要应依据贸易合同而定,这一部分内容将被开证行抄录在信用证上,从而构成信用证内容并对出口商形成约束;第二部分是开证申请人与开证行达成的偿付协议，主要规定双方的权利与义务。

由于开证申请书的格式是由开证行提供的，上面一般只记载开证申请人的义务与开证行的权利及免责事项，至于开证申请人的权利与开证行的义务则并不列明。这是由于信用证都是根据《UCP600》办理的，而申请书中没有写明的权利和义务在《UCP600》中都有明确的规定。

2. 开证行开出信用证

1）审查

银行在收到进口商的开证申请后，首先要审查以下内容：① 审查开证申请人的资信是否为本银行客户，有无授信额度等，从而确定开证的风险以便确定应收取押金的比例；② 审查该进口交易是否符合国家关于外贸、外汇管制的规定，是否获得了有效的进口许可证、外汇额度批文等文件；③ 审查开证申请书的内容，这是最主要的审查项目，主要审查开证批示是否完整、明确、简洁，是否带有非单据化条款，内容是否有自相矛盾之处等。

2）申请人支付手续费并提供开证押金

如果审查通过，银行就会要求申请人支付手续费并提供开证押金。是否收取及收取多少押金，既取决于客户的资信状况和业务表现，也取决于开证行的习惯做法及有关当局的规定。一般来说，资信较好或拥有开证行授信额度的申请人可以免交或少交押金，反之则要多交，直至交足信用证金额的押金为止。押金可以用现汇支付，或由开证行冻结开证申请人账户中的相应资金。如果开证申请人同时也是另一份信用证的受益人，则可以要求用出口信用证项下的权益代替押金。银行如果对出口信用证项下的收汇有把握，而且金额超过申请开立的用于进口的信用证金额，也可以接受开证申请人的要求，以正本出口信用证做抵押。此外，如果开证申请人提供其他银行的有效保函，保证承担因开证而引起的各项义务和责任，则开证行也可免除收取押金的要求，因为收取押金的目的无非是减少银行风险并督促开证申请人履行开证义务。

3）银行根据开证申请书的规定正式开出信用证

最后，银行将根据开证申请书的规定正式开出信用证。若采用信开方式，则通常缮制正本一份、副本若干，其中正、副本各一份寄通知行转交受益人，开证行与开证申请人各得副本存档。若采用电开方式，则需注意以电报、电传以及SWIFT系统开立的信用证总是可以被各方当事人接受，但若以传真方式开立却可能被其他当事人拒绝，因为传真方式不太安全，缺乏法律依据和效应。另外，在使用电开方式开立信用证时，还需注意以下三个可能出现的问题。

（1）电信文件的有效性以及邮寄证实书的必要性问题。在过去多以加押电报开证的情况下，为防止电文遗失或出错，开证行一般都随寄证实书并以证实书为准，但在目前普遍采用电传或SWIFT系统开证的情况下，邮寄证实书已无明显必要。因此，《UCP600》明确规定，只要电信文件中没有提到"详情后告"（full details to follow）或类似文字，也没有说明以邮寄证实书为有效信用工具（operative credit instrument），则电信文件本身就是有效的信用证，开证行无须寄出证实书，即使寄出证实书，其他银行及受益人也可不予理会。但若电信文件明确规定"详情后告"或以邮寄证实书为准，则电信文件不能作为有效信用工具，开证行必须毫不延迟地发出有效信用工具或邮寄证实书。此项规定同样适用于以电信方式发出的信用证修改通知书（L/C amendment）。

（2）关于预通知的问题。有时开证申请人为赶上合同规定的开证期限，或为使受益人尽早了解信用证的开立情况，要求银行将同意开立的信用证的简要内容以电信方式发出预通知。此类预通知一般只列明受益人名称、信用证号码、合同号、金额、商品名称等几项主要内容，因此也称为简电通知（brief cable advice）。除非另有约定，开证行须承担及时开出与预通知不矛盾的完整信用证的责任。

（3）关于套证的问题。有些开证申请人在重复订购货物时，为节省开证费用，要求开证行套用或援引前已开立过的类似信用证的条款，即在开立新的信用证时仅将不同于前证的编号、金额、货物数量、装运期、有效期及其他条款列明，其余条款参照前述某号信用证（other terms similar to L/C No. ××××），这就构成了套证（similar credit）。套证的做法很容易造成遗漏与误解，尤其是当所套用的前证曾被修改，而受益人接受或拒绝了该修改时，情况将更为复杂。因此，《UCP600》明确规定银行应劝阻开证申请人开立套证的做法。

3. 信用证的通知、转递、保兑及修改

1）信用证的通知

如果信用证以电信方式开立，开证行会将电信文件直接发送给通知行，由通知行核对密押无误后以信用证通知书（advice of L/C）的形式转告受益人。如果信用证以信件方式开立，开证行一般会将信用证直接寄给通知行或转递行，由其核对授权签字无误后转递给受益人，但有时也会将信用证直接寄给受益人。由于受益人无法核对授权签字的真伪，他还会将信用证交予其往来银行或其他同开证行有代理关系的银行，以检验签字的有效性。因此，这种以受益人为收件人直接寄送信用证的情况比较少见，开证行一般通过通知行（包括转递行）向受益人转交信用证。

2）信用证的转递

被要求通知或转递信用证的银行没有义务一定要执行开证行的指示，但必须将拒绝通知或转递的情况及时通报给开证行。如果通知行决定照办开证行的指示，则首先必须鉴定信用证的真实性。过去有些银行（尤其是东南亚一带的银行）认为通知行的责任只是原样转递信用证，不需核对其签字或密押。其实这一观点带有极大的潜在危险性，因为受益人无法检验信用证的真伪，而且相信通知行转递给他的信用证应该是真实无误的，所以通知行不说明信用证的真伪就是默认其真实性，如果恰好碰到伪造的信用证，受益人就会面临巨大损失。为了强化对受益人的保障，《UCP600》明文规定：除非银行不准备通知信用证，否则必须检验其真伪。

通知行的手续费由谁支付，应根据信用证的规定来执行。大部分信用证规定，开证行所在国家以外发生的银行费用包括通知费，应由受益人支付，因此通知行应向受益人收取手续费。但若受益人拒付，通知行不能因此而扣留或拒绝通知信用证。因为《UCP600》规定，发出指示者应对执行指示者的费用负最终付款之责。因此，若受益人拒付通知费，通知行应向开证行收取这笔费用。

3）信用证的保兑

信用证的保兑可能因受益人对开证行资信不满而引起，也可因开证行主动要求而引起，但无论在何种情况下，都只有开证行才有权指示另一银行对信用证加具保兑，收到保兑邀请的银行应根据开证行的资信及与本银行的关系等因素决定是否保兑。一旦做出保兑，保兑行就要对受益人承担与开证行完全一样的首要付款责任，而且不带有追索权。如果保兑行无法从开证行获得偿付，就会处于非常被动和不利的局面。因为保兑行与开证申请人并无合同关系，无法强制开证申请人付款赎单，只能处理单据及货物，或作为开证行的债权人对其提出清偿要求。因此，银行一般只对与自己有良好业务关系的联行或代理行开立的信用证提供保兑。

4）信用证的修改

受益人如对信用证条款不满，可通过开证申请人向开证行提出修改要求，开证申请人也可主动提出修改要求。但不管由谁提议，在目前普遍使用不可撤销信用证的情况下，每一项修改都须得到开证行、受益人以及保兑行（如果有的话）的一致同意才能生效。如果开证行不同意修改信用证，就会拒绝发出修改书，但一经同意并发出修改书后，则将受其约束。由于此时尚不清楚受益人是否会接受修改，开证行必须做好两种准备：若受益人接受，则按修改后的信用证条款审单；若受益人拒绝，则按信用证原来的条款审单。另外，开证行还必须通过原通知行通知信用证的修改，否则开证行应对由此产生的后果负责。

如果信用证得到了保兑，而保兑行并非通知行，则开证行还须将修改通报给保兑行，保兑行如果同意修改，就将其保兑责任扩展到修改书，并像开证行一样，做好按原条款或修改后的新条款承担责任的准备；如果保兑行不同意修改，应立即通知开证行与受益人，则保兑行不受修改内容的约束；如果受益人想继续享受保兑的保障，就必须按原条款办理信用证业务。

4. 出口商按信用证要求办理货物的出运

出口商在收到以自己为受益人的信用证后，首先应对其进行审核。审核的目的有两个：一是要判定开证行的资信状况，并决定是否要求信用证得到其他银行的保兑；二是要判定信用证条款是否与合同一致，是否附有无法办到的要求，是否存在软条款，并决定是否提请开证申请人要求修改信用证。受益人必须注意，在没有收到合格的信用证前，或在没有将信用证修改至令人满意的情况前，受益人绝不能发货，否则就会丧失主动权。如果因延迟发货而遭受损失，可凭合同向进口商提出索赔。

另外，对于不可撤销信用证项下的修改，受益人拥有最后的接受权或否决权。对于修改书，受益人同样应予以仔细审核，并决定是否接受。受益人可以明确地向通知行表示接受或拒绝的态度，也可以通过默认的方法表明态度，即当受益人交单时，如果单据包括修改书的内容，则表明接受该修改；如果单据仅符合修改前的信用证条款，则表明拒绝该修改。但受益人对于同一份修改书中的多项修改应全部接受或全部拒绝，不能部分接受、部分拒绝。

有些银行在发出或通知修改书时，会明确规定受益人应在某个确定日期前表态，否则就以默认修改处理，这一做法是违反《UCP600》的，受益人完全有权拒绝受其约束。

在受益人接受信用证后,应严格地按照信用证的指示办理货物的出运,包括办理商检、托运、投保等事项,并取得有关当事人签发的合格单证,同时受益人自己应按信用证规定缮制必要的单据,如商业发票、汇票、装箱单等,来准备交单结汇。

5. 受益人交单

为确保安全收汇,受益人应尽量使单据符合信用证的规定,因此单据的种类、名称、份数、内容、出单时间、出单人身份等都应和信用证条款相吻合。如果单据内容有变动,应在修改处加盖修正章并由出单人签字或签章。但由于目前制单普遍计算机化,因此应避免单据内容出现任何更改的痕迹。

受益人交单应在合理时间内进行,这一合理时间的截止期限应是信用证到期日与最迟交单日两者中先到的日期,但若由此确定的交单截止日期恰逢银行正常的非营业日,则可顺延至下一个营业日,但接受单据提示的银行应证明这一顺延。然而,如交单时银行因不可抗力事件使营业中断,而营业恢复后已超过最迟交单日或信用证有效期,则银行没有义务再接受单据的提示或承担付款责任,除非开证申请人授权银行这样做。

此外,受益人交单还须在指定地点进行,除非信用证明确规定仅在开证行办理付款,否则交单的指定地点必定是信用证规定的指定议付银行。当然,受益人向开证行或保兑行(如有的话)直接交单总是被允许的,但开证行或保兑行应采取措施避免第二套相同单据向指定银行提示,防止重复付款、承兑或议付。

另外,受益人交单时还应交出正本信用证及所有信用证的修改通知书,以便银行审查核对。

6. 指定银行付款、承兑或议付

指定银行或保兑行在收到受益人或其委托银行交来的单据后,应及时以合理谨慎的态度审核信用证所要求的单据,如有信用证未作要求的单据,则银行没有义务审核,可退还受益人或寄单行,也可原样寄交开证行而不承担任何责任。

银行审单应仅根据信用证及其修改通知书,不应涉及任何其他文件或事实。银行应遵守《UCP600》所规定的国际标准银行惯例,对单据的表面状况做出审核,以判断单据是否在表面上与信用证要求相符合,如果单据符合单单一致、单证一致的标准,就是合格单据,银行应接受单据,并根据信用证规定做出即期付款、延期付款、承兑或议付;如果单据不合格,则有权拒收单据,并拒绝安排付款。

7. 指定银行向开证行寄单索偿

指定银行在对受益人办理付款等事项后,应按信用证规定向开证行寄单,如信用证规定一次性寄单,则一次性寄出全套单据;如果信用证规定分两次寄单,例如写明"by two consecutive registered airmail"(以两个连续挂号航空信寄出),则须按信用证注明的每批单据种类及份数分两次寄出。分批寄单的好处是:万一某一批单据被耽误或遗失,另一批单据仍能安全寄达开证行。

指定银行的索偿批示应向开证行发出，如信用证中另行规定了偿付行，则应首先向偿付行索偿。索偿方法应符合信用证规定，并应写明偿付行应向哪家银行的哪个账户划出资金头寸。如果偿付行未能提供偿付，则指定银行可立即向开证行索偿，并要求追加因延迟偿付而产生的利息。

8. 开证行或偿付行提供偿付

开证行在收到指定银行、保兑行或受益人寄来的单据后，应在 7 个银行工作日内完成审单工作，并在第 7 个工作日结束之前做出是否支付信用证款项的决定。如果单据合格，则开证行应对受益人做出付款安排，或向寄单行安排偿付。如果信用证规定由另定的偿付行对寄单行做出偿付，则开证行应事先向该偿付行发出偿付指示或授权说明信用证号码、开证日期以及信用证金额，并说明偿付行费用由开证行支付还是向索偿行收取。若规定费用向索偿行收取，但偿付行未能收到这笔费用，则开证行仍有责任做出补偿。若偿付行未能在索偿行第一次索偿时予以偿付，开证行仍须对索偿行连本带息地进行偿付，除非此时开证行指出单据有不符点而拒付。

如果开证行在审单时发现有不符点，可自行决定是否同开证申请人联系，以要求开证申请人放弃不符点，或由开证申请人授权开证行对外支付。但这一联系应在自银行收到单据后的 7 个工作日内完成，开证行不能以正在要求开证申请人放弃不符点为由，而违反审单的合理时间的限制，也就是说，在第 7 个工作日结束前仍未得到开证申请人放弃不符点并同意付款的回复，开证行必须对外提出拒付。

9. 开证行向开证申请人发出单到及付款通知

开证行收到议付行的议付单据后，应向开证申请人发出单到及付款通知书，要求其按照开证申请书的约定，及时向开证行付款赎单。

10. 开证申请人向开证行付款赎单

开证申请人收到开证行的通知后应及时到开证行验收单据，若单据合格，开证申请人不能无理拒付，否则应赔偿开证行的垫款损失。若单据不合格，开证申请人有权拒付，并在信用证到期时收回押金。在实务中，开证申请人也可放弃不符点，授权开证行对外支付，但应注意不要超过开证行审单时效。

从严格意义上讲，上述第 9 项和第 10 项已经不属于开证申请书所规定的业务，因为信用证是开证行与受益人之间的安排，当开证行做终局性付款之后，信用证业务已告结束，但为完整起见，此处仍将第 9 项、第 10 项这两项列入信用证业务程序。

5.2.2 信用证业务流程图

一般情况下，开证申请人只有足额付款才能拿到单据，但若进口商想获得资金融通，也可向开证行申请凭信托收据借单提货。很显然这一融资与受益人毫无关系，一切风险均由开证行自负。图 5-1 为信用证业务流程。

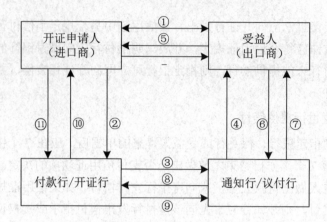

图 5-1 信用证业务流程

① 买卖双方签订贸易合同，并在贸易合同中约定采用信用证作为支付方式；
② 进口商申请开立信用证，包括向开证行提交开证申请书、交纳开证押金和提供质押；
③ 开证行接受开证申请人的申请，如期按要求开出一份不可撤销的信用证；
④ 通知行收到信用证后，审核信用证的真伪，然后书面向受益人通知信用证；
⑤ 出口商按信用证规定的质量、数量、包装及交货期发运货物；
⑥ 发运货物后，受益人按照信用证条款准备所需单据，在规定时间向指定通知行或议付行交单；
⑦ 指定议付行根据自己的义务审单和付款、承兑或议付；
⑧ 指定议付行向开证行寄单索汇或向开证行寄单并向偿付行索偿；
⑨ 开证行向交单议付行或偿付行偿付货款，履行自己的第一性付款责任；
⑩ 开证行向开证申请人提示所有单据并通知开证申请人审单和按要求付款赎单；
⑪ 开证申请人审单后付款赎单，获得全套单据；
⑫ 当货物抵达目的港后，开证申请人向港口出示海运提单，办理提货手续。

5.3 信用证业务的当事人及其相互关系

5.3.1 信用证的当事人

信用证的基本当事人包括开证申请人、开证行和受益人，其他关系人为通知行、议付行、保兑行、付款行、偿付行、承兑行等。

1. 开证申请人

开证申请人（applicant）又称开证人（opener），是指向银行申请开具信用证的当事人，即进口商或实际买主。开证申请人所填写的开证申请书，确立了开证申请人和开证行之间的契约关系。开证申请人的主要契约义务包括：对信用证承担最终的付款责任以及及时付款赎单。

2. 开证行

开证行（issuing bank）是指受开证申请人之委托开具信用证、保证付款的银行，一般在进口商所在地。它必须严格遵守开证申请人的指令开立合格的信用证，并在单单一致和单证一致的条件下，履行自己的付款承诺。

开证行在信用证业务中的义务和权利主要由三方面的契约关系所规定：一是开证申请书确立的与开证申请人的契约关系，二是信用证所确立的与受益人的契约关系，三是信用证表达的对通知行、议付行、付款行、保兑行等的委托请求。如果受托银行接受委托，则开证行就与之建立了委托代理关系。开证行的主要权利和义务包括根据开证申请人的指示开证，按照《UCP600》的要求开证，承担独立的、首先的付款责任，拒付权利，取得质押的权利，对其受托银行的责任。

3. 受益人

受益人（beneficiary）是指信用证指定的有权使用该信用证的当事人，即出口商或实际供货商。在信用证业务中，受益人接受信用证意味着受益人既得到了开证行的付款保证，也确认了开证行在信用证中所提出的付款条件。由信用证规定的受益人权利和义务如下：受益人所提交的单据，必须做到单单一致、单证一致；受益人所提交的单据必须符合《UCP600》的规定；受益人有要求改证的权利。

4. 通知行

通知行（advising bank）是指受开证行委托将信用证通知或转交受益人的银行，它只证明信用证的表面真伪，并将信用证以书面形式通知受益人，而不承担其他义务，除非得到开证行的授权作为该信用证的保兑行。通知行一般在出口商所在地，通常是开证行的分行或代理行。

5. 议付行

在信用证的各种偿付方式中，议付是最常见的一种。议付行（negotiating bank）是指买入受益人所提交汇票和单据的银行。开证行可在信用证中指定一家议付行，如果开证行在开出议付信用证时未指定议付行，则接受受益人交单议付的任何一家银行被视为指定的议付行。

6. 保兑行

保兑行（confirming bank）是指开证行授权或邀请其在不可撤销信用证上加具保兑（或以其自身名义保证付款）的银行。它必须是开证行之外的另一家银行，接受开证行的授权或委托，承担保兑行的职责。

7. 付款行

付款行（paying bank）是指开证行在信用证中指定的为信用证项下汇票付款的银行，或是为不需要开立汇票的信用证执行付款的银行。付款行一般是开证行本身，也可以是开证行指定的另一家银行（代付行），具体视信用证条款规定而定。

8. 偿付行

偿付行（reimbursing bank）是指开证行在信用证中指定的代开证行向议付行或付款行清偿垫款的银行。

9. 承兑行

承兑行（accepting bank）承兑受益人出具的远期汇票，到期向受益人付款。在承兑信用证中，开证行可以在信用证中规定由自己或者指定的另一家银行作为汇票的付款人，该指定银行就是承兑行。

5.3.2 信用证当事人之间的相互关系

1. 银行依照进口商的要求和指示开立信用证

银行（开证行）依照进口商或开证申请人的要求和指示或代表其自身，开立一份不可撤销的跟单信用证给指定的出口商，并承诺在单证相符的条件下保证付款。该信用证由通知行负责审核真伪，并以书面方式正式通知给受益人。

2. 开证行受三个文件的约束

（1）买卖合同。它是信用证开立的基础，一般来说，信用证的条款和条件应与买卖合同一致，这有利于买卖双方顺利承担和履行各自的责任和义务。

（2）信用证本身。信用证一经开立，开证行在信用证的有效期内必须无条件履行自己的保证，在单单一致和单证一致的情况下，向受益人支付信用证项下的全部货款。

（3）与通知行、议付行、保兑行或偿付行所达成的协议或授权书。

3. 开证申请人受两个文件的约束

（1）买卖合同。买卖合同是约束开证申请人的主要文件，申请人须依据合同要求履行开立信用证、付款赎单和提取货物的义务。

（2）开证申请书。开证申请书是买方与开证行之间的契约，要求开证申请人必须按照开证申请书的约定，履行自己缴纳开证押金、提供质押或付款赎单的义务。

4. 受益人受两个文件的约束

（1）买卖合同。要求受益人必须按照合同条款，履行按质、按量、按时交货的义务和提交合同要求的所有合格单证。

（2）信用证文件。要求受益人必须严格遵守信用证条款，履行交货义务和提供单单一致、单证一致的合格单证。

总之，信用证业务中存在着不同的契约关系：①在开证申请人（进口商）和受益人（出口商）之间存在一份贸易合同，这份贸易合同带来了对支付信用的需要；②在开证申请人和开证行之间存在一份开证申请书,这份开证申请书保证了信用证下收到的单据和付出的款项将由开证申请人赎还;③ 开证行和受益人之间由信用证锁定,信用证保证了受益人交到银行的符合规定的单据必将得到支付。

开证申请人、受益人和开证行之间的契约关系可用图 5-2 表示。

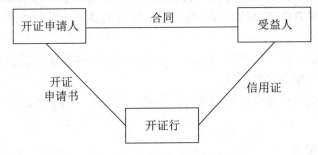

图 5-2　信用证业务中的契约关系

5. 信用证项下的三种支付方式

（1）开证行在信用证中承诺自己付款,承担第一性付款义务。
（2）开证行在信用证中明确授权另一家银行付款。
（3）开证行授权另一家银行议付,办理信用证项下的单据议付或押汇。

5.4　信用证结算分析

5.4.1　信用证方式下单据的审核

单证的审核是对已经缮制、备妥的单据对照信用证（在信用证付款情况下）或合同（非信用证付款方式）的有关内容进行单单、单证的及时检查和核对,发现问题及时更正,以达到安全收汇的目的。

1. 单证审核的基本要求

1）及时性
及时审核有关单据,可以对一些单据上的差错做到及时发现、及时更正,从而有效避免因审核不及时造成的各项工作的被动。

2）全面性
应当从安全收汇和全面履行合同的高度来重视单据的审核工作,一方面,应对照信用证和合同认真审核每一份单证,不放过任何一个不符点;另一方面,要善于处理所发现的问题,加强与各有关部门的联系和衔接,使发现的问题得到及时、妥善的处理。

3）按照"严格符合"的原则,做到"单单相符、单证相符"
"单单相符、单证相符"是安全收汇的前提和基础,所提交的单据中存在的任何不符,哪怕是细小的差错,都会造成难以挽回的损失。

2. 单证审核的基本方法

单证审核的方法概括起来主要有以下几种。

1）纵向审核法

纵向审核法是指以信用证或合同（在非信用证付款条件下）为基础对规定的各项单据进行一一审核，要求有关单据的内容严格符合信用证的规定，做到单证相符。

2）横向审核法

横向审核法是指在纵向审核的基础上，以商业发票为中心审核其他规定的单据，使有关的内容相互一致，做到单单相符。

上述审核一般由制单员或审单员进行，为第一道审核。为安全起见，应当对有关单据进行复审。

3. 单证审核的重点

（1）检查规定的单证是否齐全，包括所需单证的份数。

（2）检查所提供的文件名称和类型是否符合要求。

（3）检查有些单证是否按规定进行了认证。

（4）检查单证之间的货物描述、数量、金额、重量、体积、运输标志等是否一致。

（5）检查单证出具或提交的日期是否符合要求。

4. 分类审核的要点

1）汇票

汇票的付款人名称、地址必须正确；汇票上金额的大、小写必须一致；付款期限要符合信用证或合同（非信用证付款条件下）规定；汇票金额不能超出信用证金额，如信用证金额前有"大约"，可按10%的增减幅度掌握；出票人、受款人、付款人均必须符合信用证或合同（非信用证付款条件下）的规定；币制名称应与信用证和发票上的相一致；出票条款必须正确，如出票所根据的信用证或合同号码必须正确，必须按需要进行背书；汇票必须由出票人进行签字；汇票份数必须正确，如"只此一张"或"汇票一式二份，有第一汇票和第二汇票"。

2）商业发票

抬头人必须符合信用证规定；签发人必须是受益人；商品的描述必须完全符合信用证的要求；商品的数量必须符合信用证的规定；单价和价格条件必须符合信用证的规定；提交的正副本份数必须符合信用证的要求；信用证要求表明和证明的内容不得遗漏；发票的金额不得超出信用证的金额，如数量、金额前均有"大约"，可按10%的增减幅度掌握。

3）保险单据

保险单据必须由保险公司或其代理出具；投保加成必须符合信用证的规定；保险险别必须符合信用证的规定并且无遗漏；保险单据的类型应与信用证的要求相一致，除非信用证另有规定，否则保险经纪人出具的暂保单银行不予接受；保险单据的正副本份数应齐全，如保险单据注明出具一式多份正本，除非信用证另有规定，否则所有正本都必须提交；保险单据上的币制应与信用证上的币制相一致，包装件数、唛头等必须与发票和其他单据相一致；运输工具、起运地及目的地,都必须与信用证及其他单据相一致,如有转运,保险期限必须包括全程运输;除非信用证另有规定,否则保险单的签发日期不得迟于运输单据的签发日期;除非信用证另有规定,否则保险单据一般应做成可转让的形式,以受益人为投保人,并由投保人背书。

4) 运输单据

运输单据的类型须符合信用证的规定;起运地、转运地、目的地须符合信用证的规定;装运日期、出单日期须符合信用证的规定;收货人和被通知人须符合信用证的规定;商品名称可使用货物的统称,但不得与发票上货物说明的写法相抵触;运费预付或运费到付须正确表明;正副本份数应符合信用证的要求;运输单据上不应有不良批注;包装件数须与其他单据相一致;唛头须与其他单据相一致;全套正本都须加盖承运人的印章及签发日期章;应加背书的运输单据须加背书。

5) 其他单据

装箱单、重量单、产地证书、商检证书等,均须先与信用证的条款进行核对,再与其他有关单据核对,确保单证一致、单单一致。

有些单据由于种种原因不能按期更改或无法修改,可向银行出具一份保函(通常称为担保书),保函中交单人要求银行向开证行寄单并承诺如买方不接受单据或不付款,银行有权收回已偿付给交单人的款项。对此银行方面可能会接受,不过最好不要这样做。因为出具保函后,收不到货款的风险依然存在,同时还要承担由此产生的其他费用。交单人向银行出具保函,一般应事先与客户联系并取得客人接受不符单据的确认文件。

请银行向开证行拍发要求接受不符点并予付款的电传(俗称"打不符电")。有关银行在收到开证银行的确认接受不符单据的电传后再行寄送有关单据,收汇一般有保证,此种方式可避免未经同意盲目寄单情况的发生,但要求开证行确认需要一定的时间,同时要冒开证行不确认的风险,并要承担有关的电传费用。

由于单据中存在不符点,原先信用证项下的银行信用已经变为商业信用,如果客户信用较好且急需有关文件提取货物,为减少一些中间环节可采用托收方式。

上述各项措施主要是在有效控制货物所有权的前提下,以积极、稳妥的方式处理不符合有关规定的单据,避免货款两空情况的发生。因为只要掌握了代表物权的运输单据,买方就不能提取货物。如果买方仍然需要这批货物,那么买方也会接受有不符点的单据。这里必须切记,不符单据有很大风险,对不符单据的接受与否完全取决于买方。

5. 修改信用证的注意事项

(1) 掌握改与不改的界限。

(2) 需要修改的内容应尽量一次性提出。

(3) 对于申请人单方面所做的信用证修改,受益人有权表示接受或拒绝,也可以保持沉默直至交单为止。交单时按修改通知书制单即表示接受,修改通知书生效,若没按修改通知书制单,应由受益人另出具拒绝书以示拒绝。

(4) 对于同一修改通知中的内容只能表示全部接受或全部拒绝,而不能部分接受或部分拒绝。

（5）在未表示接受信用证修改的内容前，原信用证对受益人继续有效。

（6）对已接受的信用证修改书，在交单议付时应与原信用证一起交单，并注明修改次数。

案例 5-2

信用证究竟应该怎么审？不要怕，看完你就会了

很多朋友说不知道在收到客户开来的信用证后应该从哪里下手，导致需要一句话一行字地去查资料，最后浪费了很多时间却只是做了一次翻译工作。那么究竟我们在收到信用证时应该怎么做呢？下面就一起来了解一下吧。

1. 审证的含义

首先审证的主体是通知行和出口商，审证的重点各有其侧重。出口商依据贸易合同审证，如发现不符点，并属于非改不可的，应及时要求改证；如确认无误，则开始履行合同。

2. 出口商审证的依据与内容

1）审证的主要依据

审核信用证的主要依据是买卖双方签订的贸易合同、国际贸易惯例、《UCP600》和出口国有关法规的规定。

2）审证的重点项目

（1）信用证的类别。如为不可撤销保兑信用证，检查其有无"保兑"字（confirmed）。保兑行行名和保兑行的保兑条款，缺少其中任何一项，应要求改证；如为不可撤销可转让信用证，视其有无"可转让"字样（transferable）和自由附议信用证项下的经开证行特别授权作为转让行的银行名称，缺其一则要求改证；如为不可撤销循环信用证，须注明"循环"（revolving）字样，以及恢复信用证循环的条件，否则要求修改信用证。

（2）开证申请人与受益人的名称和地址。在实际业务中，注册地与实际租用场所可能会有不同，如开证申请人与受益人的名称和地址有误，应及时改证，以免影响收汇。

（3）信用证的有效期、装运期和交单期。装运期必须与合同规定的时间相一致，如因来证太晚或发生意外情况不能按时装运，应及时电请买方延展装运期限；如来证仅规定有效期而未规定装运期，信用证的有效期可视为装运期；来证的有效期和装运期是同一个时期，即为"双到期"的信用证，按我方能否按时装运来决定是否让对方修改有效期。信用证的有效期与装运期一般都有一定的合理时间间隔，以便装船发运货物后有充足的时间办理制单、结汇工作。信用证一般都规定交单期，如未规定则为装船后第21天。

（4）信用证的到期地点。到期地点一般都要求在我国境内，如规定到期地点在国外，因掌握不好寄单时间，一般不轻易接受。

（5）货物与金额的描述。货物描述、数量、单价、总金额、货币名称、价格条件必须与合同一致；总金额不能超过合同总价，如有"短装"条款，注意数量与总金额的增减幅度是否一致。

（6）对信用证规定单据的审核。对信用证中所要求提供的单据种类、填写内容、文字说明、文件份数、填写方法等都要认真审核。凡是信用证中要求的单据与我国政策相抵触

或根本办不到的，应及时与对方联系修改。

（7）保险条款。投保加成、投保险别必须与合同约定一致，如投保加成超过一成以上，不仅要注明增加的保费由进口商承担，而且应征得保险公司同意后才能接受；如来证指定保险勘察代理人(survey agent)，应要求改证，保险勘察代理人必须由保险公司选定。

（8）运输条款。如为集装箱运输，应注意出口货物的适宜性，货量与箱容要匹配；对港澳地区的陆运一般采用中外运出具的承运货物收据。

（9）"软条款"。常见的"软条款"有：信用证要求一份开证申请人或其指定人签发的商检证；信用证待进口商取得有关进口文件后，再以信用证修改形式通知信用证生效；出运日期由进口商通知开证行，开证行再以信用证修改形式通知受益人；货物运抵目的港后，由进口地检验检疫部门对进口商品检验合格并出具相关证书后才履行付款责任。存在以上条款，出口商必须提出改证。

（10）开证行的保证条款。信用证条款中应注明"本证根据《UCP600》开立"文句（SWFT信用证除外），否则受益人应提出改证。

资料来源：信用证究竟应该该怎么审？不要怕，看完你就会了[EB/OL].（2019-08-29）.https://baijiahao.baidu.com/s? id=1643159338301002002&wfr=spider&for=pc，内容有改动。

5.4.2 信用证结算的相关程序

（1）开证申请人根据合同填写开证申请书并交纳押金或提供其他保证，请开证行开证。

（2）开证行根据申请书内容，向受益人开出信用证并寄交出口人所在地通知行。

（3）通知行核对印鉴无误后，将信用证交予受益人。

（4）受益人审核信用证内容，确定与合同规定相符后，按信用证规定装运货物、备妥单据并开出汇票，在信用证有效期内，送议付行议付。

（5）议付行按信用证条款审核单据无误后，把货款垫付给受益人。

（6）议付行将汇票和货运单据寄开证行或其特定的付款行索偿。

（7）开证行核对单据无误后，付款给议付行。

（8）开证行通知开证人付款赎单。

5.5 信用证支付方式的风险与防范

5.5.1 使用信用证的风险

1. 进口商不依合同开证

信用证条款应与买卖合同严格一致，但实际上由于多种原因，进口商未依照合同开证，从而使合同的执行发生困难，或者使出口商遭到额外的损失。最常见的风险是：进口商不按期开证或不开证（如在市场变化和外汇、进口管制严格的情形下）；进口商在信用证中增添一些对其有利的附加条款（如单方面提高保险险别、金额、变换目的港、更改包装等），以达到变更合同的目的；进口商在信用证中做出许多限制性的规定等。

2. 进口商故设障碍

进口商往往利用信用证"严格一致"的原则，蓄意在信用证中增添一些难以履行的条件，或设置一些陷阱，如规定不确定、有字误及条款内容相互矛盾等。信用证上存在字误并不是小瑕疵，如受益人名称、地址、装运船、有效期限等存在错别字将直接影响要求提示的单据，有可能成为开证行拒付的理由。再如，信用证中规定禁止分批装运却又限定每批交货的期限，或既允许提示联运提单又禁止转船，又或者要求的保险种类相互重叠等，无疑都是相互矛盾的。

3. 进口商伪造信用证

进口商伪造信用证，或窃取其他银行已印好的空白格式信用证，或与已倒闭或濒临破产的银行职员恶意串通开出信用证等经寄出口商，若未察觉，出口商将遭到货款两空的损失。

5.5.2 信用证支付方式的风险防范

1. 信用证有效期

信用证有效期是指外贸企业到银行交单议付的时间，而不是以开证行收到单据的时间为准的。在外贸业务中，信用证是一种比较新颖的结算方式，而信用证有效期是作为议付的一个时间，因此需要外贸企业了解，以便顺利地开展外贸业务。

通常，信用证有效期是开船后21天。信用证开出前，其有效期是需要计算的，一般取决于两个因素：一个是最迟装运日期，另一个是交单期。而信用证有效期不是算出来的，而是信用证所规定的。

交单期有时需要计算，一般包含三个条款：信用证31D——date and place of expiry（信用证到期时间和地点）、信用证44c——latest date of shipment（信用证规定的最迟装运期）、信用证48——period for presentation（交单期）。

信用证有效期与最晚装运期的关系主要表现在以下几方面。

（1）装运期或最迟装运期，指卖方将全部货物装上运输工具或交付给承运人的期限或最迟日期（提单的出单日期即开船日不得迟于信用证上规定的有效期，若未规定有效期日期，则装运日期不得迟于信用证的到期日）。

（2）到期日，指信用证有效期（承运人即卖方在向银行提交单据时，不得迟于此日期，因此承运人应在此日期之前将提单交到卖方手中，以便其及时向银行交单议付）。

（3）交单期，指运输单据出单后必须向信用证指定的银行提交单据，要求付款、承兑或议付的特定期限（信用证中如有规定，必须在规定的有效期内交单；如没有规定，则最迟于运输单据日期21天内交单;但两种情况下,单据还不得迟于信用证的到期日提交)。

(4)双到期。信用证规定的最迟装运期和议付到期日为同一天,或未规定装运期限,实践上称之为双到期(原则上信用证的到期日与最迟装运期应有一定的间隔,以便承运人有时间办理制单、交单、议付等工作,但如出现双到期情况,承运人应注意在信用证到期日前提早几天将货物装上运输工具或交给承运人,以便有足够时间制备各种单据、交单和办理议付等手续)。

综上所述,有关信用证有效期的关系可以这样表述:

到期日(有效期)≥交单期>最迟装船期;理想的到期日(有效期)=最迟装船期+交单期

2. 备用信用证

备用信用证又称担保信用证,是指不以清偿商品交易的价款为目的,而以贷款融资或担保债务偿还为目的所开立的信用证。

备用信用证是一种特殊形式的信用证,是开证银行对受益人承担一项义务的凭证。开证行保证在开证申请人未能履行其应履行的义务时,受益人只要凭备用信用证的规定向开证行开具汇票,并随附开证申请人未履行义务的声明或证明文件,即可得到开证行的偿付。备用信用证只适用《UCP600》的部分条款。备用信用证具有如下几个性质。

(1)不可撤销性。除非在备用证中另有规定,或经对方当事人同意,否则开证人不得修改或撤销其在该备用证下之义务。

(2)独立性。备用证下开证人义务的履行并不取决于:① 开证人从申请人那里获得偿付的权利和能力;② 受益人从申请人那里获得付款的权利;③ 备用证中对任何偿付协议或基础交易的援引;④ 开证人对任何偿付协议或基础交易的履约或违约了解与否。

(3)跟单性。开证人的义务取决于单据的提示,以及对所要求单据的表面审查。

(4)强制性。备用证在开立后即具有约束力,无论申请人是否授权开立,开证人是否收取费用,受益人是否收到或因信赖备用证或修改而采取了行动,备用证对开证行都具有强制性。

备用证与一般信用证相比的区别是:① 一般商业信用证仅在受益人提交有关单据证明其已履行基础交易义务时,开证行才支付信用证项下的款项;备用信用证则是在受益人提供单据证明债务人未履行基础交易的义务时,开证行才支付信用证项下的款项。② 一般商业信用证开证行愿意按信用证的规定向受益人开出的汇票及单据付款,因为这表明买卖双方的基础交易关系正常进行;备用信用证的开证行则不希望按信用证的规定向受益人开出的汇票及单据进行付款,因为这表明买卖双方的交易出现了问题。③ 一般商业信用证总是以货物的进口方为开证申请人,以出口方为受益人,而备用信用证的开证申请人与受益人既可以是进口方也可以是出口方。

3. 对跟单信用证诈骗的防范对策

银行和工贸公司应密切配合,采取切实有效的措施,以避免或减少跟单信用证诈骗案的发生,具体可采取如下防范对策。

(1)出口方银行(指通知行)必须认真负责地核验信用证的真实性,并掌握开证行的资信情况。对于信开信用证,应仔细核对印鉴是否相符,大额来证还应要求开证行加押证实;对于电开信用证及其修改书,应及时查核密押相符与否,以防止假冒和伪造;同时,还应对开证行的名称、地址和资信情况与银行年鉴进行比较分析,发现疑点后,立即向开证行或代理行查询,以确保来证的真实性、合法性和开证行的可靠性。

(2)出口企业必须慎重选择贸易伙伴。在寻找贸易伙伴和贸易机会时,应尽可能通过正规途径(如参加广交会和实地考察)来接触和了解客户,不要与资信不明或资信不好的客户做生意。在签订合同前,应设法委托有关咨询机构对客户进行资信调查,做到心中有数,以便做出正确的选择,以免错选贸易伙伴,自食苦果。

(3)银行和出口企业均需对信用证进行认真审核。银行审证侧重来证的同时,还应注意来证的有效性和风险性。一经发现来证含有主动权不在自己手中的"软条款""陷阱条款"及其他不利条款,必须坚决和迅速地与客商联系修改,或采取相应的防范措施,以防患于未然。

(4)出口企业或工贸公司在与外商签约时,应平等、合理、谨慎地确立合同条款,杜绝有损利益的不平等、不合理条款,如预付履约金、质保金、佣金和中介费条款等,以免误中对方圈套,破财耗神。

项目实训

信用证支付与结算

🔍 **实训目标**

(1)培养学生收集信息的能力;
(2)加强学生对信用证支付与结算的运用能力。

💡 **实训内容**

假如你在亚马逊美国站开了一家儿童图书的店铺,需要了解信用证支付与结算的知识。全班 5 人为一个团队,以团队为单位收集跨境信用证支付与结算的信息。

(1)在跨境支付与结算的方式中,你选择信用证结算的理由是什么?
(2)选择信用证结算时应该注意什么?

复习与思考

1. 信用证的特点是什么?
2. 信用证的开证形式有哪几种?
3. 信用证的当事人有哪些?
4. 单证审核的基本要求是什么?

第6章 跨境支付与结算平台（Ⅰ）——国内平台

本章思维导图

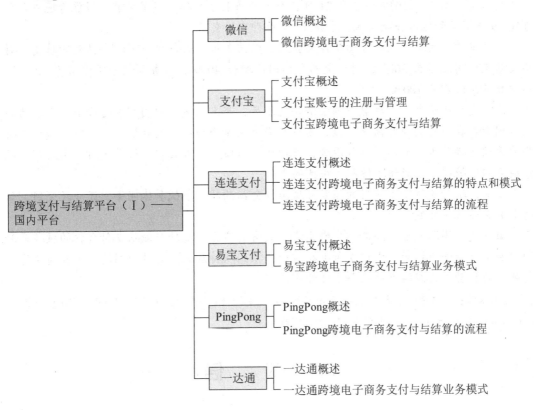

知识目标

- 了解微信支付的概念和类型；
- 掌握微信跨境电子商务支付与结算的流程；
- 了解支付宝账号注册与管理的内容；
- 掌握支付宝跨境电子商务支付与结算的流程；
- 了解PingPong跨境电子商务支付与结算的流程。

【关键词】

微信、支付宝、PingPong、连连支付、易宝支付、一达通

案例导入

微信跨境支付接入 49 个国家和地区　支持 16 个币种直接交易

微信支付是腾讯集团旗下第三方支付平台,为用户提供在线支付服务,于 2015 年 11 月正式开放跨境支付业务。

微信支付团队于 2019 年 3 月 21 日在香港公布业绩时称,截至目前,微信跨境支付已在逾 49 个国家和地区合规接入,支持 16 个币种直接交易。

在当日举行的境外业务合作伙伴大会上,微信支付团队介绍,2018 年微信跨境支付月均交易笔数同比增长 500%,月均交易金额同比增长 400%,服务商数量同比增长 300%,商户数量同比增长 700%。

微信支付团队表示,随着中国经济快速发展,越来越多的中国游客选择出境游。为满足中国游客在境外的消费需求,微信支付与当地商家合作,实现在境外消费时,微信支付用户无须兑换外币,也不用准备现金,可通过扫二维码,直接以人民币支付,由此用户既能避免沟通障碍,也能体验便利、快捷的支付。

目前,境外支持微信支付的消费领域不仅包括购物、餐饮和休闲等,还涉及交通、医疗和教育等民生领域。

微信支付团队表示,随着"生态出海"策略的实施,境外与微信支付合作的服务商和商户数量将进一步增长,微信支付也将推出一系列扶持政策,支持中国境内服务商出海,将境内的移动支付经验直接服务于境外商户。

资料来源:微信跨境支付接入 49 个国家和地区　支持 16 个币种直接交易[EB/OL].(2019-03-23). http://www.100ec.cn/detail--6501207.html,内容有改动。

6.1 微　　信

6.1.1 微信概述

微信(WeChat)是腾讯公司推出的一个为智能终端提供即时通信服务的免费应用程序,微信支持跨通信运营商、跨操作系统平台,通过网络快速发送免费(需消耗少量网络流量)语音短信、视频、图片和文字,同时,也可以使用共享流媒体内容的资料和基于位置的社交插件,如"摇一摇""漂流瓶""朋友圈""公众平台""语音记事本"等服务插件。微信提供公众平台、朋友圈、消息推送等功能,用户可以通过"摇一摇""搜索号码""附近的人",以及扫描二维码等方式添加好友和关注公众平台。微信也可以让用户将看到的精彩内容分享给好友或分享到微信朋友圈。微信(见图 6-1)在个人计算机端或 iOS、Android、

Windows phone、Symbian、Black berry 等手机系统中都可以使用,并提供多种语言界面。微信是亚洲地区拥有最大用户群体的移动即时通信软件。微信作为时下最热门的社交信息平台,也是移动端的一大入口,其正在演变成为大型商业交易平台,它对营销行业带来的颠覆性变化开始显现,微信商城的开发也随之兴起。

微信商城是基于微信而研发的一款社会化电子商务系统,消费者只要通过微信平台,就可以实现商品查询、选购、体验、互动、订购与支付的线上、线下一体化服务模式。微信提供了丰富的行业解决方案,该解决方案分为线上、线下两类,线上解决方案就是 B2C 电商;线下解决方案包括快递、售货机、百货、餐厅、便利店、超市、票务、酒店、景区、医院、停车场等。

图 6-1 微信

案例 6-1

微信跨境支付策略变了 争夺出境游客

2018年7月12日一早,以售卖母婴、洗护等用品为主的零售商 KISSBABY 迎来了特别的一天。

当日,"KISSBABY 微信支付旗舰店"在香港屯门正式开业,店员们在货架上贴满带有微信支付 LOGO 的"满 600 减 30"的标签,开店不过半小时,店里已人头攒动。

在 KISSBABY 店内,国人喜爱的资生堂安耐晒、无比滴、标注着"抖音同款"的 UH 玻尿酸防晒喷雾等上百种 SKU 应有尽有,而前来购买的顾客,有不少是说着普通话,把纸尿裤、奶粉塞满行李箱的代购党。

"我们的客群接近 80%是内地游客。"KISSBABY 执行副总裁 Candy Li 表示。由于顾客多来自内地,KISSBABY 自然要在店内提供符合内地消费者习惯的购物方式。除了接入微信支付以外,KISSBABY 还在店内摆放了一台自助售卖机,消费者选择商品后可以直接在机器上扫码支付,免去了排队的环节。

对于内地用户来说,不论是利用微信支付满减促销,还是使用自助售卖机的硬件设备,KISSBABY 的这些新举措已然并不新鲜。但大多数人不知道的是,距离腾讯总部仅有半小时车程的香港,在移动支付的普及上仍处于起步阶段。

"我们希望将'粤'的移动支付生活方式逐渐传递到香港,最终辐射整个粤港澳大湾区。"谈及微信支付的在港推广目标,一位微信内部人士对钛媒体这样表示。

1. 战略"放弃"本地钱包

在移动支付的海外布局中,香港正愈发成为腾讯的战略要地,这与微信支付的海外运营策略相关。

据《南华早报》报道，7月12日，微信支付团队公开表示未来三年将不寻求向海外消费者提供更多的本地支付钱包服务，而是专注在热门海外旅行目的地服务来自国内的出境游客。

"我们在海外国家没有很多的微信用户，所以我们承认，为他们开发支付工具会非常困难。"微信支付国际运营主管 Grace Yin 周三在香港的 RISE 科技大会的媒体群访中表示。

从目标用户来看，移动支付出海可大致分为两种模式：一种是针对国内的出境游旅客，这需要支付工具在海外不断增加合规的接入地区与可选择的清算币种；另一种是面对海外居民的"本地钱包"服务。由于不同地区金融政策监管的差异，本地钱包业务一般都要求支付公司在当地成立分公司，并单独推出支付工具。

然而，不论是跨境支付还是本地钱包，香港都是微信支付、支付宝等厂商的兵家必争之地。在由腾讯公司联合中国（深圳）综合开发研究院和马蜂窝旅游网发布的首个《粤港澳大湾区跨境支付绿皮书》显示：仅香港与内地之间，每天有近70万人次跨境往来，2018年上半年，微信支付在港澳地区的支付笔数比去年同期增长了7倍，其中"90后"广东游客在港澳移动支付端的消费笔数占比超过一半。

旺盛的支付需求，加上年轻的消费群体与粤港澳的区位优势，使香港自然成为了跨境支付的优质"实验田"。2016年，支付宝与微信支付均拿到了香港金融管理局发布的港版"支付牌照"，同时推出了本地化版本的支付 App，即 WeChat Pay HK 与 Alipay HK。其中，支付宝在今年3月还与和记黄埔有限公司签订合作协议，成立了 Alipay HK 合资公司。

在本地钱包的进入国家数量中，支付宝有着一定的先发优势，自2015年开始向境外扩张后，目前支付宝已在印度、泰国、菲律宾、印尼、韩国、马来西亚、巴基斯坦、孟加拉和中国香港九地拥有本地钱包业务；微信支付则只拿下了中国香港和马来西亚两地。不过，从用户的活跃数来说，微信支付在全球拥有超过10亿的月活用户，支付宝则为8亿，因此，侧重于服务使用微信的国内用户，自然成为微信支付在海外战场的首要策略。

2. 如何撬动商家：补贴、时间、行业方案

为了尽快在港推动移动支付，微信支付与支付宝都曾掷重金补贴以撬动市场。2018年年初，支付宝联手李嘉诚长江和记实业旗下的百佳超市、屈臣氏、丰泽电器等门店，推出多个迎新奖赏和优惠活动；微信支付则在美心、一田百货、麦当劳等品牌推出满减优惠，还在春节派发"利是"（红包），总额超过1000万港元。

但在香港市场，用补贴撬动用户并不容易。根据香港生产力促进局近日公布数据，过去一年逾九成港人最常使用的支付方式仍然是现金（99%），其次是八达通（97%）和信用卡（53%），而手机支付只占到20%。"的确，香港的主流餐厅支持微信支付的数量还不是特别多。"微信支付跨境业务市场总监郑红敏在接受钛媒体等记者采访时坦言。她谈到两点原因：一是对当地金融政策的理解；二是微信海外的起步相对较晚，用户尚需要一段时间培养习惯。因此，除了针对C端补贴外，为了争取更多商家接入，支付公司也在尝试与B端合作，以推出支付以外的解决方案。

日前，微信支付与香港麦当劳达成深度合作，在位于香港国际机场的麦当劳门店内上线完整的"自助点餐应用"，让赶飞机的旅客免于排队，快速取餐和离场。此外，顾客更可通过麦当劳 App 的营养信息功能自选低卡路里的食品组合。"对于我们商家来说，腾讯的用户数据是我们最感兴趣的。"KISSBABY 执行副总裁 Candy Li 向钛媒体表示。

可见，诸如在 KISSBABY 门店的自助售卖机、麦当劳门店内的自助点餐机，均是微信在支付之外，为 B 端合作伙伴提供的更具针对性的场景服务；另外，微信也在进一步向合作伙伴开放微信朋友圈投放、小程序、卡包、微信公众号等功能，用腾讯生态内的工具撬动 B 端品牌。

资料来源：微信跨境支付策略变了 争夺出境游客[EB/OL].（2018-07-17）. http://www.100ec.cn/detail--6460129.html，内容有改动。

6.1.2　微信跨境电子商务支付与结算

1. 微信的功能

1）基本功能

（1）聊天：支持发送语音短信、视频、图片（包括表情）和文字，是一种聊天软件，支持多人群聊。

（2）添加好友：支持查找微信号、查看 QQ 好友并添加好友、查看手机通信录和分享微信号添加好友、摇一摇添加好友、二维码查找添加好友和漂流瓶接受好友等多种方式。

（3）实时对讲机功能：用户可通过语音聊天室和一群人语音对讲，但与在群里发语音不同的是，这个聊天室的消息几乎是实时的，也不会留下任何记录，并且在手机屏幕关闭的情况下仍可进行实时聊天。

（4）微信小程序：2017 年 4 月 17 日，小程序开放"长按识别二维码进入小程序"的功能。经腾讯科技测试，该功能在 iOS 以及 Android 系统中均可使用。

（5）在 2017 年 3 月底，小程序还新增了"第三方平台"和"附近的小程序"两项新功能。

（6）2017 年 9 月 14 日晚间，微信悄然进行了版本更新，在最新的安卓与 iOS 微信上，用户打开微信后会看到一条必读消息——《微信隐私保护指引》，须点击同意后才能使用该应用。

（7）2017 年 11 月 2 日，微信上线保险销售业务。

2）高速 e 行

2018 年 3 月，微信推出"高速 e 行"，只要用户把自己的车与微信账户绑定，再开通免密支付即可使用此功能。如果用户不放心，可以单独预存通行费。下高速时，自动识别车牌，自动从用户的微信账户中扣款，并发送扣费短信，实现先通行后扣费。

3）微信支付

微信支付是集成在微信客户端的支付功能，用户可通过手机快速完成支付。微信支付向用户提供安全、快捷、高效的支付服务，以绑定银行卡的快捷支付为基础。

4）微信提现

2016 年 2 月 15 日，腾讯客服发布公告称，自今年 3 月 1 日起，微信支付对转账功能停止收取手续费。同日起，对提现功能开始收取手续费。微信方面表示，对提现交易收费并不是微信支付追求营收之举,而是用于支付银行手续费。

其具体收费方案为:每位用户(以身份证维度)终身享受 1000 元免费提现额度,超出部分按银行费率收取手续费,目前费率为 0.1%,每笔提现最少收 0.1 元。微信红包、面对面收付款、AA 收款等功能不受影响,免收手续费。

5)微信语音

用户在接听微信语音电话时,无须解锁手机便能进入微信接听。

6)微信视频号

视频号是一个人人可以记录和创作短视频的平台,也是一个了解他人、了解世界的窗口。该功能于 2020 年 1 月 21 日正式开启内测。

7)公众平台

微信公众平台主要有实时交流、消息发送和素材管理。用户可对公众账户的粉丝分组管理、实时交流,同时也可使用高级功能(编辑模式和开发模式)对用户信息进行自动回复。

当微信公众平台的关注数超过 500 时,就可以申请认证公众账号。用户可以通过查找公众平台账户或者扫一扫二维码关注公众平台。

8)拦截系统

2014 年 8 月 7 日,微信已为抵制谣言建立起技术拦截、举报人工处理、辟谣工具三大系统。在相关信息被权威机构判定不实,或接到用户举报并核实举报内容属实后,微信会积极阻断信息的进一步传播。在微信公众平台第一阶段的严打过程中,删除文章近千篇,封停账号四百余个。

在日常运营中,腾讯有一支专业的队伍负责处理用户的举报内容。根据用户的举报,经查证后一旦确认存在涉及侵权、泄密、造谣、骚扰、广告及垃圾信息等违反国家法律法规、政策,以及公序良俗、社会公德的现象,微信团队会视情况严重程度对相关账号予以处罚。

9)城市服务

2015 年 7 月 21 日,微信官方宣布正式向北京市的用户开放"城市服务"功能。用户只要定位在北京,即可通过"城市服务"入口,享受社保查询、个税查询、水电燃气费缴纳、公共自行车查询、路况查询、12369 环保举报等多项政务民生服务。

10)亲属卡

2018 年 6 月,微信上线"亲属卡"功能。微信亲属卡功能与支付宝亲密付功能类似,均是一种"代付"功能。使用亲属卡的用户开可以在消费时使用亲属卡中的额度付费,并在发放亲属卡一方的实时扣除相关费用。

11)其他功能

(1)朋友圈。用户可通过朋友圈发表文字和图片,同时可通过其他软件将文章或者音乐分享到朋友圈。用户可对好友新发的照片进行"评论"或点"赞",并且只能看到共同好友的评论或赞。

(2)语音提醒。用户可以通过语音提醒对方打电话或是查看邮件。

(3)通讯录安全助手。开启后可上传手机通讯录至服务器,也可将之前上传的通讯录下载至手机。

(4)QQ 邮箱提醒。开启后可接收来自 QQ 邮箱的邮件,收到邮件后可直接回复或转发。

（5）私信助手。开启后可接收来自 QQ 微博的私信，收到私信后可直接回复。

（6）漂流瓶。通过扔瓶子和捞瓶子来匿名交友。

（7）查看附近的人。微信将会根据用户的地理位置找到其附近同样开启本功能（LBS 功能）的人。

（8）语音记事本。可以进行语音速记，还支持视频、图片、文字记事。

（9）微信摇一摇。这是微信推出的一个随机交友应用，通过摇手机或点击按钮模拟摇一摇，可以匹配到同一时段触发该功能的微信用户，从而增加用户间的互动和微信黏度。

（10）群发助手。通过群发助手把消息发给多个人。

（11）微博阅读。可通过微信来浏览腾讯微博的内容。

（12）流量查询。微信自身带有流量统计功能，可在设置里随时查看微信的流量动态。

（13）游戏中心。可进入微信玩游戏，还可和好友"PK"，例如"飞机大战"。

（14）微信公众平台。通过这一平台，个人和企业都可打造微信的公众号，可群发文字、图片、语音三个类别的内容。

（15）账号保护。将微信与手机号进行绑定，"账号保护"一栏显示"已启用"，即表示微信已启动了全新的账号保护机制。

（16）时刻视频。该功能既可以用视频记录眼前的世界，也可以给朋友的视频"冒个泡"，告诉他你来过。

2. 微信支付

1）微信支付简介

用户只需在微信中关联一张银行卡，并完成身份认证，即可将装有微信 App 的智能手机变成一个全能钱包，之后即可购买合作商户的商品及服务，用户在支付时只需在智能手机上输入密码，无须任何刷卡步骤即可完成支付，整个过程简便流畅。

（1）支持支付场景。微信公众平台支付、App（第三方应用商城）支付、二维码扫描支付、刷卡支付，或者用户展示条码，商户扫描后完成支付。

（2）微信支付支持以下银行发行的贷记卡，深圳发展银行、宁波银行。此外，微信支付还支持以下银行的借记卡及信用卡：招商银行、中国建设银行、中国光大银行、中信银行、中国农业银行、广发银行、平安银行、兴业银行、民生银行。

（3）降低开店门槛。2014 年 9 月 13 日，为给更多用户提供微信支付电商平台，微信服务号申请微信支付功能将不再收取 2 万元保证金，使得开店门槛降低。

（4）信用卡可积分。2018 年 8 月，微信支付宣布开通银行信用卡积分服务，用户通过微信支付绑定信用卡、刷卡消费，可获得与实体卡刷卡的同等积分。

2）微信支付的类型

（1）公众号支付。公众号支付是指在微信内的商家页面上完成支付。如果商家有被认证的公众号（并且是服务号），再开通公众号支付，就可以在自己的微信公众号上接受客户的订单并结账收款。也就是说，若商家在微信上开通了自己的公众号，则只需注册"微信支付"即可完成支付功能的开通。

（2）App 支付。App 支付是指在 App 中调用微信，完成支付结算。商家如开通了自己的 App，通过"App 微信支付"接入自己的 App，即可实现在自己开发的 App 下接受客户的微信支付。"App 微信支付"是为移动应用量身打造的支付系统，开发者不需编写冗长的代码，应付复杂的入网申请流程，简单几步就可以使移动应用获得支付功能，从而使开发者更专注于开发应用本身。简单地说，如果商家开发了自己的 App，想让客户可以在自己的 App 中使用微信支付，只需开通"App 微信支付"即可。

（3）扫码支付。扫码支付是指使用微信扫描二维码完成支付结算。扫码支付是一种基于账户体系的无线支付方式，在该支付方式下，商家可把账号、商品价格等交易信息汇编成一个二维码并在相关载体上发布。用户通过手机客户端扫描二维码，便可实现与商家微信账户的支付结算。商家可根据支付交易信息中的用户收货、联系资料进行商品配送，完成交易。

（4）条码支付。条码支付是指用户展示条码，商户扫描后完成支付。通常情况下，收银员在商户系统操作生成支付订单后须经用户确认支付金额。商户收银员用扫码设备扫描用户的条码或二维码，商户收银系统提交收款申请，微信支付后台系统收到的支付请求，根据验证密码规则判断是否验证用户的支付密码，不需要验证密码的交易直接发起扣款，需要验证密码的交易会弹出密码输入框，支付成功后微信端会弹出支付成功页面，支付失败则会弹出错误提示。

3. 微信登录与支付方式

1）微信账号注册

（1）从应用商店下载微信 App，如图 6-2 所示。

（2）打开微信 App，点击"注册"按钮，如图 6-3 所示。

（3）在"手机号注册"界面中输入个人信息，然后勾选"已阅读并同意《软件许可及服务协议》"，之后点击下方"注册"按钮，如图 6-4 所示。

图 6-2　从应用商店下载微信 APP　　图 6-3　注册微信账号　　图 6-4　输入个人信息

（4）系统跳转到下一页，勾选"我已阅读并同意上述条款"，点击"下一步"，如图 6-5 所示。

（5）系统跳转至下一页进行安全验证，如图6-6所示。

（6）安全验证后，系统会要求往注册手机号上发送短信，发送短信验证之后，注册成功，系统会跳转至用户的微信账号上，此时即可正常使用微信，如图6-7所示。

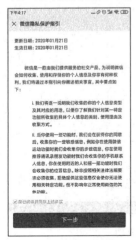

图6-5　阅读并同意条款　　　　　图6-6　安全验证　　　　　图6-7　微信账号注册成功

2）电脑端微信账号登录

（1）打开微信官网，找到微信网页版，如图6-8所示。

图6-8　微信网页版

（2）点开"微信网页版"，使用手机微信扫描登录，如图6-9所示。

图6-9　扫描登录微信网页版

(3) 手机确认登录微信网页版，如图 6-10 所示。

(4) 手机确认后，便可正常使用微信网页版，如图 6-11 所示。

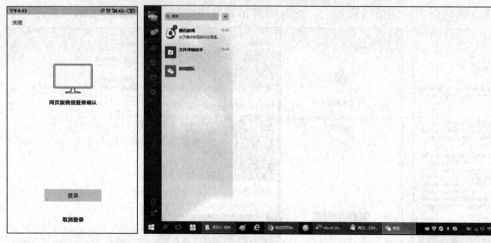

图 6-10　手机确认登录微信网页版　　　　图 6-11　微信网页版登录成功

4. 微信跨境电子商务支付与结算的费用

一般来说，用户在境外支持微信付款的商户门店消费，以及在跨境电子商务平台上购物时，均无手续费，或仅收取少量手续费，汇率按照实时汇率计算。

5. 微信跨境电子商务支付与结算的流程

用户在境外支持微信付款的商户门店消费时，只需登录微信并出示付款二维码，商家扫码，用户即可完成付款，流程相对简单。

（1）下载手机微信。

（2）在首页中点击"我"。

（3）点击"钱包"。

（4）点击"收付款"。

（5）随后会出现向商家付款的二维码，将二维码出示给商家扫描即可完成付款。

6.2　支　付　宝

6.2.1　支付宝概述

1. 支付宝平台简介

支付宝（中国）网络技术有限公司是国内领先的第三方支付平台，致力于提供"简单、安全、快速"的支付解决方案。支付宝公司从 2004 年建立开始，始终以"信任"作为产品和服务的核心，旗下有"支付宝"与"支付宝钱包"两个独立品牌，自2014年第二季度开始成为当前全球最大的移动支付厂商。

支付宝主要提供支付及理财服务，包括网购担保交易、网络支付、转账、信用卡还款、手机充值、水电煤缴费、个人理财等多个领域。在进入移动支付领域后，为零售百货、电影院线、连锁商超和出租车等多个行业提供服务，还推出了余额宝等理财服务。

2. 支付宝的主要特征及盈利模式

1) 第三方支付平台

目前，除网上银行、电子信用卡等手段之外，还有一种支付方式也可以相对降低网络支付的风险，那就是迅猛发展起来的第三方机构的支付模式及其支付流程。这个第三方机构必须具有一定的诚信度，在实际操作过程中，它可以是发行信用卡的银行本身。在网络支付时代以前，信用卡卡号以及密码的披露只在持卡人和银行之间转移，降低了通过商家转移而导致的风险。当第三方为除了银行以外的具有良好信誉和技术支持能力的某个机构时，支付则通过第三方在持卡人或者客户和银行之间进行。持卡人首先和第三方以替代银行账号的某种电子数据的形式传递账户信息，避免了持卡人将银行信息直接透露给商家，另外也可不必登录不同的网上银行界面，取而代之的是每次登录时，都能看到相对熟悉和简单的第三方机构的界面。第三方机构与各个主要银行签订有关协议，使得第三方机构与银行可以进行某种形式的数据交换和相关信息确认。这样第三方机构就能在持卡人或消费者与各个银行，以及最终的收款人或者商家之间建立起支付流程。

支付宝具有以下几个主要特征。

（1）安全。支付宝提供担保交易，货到付款，最大限度确保买卖双方货款都安全无损。支付宝安全法宝是指支付宝通过实名认证、数字证书和手机动态密码等手段提升账户安全，其安全优势包括：128位SSL（secure sockets layer，安全套接字协议）加密传输技术，确保交易信息的安全；风险控制系统24小时运作，做到事前防范、事中控制与事后处理相结合；订单管理与资金进出分权限管理，保障账户操作安全；全国唯一一家在银行进行资金托管的第三方支付公司，确保资金安全。

（2）简单。支付宝操作流程简单，交易、账单管理体系一目了然；提供全套在线资金结算服务，简化传统业务流程；7×24小时服务热线，及时解决客户的各种问题；绑定支付宝卡通业务，银行资金及时到账；支持全国95%以上的银行，其中包括15家全国范围银行以及众多的地方性商业银行，外加移动端与线下支付功能，为用户提供多种充值及支付渠道，能够极大地方便用户的使用。

（3）快捷。支付宝提供的即时到账业务能够加快资金的周转速度；绑定"支付宝卡通"业务，银行资金能够及时到账。

2) 支付宝的盈利模式

（1）沉淀资金。消费者使用支付宝实现网上购物是实时付款，而支付宝支付给网店的货款则是按周甚至按月结算。以平均结算周期为半个月计算，沉淀资金高达60亿元，支付宝的账户上随时都会有超过60亿元的资金供支付宝使用，每年的利息收入也将超过2亿元人民币，而且随着电子商务的发展，网购规模不断扩大，支付宝能够使用的资金也随之壮大。

（2）服务佣金。目前第三方支付企业首先和银行签订协议，确定给银行缴纳的手续费率。然后，第三方支付平台根据这个费率，加上毛利润即为服务佣金，据此向客户收取费用。

（3）广告收入。支付宝主页上发布的广告针对性强，包括横幅广告、按钮广告、插页广告等。总体上看，广告布局所占空间较少，布局设计较为合理，体现出内容简洁、可视性强的特点，而且主页上也还有若干公益广告，可以让用户了解更多的技术、行业信息。

（4）金融增值性服务。支付宝提供的金融增值服务内容主要涉及的领域有：转账功能，包括转账付款、AA收款、担保收款、担保付款、团队收款、交房租、我要收款等；快速提现功能；缴费功能，包括交通罚款代办、话费卡转让等；安全类产品，包括短信校验服务（单笔付款金额超过500元或每日累计付款超过1000元免费，除此之外额度费用为0.6元／月）；信用卡支付功能，包括信用卡分期付款、信用卡即时支付等；国际支付功能，包括在非中国大陆地区发行的信用卡、借记卡、预付卡或在非中国大陆地区开立的银行账户等进行支付的，有中国香港PPS、境外信用卡支付或境外信用卡快捷支付等；支付宝推出的其他收费服务。

3. 支付宝的主要支付方式

1）支付宝余额

当支付宝账户中有余额时，直接输入支付密码即可用余额进行支付。如将银行卡与支付宝账户合二为一，从此无须在付款时登录网银，只需输入支付密码，即可轻松使用银行卡上的余额完成支付，同时避免了网银密码外泄的风险，就像刷卡一样安全、方便。

2）附加功能

实现实时提现功能，真正实现"零等待"，自动帮助用户完成支付宝认证，收款、开店两不误。

3）网上银行

支付宝支持全国14家主流银行网银，使用支付宝付款时，用户可以自由选择任一银行的网银进行支付。

4）国际卡支付

支付宝支持香港发行的带有VISA/MasterCard标志、开通3D认证的信用卡，用户只需在付款时登录相应网银，即可享受购物乐趣。

4. 支付宝的主要支付分类

1）快捷支付

快捷支付是指支付机构与银行合作直连，形成一个高效、安全、专用（消费）的支付方式。在推出快捷支付之前，大部分网络支付借由网络银行完成，网络银行存在支付成功率低、安全性低等固有问题。此外，除大银行之外，国内一千多家银行中仍有大量城镇银行尚未开通网银服务。

快捷支付解决了上述问题，支付成功率达到95%以上，高于网银的65%，且快捷支付用户资金由支付宝及合作保险公司承保，若出现资损可获得赔偿。

2010年12月，中国银行与支付宝推出第一个信用卡快捷支付服务。截至2014年5月，约有180多家银行开通了快捷支付服务。

在支付宝推出该业务之后，财付通、银联等第三方支付机构都相继推出了"快捷支付"服务。

2）手机支付

2008年，支付宝开始介入手机支付业务，2009年推出首个独立移动支付客户端，2013年年初更名为"支付宝钱包"，并于2013年10月成为与"支付宝"并行的独立品牌。

用户下载安装"支付宝钱包"，使用支付宝账号登录就能使用。2014年3月，支付宝每天的手机支付笔数已经超过2500万笔。

3）二维码支付

2010年10月，支付宝推出国内首个二维码支付技术，帮助电商从线上向线下延伸发展空间。其使用方式为：用户在"支付宝钱包"内点击"扫一扫"，对准二维码按照提示就能完成支付。

2011年7月1日，支付宝在广州发布"条码支付"（BarcodePay），适合于便利店等场景使用。这是国内第一个基于条形码的支付方案。使用二维码支付时，用户在"支付宝钱包"内点击"付款码"，收银员使用条码枪扫描该条码即可完成付款。

4）声波支付

2013年4月12日，支付宝与合作方青岛易触联合推出全球首个声波售货机。其使用方式为：用户在支持声波支付的售货机等场景下，选择商品，然后在"支付宝钱包"内点击"当面付"，按照提示完成支付。

5）NFC（近场通信）支付

2012年7月31日，支付宝推出利用NFC、LBS（基于移动位置服务）等技术的新客户端。随后这一技术方案得到进一步改进。2014年4月28日，支付宝钱包8.1版支持NFC功能，用户可使用该功能向北京公交一卡通进行充值。其使用方式为：将公交卡等放置在具有NFC功能的安卓手机背面，即可查询公交卡余额以及充值。值得注意的是，支付宝移动支付均为远程在线支付方案，NFC在其中的作用为"近场握手、远程支付"，与统称的NFC概念略有差异。

6）iptv支付

2012年3月29日，华数传媒与支付宝推出互联网电视支付，实现3秒支付。其使用方式为：注册为华数会员，并关注服务窗号，使用"支付宝钱包"扫描电视上的二维码完成支付。

7)指纹支付

2014年7月16日,移动支付平台支付宝钱包宣布试水指纹支付服务。支付宝钱包用户在三星智能手机 GALAXY S5 上已能使用这一服务。这是国内首次在智能手机上开展的指纹支付尝试,此举不仅给用户带去更安全、便捷的支付体验,也意味着国内移动支付产业从数字密码时代跨入生物识别时代。

6.2.2 支付宝账户的注册与管理

1. 支付宝账户的注册

(1)登录支付宝注册官网(https://www.alipay.com),选择自身用户类型,有合作伙伴、商家用户以及个人用户三种选项,如图6-12所示。

图6-12 选择用户类型

我们以个人用户为例。如果是已注册用户,直接点击"登录"按钮进行登录;如果是新用户,则须点击"注册"按钮进行注册后才能使用,如图6-13所示。

图6-13 支付宝新用户注册

(2)点击"注册"并进入相关注册界面后,系统跳转至下一页,出现支付宝"服务协议、隐私权政策及开户意愿确认",点击"同意",如图6-14所示。

(3)点击"个人账户",默认选择"中国大陆",输入手机号码和验证码,点击"下一步",如图6-15所示。

第 6 章 跨境支付与结算平台（Ⅰ）——国内平台

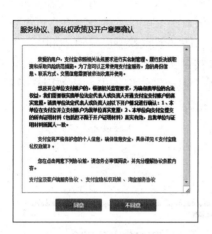

图 6-14 同意支付宝"服务协议、隐私权政策及开户意愿确认"

图 6-15 选择个人账户

（4）输入手机收到的校验码，点击"下一步"（系统默认为手机号码注册，填入的手机号如已注册过，会提示"此手机号码已经被注册，请更换号码注册或登录"）。

（5）如果一直没有收到校验码，可点击"重发校验码短信"。

（6）填写账户基本信息（账户注册成功则默认支付宝账户绑定手机）。其中，"真实姓名"为必填项，需要用户输入真实姓名。注册完成后不可修改，如图 6-16 所示。

图 6-16 填写账户基本信息

（7）点击"确认"成功后，此时有可能会出现两种情况。

第一种：① 未通过身份证验证，可以在网上购物，但不可以充值、查询收入明细，收款金额会被冻结（解决方法：点击完成"实名认证"，可查看实名认证流程）；② 原来已有支付宝账户通过了实名认证，请点击"关联认证"操作。

第二种：通过身份信息验证，可以使用支付宝所有功能（但收款额度只有 5000 元/年，解决方法：完成实名认证后，无收款额度限制，可查看实名认证流程）。

① 姓名和身份证号码通过身份信息验证后，页面提示银行绑定银行卡，输入用户银行卡卡号及该卡银行预留手机号码，点击"确定"，输入校验码，点击"确认，注册成功"，完成开通支付宝服务且绑定银行卡成功，如图 6-17 所示。

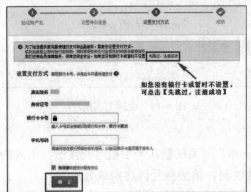

图 6-17 注册成功

② 开通支付宝服务成功，点击"完善账户信息"补全用户职业及身份证有效期信息，如图 6-18 所示。

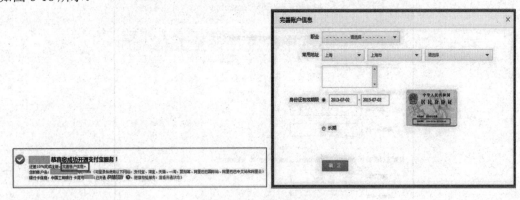

图 6-18 完善账户信息

2. 支付宝账户的管理

支付宝账户注册成功后，用户登录支付宝后，可进行支付宝账户的管理，包括修改登录密码、修改支付密码、修改账户名、处理安全保护问题、修改头像及收货地址等。

1）重置支付密码

（1）首先，登录个人支付宝账户，在支付宝首页点击"登录"，如图 6-19 所示。

第 6 章 跨境支付与结算平台（Ⅰ）——国内平台

图 6-19　登录支付宝

（2）登录个人账户，点击"安全中心"，如图 6-20 所示。

图 6-20　安全中心

（3）系统跳转到下一页，在"安全管家"中选择支付密码"重置"，如图 6-21 所示。

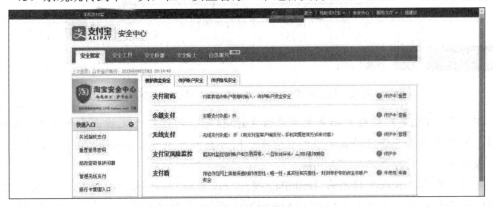

图 6-21　支付密码重置

（4）点击"重置"后，系统跳转到密码重置页面，用户可根据自己的选择重置密码，如图 6-22 所示。

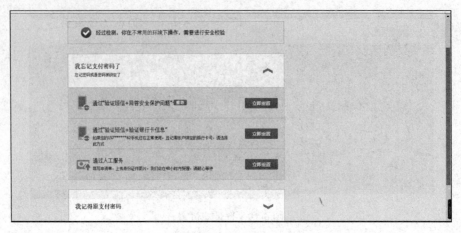

图 6-22　重置密码

2）重置登录密码

选择"安全中心"→"安全管家"→"快速入口"→"重置登录密码",然后选择图 6-23 所示的不同方式,即可修改登录密码。

图 6-23　重置登录密码

案例 6-2

蚂蚁金服国际化再下一城　吞并 HelloPay 更名为 Alipay

继宣布 10 亿美元控股东南亚电商平台 Lazada 后,阿里巴巴又放出一个大招。据外媒报道,阿里巴巴旗下公司蚂蚁金服昨日宣布,Lazada 旗下在线支付公司 HelloPay 将并入蚂蚁金服团队,并同时更名为"Alipay"。

之后,东南亚在线支付平台 HelloPay 将统一改名为"Alipay"(即支付宝),并分别以 Alipay Singapore(支付宝新加坡)、Alipay Malaysia(支付宝马来西亚)、Alipay Philippines(支付宝菲律宾)和 Alipay Indonesia(支付宝印尼)各分支的形式存在。

和讯网就此向蚂蚁金服求证此事,得到了肯定的回复。据蚂蚁金服透露,HelloPay 的团队将加入蚂蚁金服设立在新加坡的办公室。合并后,蚂蚁金服将控制 HelloPay 支付业务的运营,但会维持 HelloPay 现有的功能和服务。改名后的 HelloPay 会与 Alipay 保持独立,并继续为 Lazada 平台的买卖双方提供第三方支付服务。

公开资料显示，2016 年 4 月 12 日，阿里巴巴 10 亿美金控股电商平台 Lazada，由此掀起中国互联网巨头进军东南亚市场的浪潮。

资料来源：蚂蚁金服国际化再下一城 吞并 HelloPay 更名为 Alipay[EB/OL].（2017-04-21）.http://www.100ec.cn/detail--6393798.html，内容有改动。

6.2.3 支付宝跨境电子商务支付与结算

1. 支付宝跨境电子商务支付与结算的优势与风险

1）支付宝跨境电子商务支付与结算的优势

（1）方便快捷。无论是境内消费者在境外消费，还是境内消费者在跨境电子商务平台上购买境外商品，都可以通过支付宝进行付款。无论是境内用户跨境付款给境外商家，还是境外用户跨境付款给境内商家，都可以通过支付宝国际汇款实现，且操作起来非常方便快捷。

（2）覆盖面广。截至 2018 年 3 月，中国境内游客能在境外 36 个国家和地区的数十万家商户使用支付宝付款并享受即时退税，境内消费者也能在众多的境外跨境电子商务平台上购物时通过支付宝付款给境外商家。支付宝国际汇款可支持 10 种主流外币的国际汇款。

（3）资金到账快。境外实体店支付宝扫码付款、境外跨境电子商务平台支付宝购物付款都可以实现实时到账，即便是支付宝国际汇款，也能够实现短时间到账，几乎等同于实时到账。同时，针对境外购物也能实现快速退税。

（4）安全。大部分中老年游客习惯使用现金，但现金的使用存在诸多问题。首先，我国境内兑换外币有一定的限额，难以满足所有消费需求。其次，消费者无论是在境内还是境外兑换外币都将支付一定的手续费，从而增加了旅游的消费成本，消费积极性在一定程度上受到了抑制。此外，出门携带大量现金很不安全。相对于现金，刷卡消费虽然更为安全，但跨境刷卡消费仍需支付一定的手续费，并且需要输入密码和签字，交易程序相对复杂。在网上使用银行卡结算时，往往还需通过手机接收验证码来完成支付，这就需要消费者开通与银行卡绑定的手机号的境外通信功能，而很多消费者在出境旅游前并未考虑到这一点，且开通此项功能也需要一定的成本，因此也给境外在线支付造成了困难。

传统支付手段给商业交易带来的种种壁垒需要通过创新手段加以解决。支付宝作为第三方支付平台，其扫码支付功能及指纹密码锁功能为用户提供了安全快捷的支付解决方案，降低了境内游客在境外旅游消费的成本，且使交易更加便利、可靠。

2）支付宝跨境电子商务支付与结算的风险

（1）法律风险。支付宝移动支付是近年来新兴的支付方式，这一领域的国内法律法规及国际公约还不够完善，跨境的移动支付更将面临一系列法律风险，其中一项重要的问题就是账户资金安全的法律风险由谁承担，而针对不同的安全问题，其相应的安全保障责任分配也不尽相同，适用的法律管辖权也有差异。

（2）黑客风险。支付宝移动支付是依托移动网络和智能手机共同完成的，其本身的账户资金安全并不能得到百分之百的保证，因为移动网络仍然可能遭受黑客入侵，从而导致资金被盗。

（3）用户个人风险。支付宝跨境支付的场景往往是境内用户在境外旅游消费或在境内付款给境外商家，这种支付场景相对匆忙，用户对自己的身份证、账户密码及智能手机保管不善将很容易造成账户资金被盗。

2. 支付宝跨境电子商务支付与结算的费用

一般来说，境内客户在境外支持支付宝付款的商户消费，以及境内用户在境外跨境电子商务平台上购物时，都没有手续费，汇率按照实时汇率计算。通过支付宝汇款给境外家人、朋友时，全部手续费=境内银行手续费+境外银行手续费，其中，境内银行手续费 50 元 / 笔，境外银行手续费由境外银行计算并收取。

3. 支付宝跨境电子商务支付与结算的流程

下面以亚马逊中国站为例来说明支付宝跨境电子商务支付与结算的流程。

（1）登录亚马逊账户，如图 6-24 所示。

（2）选择一个产品，点击"立即购买"，如图 6-25 所示。

（3）点击"购买"之后，选择"支付宝结算"，如图 6-26 所示。

图 6-24 亚马逊首页

图 6-25 选择产品

图 6-26 支付宝结算

（4）点击"继续"，会出现一个扫码页面，如图 6-27 所示。

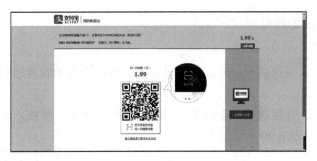

图 6-27 支付宝扫码支付

（5）扫码支付后，系统会显示支付成功，如图 6-28 所示。

图 6-28 支付成功

6.3 连连支付

6.3.1 连连支付概述

1. 连连支付简介

连连银通电子支付有限公司（以下简称"连连支付"）是专业的第三方支付机构，是中国领先的行业支付解决方案提供商。该公司于 2003 年在杭州高新区成立，注册资金 3.25 亿元，是连连集团旗下全资子公司。连连支付是中国（杭州）跨境电子商务综合试验区首批战略合作伙伴。

连连支付于 2011 年 8 月 29 日获得中国人民银行颁发的《支付业务许可证》，业务类型为互联网支付、移动电话支付，覆盖范围为全国，并于 2016 年 8 月 29 日完成支付业务许可证续展。同时，该公司于 2015 年 1 月 12 日获得中国人民银行杭州中心支行许可，正式开展电子商务跨境人民币结算业务，并于 2015 年 2 月 13 日获得国家外汇管理局浙江省分局许可，正式开展跨境外汇支付业务。

基于跨境贸易及移动支付高速发展的现状，为满足各企业商家在交易环节中不断增加的收/付款需求，连连支付打造出以跨境支付、移动支付、O2O 支付、大数据风控为业务核心的全球化支付解决方案，极大地缩短了跨境贸易商家的资金汇兑周期，提升了全球贸易企业的货币处理效率，助推了互联网交易产业的进一步完善。

2. 连连支付产品的特点

1）跨境收款

（1）高效收款，快速提现。连连支付可让用户获得极致的收款体验，随时提现，快速到账，如图 6-29 所示。

（2）安全可靠，合规透明。连连支付同时拥有境内外支付牌照，可在自有体系内完成资金全链路流转，如图 6-30 所示。

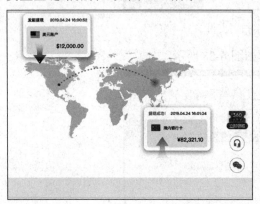

图 6-29　高效收款，快速提现

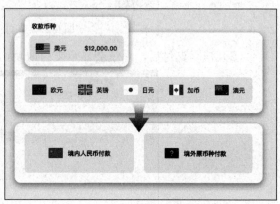

图 6-30　安全可靠，合规透明

（3）多平台、多店铺统一管理。低成本、易操作，化繁为简、一步到位，如图 6-31 所示。

（4）多币种收款。支持美元、日元、英镑、欧元、加元、澳元、港币、印尼盾、新加坡元、迪拉姆等十余种货币收款，在帮助用户减少汇损的同时，满足其多样化的付款币种需求，如图 6-32 所示。

（5）零汇损，所见即所得。多家合作银行实时现汇买入价，可灵活掌控结汇时间，准确预知到账金额，消灭隐形汇损，如图 6-33 所示。

（6）全球平台收款。连连支付的收款功能支持全球二十多个电商平台及独立站。其高效创新的跨境支付解决方案、稳定安全的通道让用户用得放心、收得安心，如图 6-34 所示。

图 6-31　多平台、多店铺统一管理

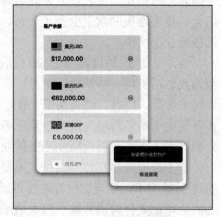

图 6-32　多币种收款

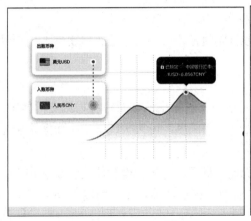

图 6-33　零汇损，所见即所得

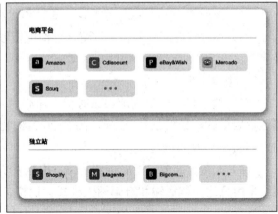

图 6-34　全球平台收款

2）退税管家

（1）助力跨境卖家提升最高 10%净利润。退税管家能够帮助跨境卖家增加营收，为企业减负，通过产品退税率、工厂开票成本等，可帮卖家最高提升 10%净利润。

（2）卖家最快 3 个工作日可收到退税款项。大幅缩短退税周期，相比自行退税节省 1～3 个月时间，缩减烦琐流程，连连支付与外贸综合服务平台合作并提供一站式服务。

（3）正规享受国家出口退税福利。由具备十余年行业经验的外贸综合服务平台服务商为连连支付跨境卖家完成正规化退税流程。

3）VAT 付款

（1）覆盖欧洲和中东地区，包括英国、德国、西班牙、法国、意大利、阿联酋、沙特阿拉伯等。

（2）实现收付一体。跨境电商平台欧洲店铺资金收款至连连支付平台，可直接用于缴纳 VAT 税费。

（3）省时省心。无须提款，无须汇兑，高效、省心。

4）一键开店

（1）对接全球跨境电商平台，开店收款一步到位，与 Amazon、Wish、eBay、JD.ID、Shopee、FNAC、Meesho、Qoo10 主流平台官方合作。

（2）开辟绿色开店通道，缩短审核时间，大幅提升开店成功率，可快速开店，立享福利，助力卖家布局全球市场。

5）索赔大师

（1）服务费率低至 18%。手动/自动双模式支持，全流程记录存档，确保数据安全。

（2）店铺利润最高有机会增加 30%。由美国资深服务商提供服务，如全面识别亚马逊过去最长 18 个月产生的误算，可提供高达 27 种索赔场景。

6）小程序

（1）无须下载，触手可用，打开微信，搜索"连连跨境支付"小程序，即可享受移动支付实时服务。

(2)随时查余额,随时可提款,随时享优惠(中国法定节假日除外)。

(3)实时掌握汇率变化。可随时查询中国银行实时汇率,并可进行跨境卖家专用币种换算。

7)跨境物流

(1)随心付,开启物流白条时代。随心付是连连支付推出的全新跨境物流支付体验,先运货后付款,最长免息 45 天,高达 20 万的物流账期额度,可大大缓解中小卖家资金压力,如图 6-35 所示。

(2)大数据匹配,智能推荐物流。根据发货地、货品、时效一键智能匹配最优物流方案,采用直达头程运输和直邮两大模式,价格、时效、评价清晰可见,如图 6-36 所示。

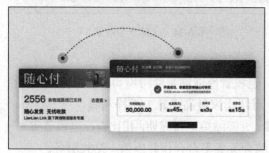

图 6-35 随心付

图 6-36 跨境物流智能服务平台

(3)金牌专供,丢必赔、慢必赔。由金牌物流商提供服务,为时效、安全护航。先妥投后交款,下单到清关采用全链路跟踪,物流轨迹一目了然。

8)跨境金融

(1)提前宝 Plus。提款升级,可缩短 7~30 天账期,可提款金额每日更新,所见即所得,快速提款。

(2)订单贷。基于订单融资,期限 90 天,支持主动还款,资金规划更灵活。

(3)大桥贷。纯信用贷款,额度可循环使用,仅限香港连连支付跨境企业用户。

3. 连连支付安全保障特点

1)监管合规

连连支付严格遵守全球多地的金融监管政策,始终坚持合规先行,拥有境内外五十多张支付牌照及相关资质,可为用户的每一笔交易保驾护航。

2)安全认证

连连支付安全资质齐全,可全方位保障用户的信息安全,且平台紧跟行业内信息安全发展趋势,权威认证可确保安全措施行之有效。

3)资金安全

在合规、合法的监管执行下,连连支付可有效保障用户资金的安全。

4)反欺诈

连连支付拥有智能风控引擎,可为用户的每一笔交易保驾护航。连连支付自主研发了反洗钱、反欺诈双引擎系统,资金损失防范率处行业第一梯队。

5)系统安全

连连支付提供全天候在线服务,软硬件环境安全可信;24小时提供持续性保障,可扫除用户的后顾之忧。

6)隐私保护

连连支付以强大的加密措施保护用户个人信息的安全,同时以严格的制度、流程来管控信息流转,未经用户许可,绝不会将用户信息泄露给任何第三方公司。

连连支付开启亚马逊阿联酋站本地收款服务

据2019年8月15日有关消息,连连跨境支付推出亚马逊阿联酋站本地收款服务。据了解,今年年初,连连跨境支付向所有直接入驻亚马逊阿联酋站的中国卖家提供收款服务,帮助中国卖家开拓新市场,并且亚马逊阿联酋站首次在7月份参加Prime Day大促。此次连连跨境支付推出亚马逊阿联酋站当地货币迪拉姆(AED)收款服务,可节省由于不同货币多次兑换所产生的额外汇损和货币转换费。

据悉,研究机构BMI Research指出,阿联酋电商市场规模到2020年将占中东市场的45.6%。且据Deloitte的Going Digital报告显示,阿联酋超过80%的互联网渗透率使其成为全球互联网普及率最高的国家之一。

此外,据谷歌和贝恩咨询公司联合发布的2019年《中东电商报告》预测,到2022年,中东和北非地区的电子商务市场有可能增长3.5倍,总市值将达到285亿美元,渗透率将达到零售总额的7%,其中预计阿联酋每年增长31%。

同时,亚马逊阿联酋站今年正式打开中东市场,与Souq.com正式合并,统一入口为Amazon.ae,中国卖家持中国大陆营业执照即可入驻。

亿邦动力了解到,连连支付是浙江省级高新企业,成立于2003年,注册资金3.25亿元,是第三方支付机构,也是中国行业支付解决方案提供商。其业务涵盖全国范围的互联网支付、移动手机支付业务。2013年11月起,连连支付与中国银行义乌分行合作开展跨境人民币收支业务。

资料来源:连连支付开启亚马逊阿联酋站本地收款服务[EB/OL].(2019-08-16). http://www.100ec.cn/detail--6523259.html,内容有改动。

6.3.2 连连支付跨境电子商务支付与结算的特点和模式

1. 连连支付跨境电子商务支付与结算的特点

1)方便快捷

国内亚马逊商家通过连连支付提现,最快到账速度为6~7秒,一般2小时内就能提现到账。PayPal账户提现的到账时间为3~4天,仍比提现到银行卡的速度要快。

2）成本低

连连支付的亚马逊提现手续费是 0.7%，与跟亚马逊官方合作的其他企业相比，连连支付的费用是最低的。通过连连支付，用户将 PayPal 中的外币提现为人民币，手续费仅为 1.2%，除此之外，无其他费用。

3）安全可靠

连连支付在跨境支付业务的安全性上仅次于支付宝和微信支付，其获得了中国人民银行和国家外汇管理局的支付业务许可、跨境人民币结算业务许可和跨境外汇结算业务许可，拥有中国人民银行和国家外汇管理局双重从业许可权威认证，资金操作更安全。

2. 连连支付跨境电子商务支付与结算的模式

连连支付跨境电子商务支付与结算的模式目前主要包括：帮助商家在亚马逊店铺的跨境收款、提现以及 PayPal 账户提现。

1）帮助商家在亚马逊店铺的跨境收款、提现

连连支付的跨境收款是由连连支付专门为中国跨境电子商务卖家打造的一款产品。连连支付的跨境收款支持亚马逊北美站、日本站和欧洲站等五大站点，一次性打通美元、日元、欧元、英镑四大主流币种，可为跨境电子商务卖家提供便捷的国际化收款服务。无论卖家在亚马逊哪个站点销售产品，连连支付的跨境收款都能提供高效安全的收款服务，真正助力卖家们"卖全球"。

在亚马逊上开店，境外客户不可能把钱直接打到境内商家的境内银行账户上，境内商家一定要用境外银行账户去收钱，于是就有了三种跨境收款方式。

第一种是境内卖家自己去境外设立银行账户，用这个账户收钱。一般正规的做法是先在境内成立公司，类似于母公司，然后在境外成立一家子公司，如境内这家公司叫 A 公司，境外的那家公司叫 B 公司，用 B 公司去做亚马逊，钱会直接打到 B 公司，然后 B 公司再以传统贸易形式把资金转过来，这样就形成了一个闭环。

第二种是离岸账户，这也是很多传统贸易公司的做法。这些公司在境外有一些离岸账户，而这些离岸账户也可以收亚马逊的钱，但亚马逊会收取 3.5%的货币损耗费。例如，用美国的账户去收欧洲的钱，这样亚马逊就会收取 3.5%的货币损耗费，这个比例是相当高的。现在 90%以上的卖家都是通过第三方支付来开设境外银行账户，这样的方式有以下几个优点：第一，操作简便；第二，成本不会特别高；第三，不需要那么多手续，且收款速度非常快，可能一两天就到账。

第三种是使用类似连连支付的跨境收款服务。连连支付的亚马逊提现手续费是 0.7%，在亚马逊的所有站点，所有币种都能收取，包括美元、欧元、英镑、日元，而且提现到账速度很快，能够为跨境电子商务卖家提供专业、灵活、高效、便捷的国际跨境收款服务。

2）PayPal 账户提现

连连支付通过和 PayPal 合作，推出了可选择性人民币提款服务，商户能将账户中的余额以人民币的形式提取出来，从而大大减轻了商户的现金流压力，提升了交易的便捷性。PayPal 账户提现具有以下几个特点：

(1) 没有人均每年 5 万美元的外汇限制。
(2) 该业务只面向中国公民、中国企业注册的 PayPal 账户。
(3) 兑换汇率按中国银行当天美元现汇牌价。
(4) 该项人民币提款业务手续费仅为 1.2%，到账时间为 3～4 天，无其他任何费用。
(5) 最低提现额是 150 美元，单笔最高为 1 万美元；每天提现不超过 5 笔，每天提现限额为 3 万美元。

下面两种情况可以考虑使用 PayPal 账户提现。
(1) 经常有小金额提现的需求。比如，一单收了 500 美元，想要提出来，电汇手续费是单笔 35 美元，加上银行中转费 8～12 美元，到账 450 美元左右。使用人民币提现之后，手续费为 6 美元（500×1.2%），且无其他费用。
(2) 个人结汇额度 5 万美元用完。外汇管制是人均一年 5 万美元的结汇限制，而 PayPal 人民币提现没有 5 万美元的外汇限制。

6.3.3 连连支付跨境电子商务支付与结算的流程

以下是连连支付的跨境电子商务支付与结算流程（以亚马逊收款为例）。
(1) 登录连连支付用户网站，点击"立即注册"。
(2) 申请境外收款账户。
(3) 账号的店铺配置。
(4) 安全更换亚马逊收款账号，绑定连连支付的银行账号（9 位收款路线号码）即可。

☆ 知识扩展

连连支付关联 PayPal 账户收款

6.4 易宝支付

6.4.1 易宝支付概述

易宝支付（YeePay.com）是中国行业支付的开创者和引领者，于 2003 年 8 月 8 日成立，总部位于北京，在上海、广东、江苏、福建、广西、天津、云南、四川、浙江、山东、陕西等地设有 30 家分公司。

易宝支付作为行业支付专家,在 2006 年首创行业支付模式,陆续推出网上在线支付、信用卡无卡支付、POS 支付、一键支付等创新产品,先后为航空、旅游、教育、电信、保险、新零售、消费金融等众多行业提供了量身定制的行业支付解决方案,为产业转型及行业变革做出了积极贡献,并保持着在行业内的领先地位。2011 年 5 月,易宝支付获得中国人民银行颁发的首批支付牌照,并于 2016 年首批成功续展。2013 年 10 月,易宝支付获得国家外汇管理局批准的跨境支付业务许可证。

面对如今的移动支付大潮,易宝支付创新推出移动支付产品"一键支付",发布了针对 O2O 行业的支付解决方案之———掌柜通,助力"华为钱包"打造生态体系,在移动支付领域持续保持着领先地位。2016 年,易宝支付成为苹果公司认证通过的首批安全支付服务提供商,支持商户 App 实现 Apple Pay 服务,助力中国国际航空公司成为国内首家支持 Apple Pay 的航空公司。2017 年,易宝支付创新推出"银管通"产品,助力网贷平台与银行实现高效资金存管对接,并在第六届中国金融科技峰会上斩获"2017 年度十佳支付平台"称号。

目前,易宝支付服务的商家超过 100 万家,其中包括百度、京东、360、完美世界、中国联通、中国电信、中国国际航空公司、中国南方航空公司、中国东方航空公司、携程网、途牛旅游网、中国人民财产保险、阳光保险、掌合天下等,并长期与中国工商银行、中国农业银行、中国银行、中国建设银行、中国银联、VISA、MasterCard 等近百家金融机构建立战略合作关系。易宝支付在业界树立了良好的口碑,先后获得"中国移动支付最具影响力企业""最佳电子支付平台""中国互联网 100 强"以及"2016 年、2017 年跨境电子商务年度大奖之最具人气跨境支付与结算平台"等荣誉,得到了跨境电子商务支付与结算行业的认可。

6.4.2 易宝跨境电子商务支付与结算业务模式

易宝支付跨境电子商务支付与结算业务模式目前主要包括快捷支付和跨境收付款等。

案例 6-4

易宝支付战略投资保险科技公司微保科技

猎云网近日获悉,易宝支付宣布战略投资保险科技公司微保科技,双方将在保险行业展开全面合作。

易宝支付副总裁廖睿表示,其一直深耕行业支付方案,并在航旅支付领域获得了不错的成绩,并且其看好保险行业,认为该行业将是比航旅更大的市场。

据企查查信息显示,北京微保科技有限责任公司成立于 2014 年 4 月,法定代表人为杨斌。微保科技是国内第一家,也是目前唯一一家专注为保险公司提供保险资金交易管理综合解决方案的保险科技企业。该企业专注服务于保险行业,用科技赋能保险行业,始终秉承"技术创新,合作共赢"的经营理念,致力于成为保险资金交易管理最专业的运营服务商、国内领先的保险科技企业。

据了解，微保科技创始人及核心团队由保险行业资金管理和支付行业、IT行业专家组成，公司具有技术先进性、资金管理专业性、运营服务高效性的核心优势，拥有保险收付费解决方案（W系统、S平台）、慧金（资金）交易管理平台（V系统）和保险账户系统三大核心能力。这三大核心能力已逐渐输出至40多家保险公司，累计交易金额超过1000亿元人民币，大大提高了保险资金的收付效率和管理能力。

资料来源：易宝支付战略投资保险科技公司微保科技[EB/OL].（2019-10-28）. http://www.100ec.cn/detail--6531807.html，内容有改动。

6.5 PingPong

6.5.1 PingPong 概述

1. PingPong 简介

杭州智能技术有限公司（简称 PingPong）是一家主体位于杭州的国内知名全球收款公司，主要为中国跨境电子商务卖家提供低成本的境外收款服务。

成立之初，PingPong 就郑重承诺，其跨境收款的所有服务费率绝对不超过 1%，且没有隐性费用和汇损。除了颠覆性的低费率外，PingPong 还以"双边监管、100%阳光透明"的安全和合规标准引领跨境支付行业。

PingPong 与国内跨境出口企业建立起紧密合作关系，并成为中国（杭州）跨境电子商务综合试验区管委会的官方合作伙伴，以及上海自贸区跨境电子商务服务平台的战略合作伙伴。在境内，PingPong 金融按照中国人民银行和国家外汇管理局的监管要求开展业务，符合中国清算业务监管要求。在美国，PingPong 金融拥有注册于全球金融中心纽约的全资子公司 PingPong Global Solutions Inc.，接受美国金融犯罪执法局（FinCen）的监管，遵循相关法律法规及美国监管机构对货币服务企业的要求。

PingPong 金融按照国际支付行业的高标准建立了反洗钱及反恐融资合规体系，对客户及最终受益人进行严格的身份认证和尽职调查，认证客户的银行信息，收集详细的交易信息，通过复杂的交易来监控和防范洗钱或其他金融犯罪行为，PingPong 及其依法设立的 PingPong US、PingPong EU 及 PingPong JP 等子公司在对应各监管区域接受金融监管部门的监督下，合法开展业务。PingPong 的境内资金由中国人民银行授予资质的国内第三方支付及跨境支付机构负责处理。

2017年9月，PingPong 获卢森堡政府颁发的欧洲支付牌照，成为首家获得该牌照的中国金融科技企业。2017年9月18日，PingPong "创变者集会"在深圳召开，会上发布了颠覆性的跨境收款产品"光年"。

2. PingPong 跨境收款特点

1）创新与突破

PingPong 曾率先将行业费率砍去三分之二，由此引领了跨境收款新时代的到来。未来，

PingPong 还将推出多项重大创新型产品,提高中国卖家的资金流转率和全球竞争力。

2)精英团队

PingPong 拥有一支由 IT 和金融方面的精英组成的技术和风险团队,其成员来自华尔街、硅谷以及曾任职于世界五百强等优秀企业的专业人才,PingPong 绝对有足够的信心和能力保障用户隐私以及信息安全。

此外,PingPong 以行业最高标准建立了十分完善的安全交易系统。由于 PingPong 拥有已经通过美国权威第三方机构的独立测试和评估的独家核心技术——PINO 反作弊技术专利,因而绝对有能力为用户信息及资金提供安全保障,而且未经客户授权,PingPong 绝不会将客户的信息透露给第三方。

3)了解国内行情

生长于中国这片土地,PingPong 始终坚持"为中国跨境电商而生"的赤子之心,不断改写行业历史,致力于持续为中国卖家提供更好的服务。

3. PingPong 跨境电子商务支付与结算业务模式

PingPong 跨境电子商务支付与结算业务模式目前主要包括帮助 Amazon、Wish、Newegg 等商家提供跨境收款、提现业务,后续会跟更多的平台进行业务合作。

案例 6-5

PingPong 拟投资 2.5 亿元　建设全球金融科技产业基地

2020 年 3 月 18 日,在杭州高新区(滨江)2020 年扩大有效投资工作推进会上,PingPong、萤石网络、启明医疗、立方控股等 8 家企业与该区进行了"云签约"仪式。

据了解,这是杭州高新区应对统筹疫情防控和经济社会发展做出的实际行动,也是滨江区精准聚焦高新产业发展需求,更是加快建设世界一流高科技园区的重要落笔。今年是 PingPong 成立的第 5 年。这 5 年里,PingPong 以跨境金融科技业务为核心,形成了闭环生态链并构建了全球合规支付网络,为中国中小出口商户打造了专业化、场景化、多元化的服务体系,业已成为全球跨境新经济的重要参与者以及全球最大的跨境支付平台之一。

资料来源:PingPong 拟投资 2.5 亿元　建设全球金融科技产业基地[EB/OL].(2020-03-21).http://www.100ec.cn/detail--6549479.html,内容有改动。

6.5.2 PingPong 跨境电子商务支付与结算的流程

1. PingPong 注册

1)注册 PingPong 账户需要的资料

(1)企业账户。

①用于注册账号的邮箱和手机号码。

②企业营业执照影印件(必须为原件的扫描件或数码照片)。

③如果最终需要人民币入账到企业对公账户,则该企业需要进行"贸易外汇收支企业

名录登记"(深圳地区以外的地区在进行"贸易外汇收支企业名录登记"时,需要企业进行"对外贸易经营者备案登记")。

④ 法定代表人的身份证复印件。

⑤ 若并非法人本人申请的账户,则需提供代理人身份证复印件和企业授权书。

⑥ 电商平台店铺的收款授权信息。

⑦ 初次审核后可能会上传股东身份证件或股权架构图(精确到自然人为止,标出占股比例)。

(2)个人账户。

① 用于注册账号的邮箱和手机号码。

② 注册人身份证正、反面照片。

③ 注册人手持本人身份证所拍照片(露脸验证照片)。

④ 电商平台店铺的收款授权信息。

2)注册 PingPong 账户的步骤

(1)进入 PingPong 官网,点击"注册",如图 6-37 所示。

(2)在注册界面填写注册邮箱并进行验证,如图 6-38 所示。

(3)进入邮箱查看,点击继续注册,激活账户,如图 6-39 所示。

(4)完善账号信息,完成注册,如图 6-40 所示。

图 6-37　PingPong 官网

图 6-38　填写注册邮箱信息

图 6-39　进入邮箱激活账户

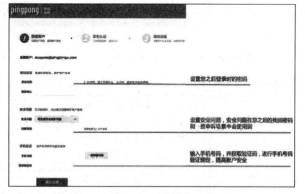

图 6-40　完善账户信息

(5)选择账户类型。

(6)实名信息认证。

2. PingPong 绑定跨境电子商务平台店铺操作流程

下面以 Wish 平台为例,简述 PingPong 绑定跨境电子商务平台店铺的操作流程。

(1)登录到 PingPong 后台,选择"添加店铺",前往 Wish 平台绑定,如图 6-41 所示。

(2)在 Wish 后台的"账户"中,选择"付款设置",如图 6-42 所示。

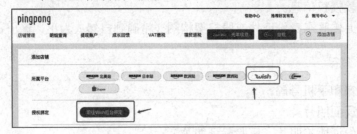

图 6-41　前往 Wish 平台绑定　　　　　　图 6-42　付款设置

(3)在页面左侧付款信息中选择提供商为"PingPong 金融",如图 6-43 所示。

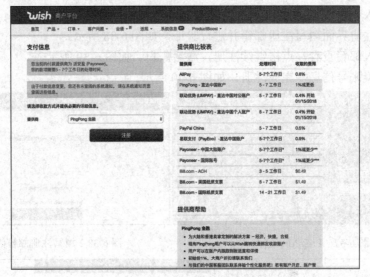

图 6-43　选择提供商

(4)点击"注册",系统跳转到 PingPong 后台确认绑定,店铺绑定完成后,在 PingPong 金融后台对店铺进行授权,如图 6-44 所示。

图 6-44　对店铺授权

(5) 绑定完成后，在 Wish 定期转款日之后的 5~7 个工作日，即可将款项入账到用户的 PingPong 账户。

6.6 一 达 通

6.6.1 一达通概述

深圳市一达通企业服务有限公司是阿里巴巴旗下的外贸综合服务平台，也是中国专业服务于中小微企业的外贸综合服务行业的开拓者和领军者。

通过线上操作及建立有效的信用数据系统，一达通始终致力于持续推动传统外贸模式的革新。通过整合各项外贸服务资源和银行资源，一达通目前已成为中国国内进出口额排名第一的外贸综合服务平台，致力于为中小企业提供专业且低成本的通关、外汇、退税及配套的物流和金融服务。

由于一达通参与了全程贸易，掌握了真实有效的贸易数据，阿里巴巴集团于 2014 年全资收购了一达通，并将一达通列为阿里巴巴打造外贸生态圈中的重要组成部分。基于这些贸易大数据的应用，阿里巴巴集团开始打造信用保障体系，为境外买家的交易保驾护航。除此之外，加入阿里巴巴后，一达通也开始更为茁壮地发展起来。除原有产品线外，一达通还与中国 7 家主要商业银行合作，根据中国供应商的出口数据，提供纯信用贷款的金融服务。在物流方面，通过整合船运公司和货代资源，一达通为客户提供着安全且价格完全透明的整柜拼箱服务。

6.6.2 一达通跨境电子商务支付与结算业务模式

一达通作为一家综合性的外贸服务提供商，其业务主要包括通关/外汇/退税服务、物流服务和金融服务。

案例 6-6

阿里一达通 IC-more：提供一站式智能通关服务

2019 年 7 月 12 日消息，为帮助客户降低通关成本、提高通关效率，阿里巴巴一达通正式推出智能报关产品——IC-more，打造通关全链路的产品服务。

据悉，IC-more 可以为有报关需求的客户提供包含智能录单、舱单信息回填、海关状态实时跟踪、数据云端存储在内的一站式智能通关服务，为平台客户提供确定性的通关服务和真实的报关数据。同时，针对过往货代和报关行信息录入效率低、差错率高、通关信息无法及时获取、跟单成本高等问题，IC-more 也能有效解决。

此外，如一达通平台客户的报关合作伙伴使用 IC-more，不仅可以打造履约交易数据闭环，也为数字化贸易提供了核心基础设施。目前，阿里智能报关服务平台面向有海关申报资质的报关行、货代和一达通平台客户免费开放。用户注册国际站账号后，申请使用一站式智能通关服务平台仅需5分钟。

亿邦动力获悉，IC-more上线迄今，合作报关企业数已经超过260家，已覆盖超过52个行业，累积用户数超过20 000家。

资料来源：阿里一达通 IC-more：提供一站式智能通关服务[EB/OL].（2019-07-12）. http://www.100ec.cn/detail--6517609.html，内容有改动。

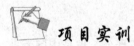

PingPong 收款实操

实训目标

（1）培养学生收集信息的能力；
（2）加深学生对跨境支付与结算平台的了解程度；
（3）培养学生熟练操作跨境支付与结算国内平台的能力。

实训内容

假设你在亚马逊美国站开了一家儿童图书的店铺，你需要使用PingPong来进行收款业务。全班5人为一个团队，以团队为单位收集此款产品上市的相关资料及策划。

（1）如果你选择PingPong来收款，那么你选择的理由是什么？
（2）用PingPong实现亚马逊店铺的收款业务应该怎样操作？

复习与思考

1. 微信的基本功能有哪些？
2. 微信的支付类型有哪些？
3. 支付宝跨境电子商务支付与结算的优势是什么？
4. 连连支付安全保障的特点有哪些？

第 7 章　跨境支付与结算平台（Ⅱ）——国外平台

本章思维导图

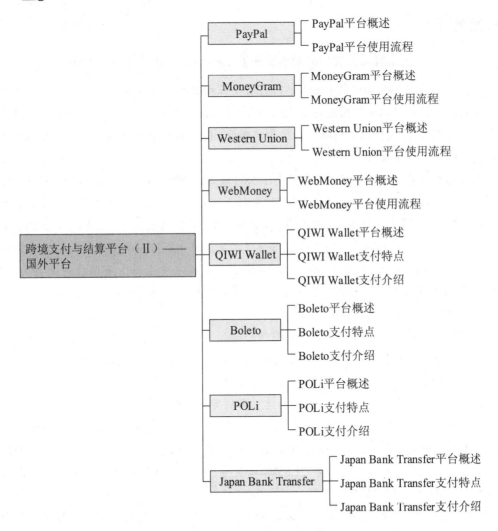

知识目标

- 探讨和列举不同的跨境支付与结算平台；

- 理解 PayPal 的支付流程并学会使用 PayPal；
- 了解 MoneyGram 平台的优点；
- 了解 Western Union 平台使用流程；
- 了解 Webmoney 钱包的类型。

【关键词】

PayPal；MoneyGram；Western Union；WebMoney；QIWI Wallet；Boleto；POLi；Japan Bank Transfer

案例导入

支付宝和微信支付的对手要来了？PayPal 正式进军中国市场

完成对国付宝 70%的股权收购后，PayPal 要正式进入中国市场了。12 月 19 日，PayPal 正式宣布，已完成对国付宝信息科技有限公司（GoPay）70%的股权收购。此前，中国人民银行于 9 月 30 日正式批准这一收购。交易完成后，PayPal 成为第一家获准在中国市场提供在线支付服务的外资支付平台。

天眼查数据显示，国付宝信息科技有限公司成立于 2011 年 1 月，注册资本约 1.4 亿元人民币，法定代表人为童甫，公司经营范围包括互联网支付、移动电话支付、预付卡发行与受理（海南省、陕西省、云南省、湖南省、北京市）等，而童甫也成为原海航最年轻的董事。

目前，公司第一大股东为由美银宝信息技术（上海）有限公司全资控股的北京智融信达科技有限公司，持股比例为 70%，而美银宝信息技术（上海）有限公司为 PAYPAL PTE.LTD 的全资控股公司。公司第二大股东为中国国际电子商务中心全资控股的国富通信息技术发展有限公司，持股比例为 30%。

值得注意的是，北京智融信达科技有限公司原为上海轩创投资管理有限公司全资子公司，而后者由海航科技集团有限公司全资控股。今年 11 月 20 日，上海轩创投资管理有限公司全资公司退出股东，新增股东为美银宝信息技术（上海）有限公司。

作为美股纳斯达克上市公司，PayPal 是一家国际第三方支付企业。公开资料显示，其覆盖全球 200 多个国家和地区，拥有超过 2.86 亿活跃支付账户，支持全球 100 多种货币交易。

根据市场研究机构 Forst&Sullivan 在 2019 年 1 月发布的预测报告，仅仅在移动支付领域，中国市场就能够实现平均每年 21.8%的增长率，金额预计会从 2017 年的 29.93 万亿美元增长到 2023 年的 96.73 万亿美元。

此前，业内评论认为，随着 PayPal 的加入，支付宝、微信支付等本地支付企业或将迎来全新的竞争环境。

资料来源：支付宝和微信支付的对手要来了？PayPal 正式进军中国市场[EB/OL].（2019-12-21）. http://www.100ec.cn/detail--6539534.html，内容有改动。

7.1 PayPal

7.1.1 PayPal 平台概述

1. PayPal 平台简介

PayPal 于 1998 年 12 月由 Peter Thiel 及 Max Levchin 建立,是一个总部位于美国加利福尼亚州圣何塞市的在线支付服务商。PayPal 也和一些电子商务网站合作,成为它们的货款支付方式之一,但是人们用这种支付方式转账时,PayPal 会收取一定数额的手续费。

PayPal 跨境支付平台如图 7-1 所示。

图 7-1 PayPal 跨境支付平台

2. PayPal 平台发展史

PayPal 是倍受全球亿万用户追捧的国际贸易支付工具,即时支付,即时到账,全中文操作界面,能通过中国的本地银行轻松提现,为用户解决外贸收款难题,助力用户开展海外业务。用户注册 PayPal 后,可立即接受信用卡付款。作为世界领先的在线付款服务商,PayPal 的好处有:注册完全免费,集国际流行的信用卡、借记卡、电子支票等支付方式于一身,帮助买卖双方解决各种交易过程中的支付难题。

PayPal 是名副其实的全球化支付平台,服务范围超过 200 个市场,支持的币种超过 100 种。在跨国交易中,将近 70%的在线跨境买家选择用 PayPal 支付海外购物款项。

PayPal 发展史如下。

1998 年,Max Levchin 和 Peter Thiel 成立 Confinity。

1999 年,PayPal 正式上线。

2000 年,Confinity 与 Elon Musk[①]创立的 X.com 合并。

2001 年,X.com 更名为 PayPal。

[①] 在线支付系统 PayPal 的创始人埃隆·马斯克(Elon Musk)出生于南非,18 岁时移民美国。他集工程师、企业家和慈善家各种身份于一身,并且是 PayPal、空间探索技术公司以及特斯拉汽车三家公司的创始人。目前他是空间探索技术公司的首席执行官兼首席技术官、特斯拉汽车的产品设计师。

2002年，PayPal在纳斯达克首次上市，随后被eBay收购。
2003年，PayPal正式开展商户服务业务。
2006年，PayPal通过短信付款进入移动支付领域。
2007年，PayPal在卢森堡获得银行牌照，在新加坡成立国际业务总部。
2008年，eBay收购Bill Me Later。
2009年，PayPal X发布。PayPal支持25种货币结算。
2010年，PayPal发布针对数字商品的支付解决方案，基于安卓平台的PayPal应用上架。
2011年，PayPal收购Zong。
2012年，PayPal发布店内付款产品PayPal Here。
2014年，PayPal发布One Touch（一键支付）功能，Bill Me Later品牌重新命名为PayPal Credit。
2015年，PayPal收购Xoom、CyActive、Modest和移动支付公司Paydiant。
2015年4月10日，PayPal从eBay分拆，并在美国纳斯达克独立上市，股票代码为PYPL。
2016年，PayPal发布Venmo付款。
2017年4月，Android Pay与PayPal合作，PayPal将成为Android Pay用户可使用的移动支付平台。
2017年6月6日，《2017年BrandZ最具价值全球品牌100强》公布，PayPal名列第52位。
2017年7月，PayPal宣布与百度建立战略合作。
2017年9月，PayPal与阿里巴巴全球速卖通达成合作。
2018年3月，PayPal申请到一项新专利，这项专利能够改善用户支付体验，可以更好地与信用卡这种付款方式进行竞争。
2018年5月，该公司斥资22亿美元收购iZettle，两天后又斥资4亿美元收购HyperWallet。
2018年6月，PayPal以1.2亿美元收购防欺诈初创企业Simility。
2018年6月26日，PayPal与八达通宣布合作，推出增值服务。
2018年8月10日，PayPal宣布通过提供定制化收款链接、同时支持PC和移动设备一键支付，以及提供反欺诈技术和卖家保障等方式，帮助中小跨境电商出海。
2018年12月，世界品牌实验室发布《2018世界品牌500强》榜单，PayPal排名第402位。

3. PayPal账户详解

PayPal账户分为三种类型：个人账户、高级账户和企业账户，用户可根据实际情况进行注册，个人账户可以升级为高级账户，进而升级为企业账户；反之，企业账户也可以降级为高级账户或个人账户。

1）个人账户

个人账户适用于在线购物的买家用户，主要用于付款，也可用于收款，但比起高级账户或企业账户则少了一些商家必备的功能和特点，如查看历史交易记录的多种筛选功能、商家费率、网站集成、快速结账等集成工具，因此不建议卖家注册成个人账户。

2）高级账户

高级账户适用于在线购物或在线销售的个人商户,可以付款、收款,并可享受商家费率、使用网站付款标准、快速结账等集成工具以及集中付款功能,可帮助商家拓展海外销售渠道,提升销售额。通常推荐进行跨境交易的个人卖家注册该账户。

3）企业账户

企业账户适用于以企业或团体名义经营的商家,特别是使用公司银行账户提现的商家用户。其拥有高级账户的所有商家功能,可设立多个子账户,适合大型商家使用,可对每个部门设立子账户进行收款。企业账户需添加以企业名称开立的电汇银行账户进行转账,而添加个人名字开立的电汇银行账户有可能会导致转账失败。

4. PayPal 支付流程

付款人通过 PayPal 支付一笔金额给商家或收款人时,需要通过如下几个操作步骤。

(1) 只要有一个电子邮件地址,付款人就可以登录并开设 PayPal 账户,通过验证成为其用户,并提供信用卡或相关银行资料,增加账户金额,将一定数额的款项从其开户时登记的账户(例如信用卡)转移至 PayPal 账户下。

(2) 当付款人启动向第三人付款程序时,必须先进入 PayPal 账户,指定特定的汇出金额,并提供收款人的电子邮件账户给 PayPal。

(3) PayPal 向商家或收款人发出电子邮件,通知其有等待领取或转账的款项。

(4) 如商家或收款人也是 PayPal 用户,其决定接受后,付款人所指定之款项即移转至收款人账户。

(5) 若商家或者收款人没有 PayPal 账户,收款人需依 PayPal 电子邮件内容提示进入网页并注册一个 PayPal 账户,收款人可以选择将取得的款项转换成支票寄到指定的处所,或转入其个人的信用卡账户或转入另一个银行账户。

从以上流程可以看出,如果收款人已经是 PayPal 的用户,那么该笔款项就会汇入其拥有的 PayPal 账户;若收款人没有 PayPal 账户,网站就会发出一封通知电子邮件,引导收款人至 PayPal 网站注册一个新的账户。因此,也有人称 PayPal 的这种销售模式是一种"邮件病毒式"的商业拓展方式,从而使 PayPal 以滚雪球的方式逐渐占有市场。

案例 7-1

进军电商?PayPal 斥资 40 亿美元收购优惠查找应用 Honey 统计

2019 年 12 月 25 日,PayPal 宣布已斥资约 40 亿美元收购了 Honey Science Corporation,后者主要提供颇为流行的 Honey 优惠查找 Chrome 扩展程序。据外媒报道,此次交易主要为现金。

当你在与 Honey 合作的 3 万家在线零售商购物时,该扩展程序会找到你添加到购物车中的商品的优惠券代码,并尝试自动应用。虽然,实际中的使用体验并不完美,但至少它是一项有用的服务,可以帮助你在购买商品之前查找优惠券代码。

Honey 还可以跟踪单个物品的价格,并在价格低于特定阈值时通知你。该公司还提供了一个奖励计划——Honey Gold，可以在你购物时为使用 Honey 提供可以兑换成礼品卡的积分（PayPal 旗下的 Venmo 刚刚为其实体借记卡推出了类似的奖励计划）。

目前尚不清楚究竟 PayPal 将如何把 Honey 及其优惠查找技术集成到自己的产品中，但在接受采访时，PayPal 高级副总裁 John Kunze 表示，该公司希望将 Honey 的功能"融入 PayPal 和 Venmo 的体验中"。据报道，PayPal 的商家合作伙伴显然也可以使用 Honey 来提供更有针对性的促销活动。

根据 PayPal 的说法，Honey 的品牌将保持不变，该公司的总部仍将设在洛杉矶。Honey 的联合创始人也将留下来，并向 Kunze 汇报工作。

资料来源：进军电商？PayPal 斥资 40 亿美元收购优惠查找应用 Honey 统计[EB/OL].（2019-11-25）.http://www.100ec.cn/detail--6535581.html，内容有改动。

5. PayPal 平台的优缺点

1）优点

（1）全球用户。PayPal 在全球 202 个国家和地区拥有超过 2.2 亿用户，可在 24 种货币间进行交易。

（2）品牌效应强。PayPal 在欧美的普及率极高，是全球在线支付的代名词，强大的品牌优势能让网站轻松吸引众多境外客户。

（3）资金周转快。PayPal 独有的即时支付、即时到账特点，让用户能够实时收到境外客户付出的款项，最短仅需 3 天即可将账户内的款项转账至境内银行账户，还可及时、高效地帮助商家开拓境外市场。

（4）安全保障高。完善的安全保障体系、丰富的防欺诈经验、业界最低的风险损失率（仅 0.27%，不到使用传统交易方式的 1/6），确保用户交易的顺利进行。

（5）小额业务成本低。在小额收付款业务成本上优势明显，无注册费用、无年费，手续费仅为传统收款方式的 1/2。

2）缺点

（1）大额业务成本高。当进行较大金额业务时，如超过 1 万美元，通过 PayPal 付款的手续费较高。

（2）欺诈风险。如果客户收到的货物不理想，可要求退款，少部分人会利用这项规则进行欺诈，卖家面临的风险损失较大。

（3）资金冻结。PayPal 支付容易产生资金冻结的问题，由此会给商家带来不便，这和 PayPal 相对偏袒买家利益有关。

（4）不易登录。中国用户在登录 PayPal 时，大部分时候登录比较容易，但有时也比较困难，这和 PayPal 的服务器在美国有一定关系。

6. PayPal 的费率

（1）PayPal 现有的收费体系是为了鼓励卖家使用 PayPal，随着卖家交易额的增大，会给卖家一定的返利。

（2）中国用户如果使用集中付款方式，收费最多为 1 美元，但只有高级用户才可以使用集中付款方式。

（3）针对不同商家账户，PayPal 设置了不同的收费标准（根据交易额）。PayPal 的标准收费并没有上涨，所有每月通过 PayPal 收到 3000 美元以上的 PayPal 用户，均可以申请成为 PayPal 的商家用户。

（4）享受商家收费标准的用户仍可以享受高级用户的收费标准，也可申请新的收费标准。

（5）用户享受何种优惠收费标准将根据每月的交易额而定。

（6）在获得认证后，单笔付款的最高限额为 10 000 美元。另外，单笔付款的最低限额为 0.01 美元。

7.1.2　PayPal 平台使用流程

1. PayPal 注册流程

（1）打开 PayPal 官方网站 http://www.paypal.com/，进入 PayPal 注册首页，如图 7-2 所示。

（2）点击注册，出现注册类别选项，选择个人注册或企业注册，如图 7-3 所示。

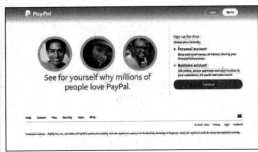

图 7-2　PayPal 注册首页　　　　　　图 7-3　注册类别选择

（3）进入注册界面，填写个人所在地区、姓名、邮箱、密码等信息，如图 7-4 所示。

（4）完善真实的姓名、身份证号码、电话等信息，如图 7-5 所示。

图 7-4　填写注册信息　　　　　　图 7-5　完善注册信息

（5）添加银行卡进行购物或支付，如图 7-6 所示。

（6）添加信用卡或借记卡信息并进行相关验证，如图7-7所示。

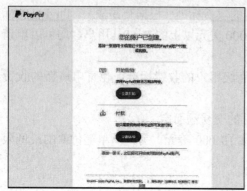

图7-6　添加银行卡

图7-7　添加信用卡或借记卡

（7）注册完成，即可使用PayPal进行购物支付，如图7-8所示。

（8）完成注册后，即可进入PayPal首页，也可进入其关联网站，如图7-9所示。

图7-8　使用PayPal购物支付

图7-9　PayPal关联网站

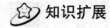 知识扩展

忘记了PayPal密码，如何重新设置？

2. PayPal支付与结算流程

1）付款流程

（1）登录PayPal账户，点击Send Money，然后输入所要付款的PayPal账号和金额，点击Continue，如图7-10所示。

（2）再次确认金额和对方的PayPal账号，然后点击Send Money即可完成付款，如

图 7-11 所示。

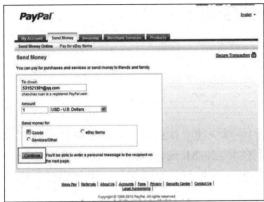

图 7-10　付款流程第一步

图 7-11　付款流程第二步

2）收款流程（主动请款流程）

（1）登录 PayPal 账号后点击 Invoicing，输入对方的 PayPal 账号和金额，然后点击 Continue，如图 7-12 所示。

（2）再次确认对方的 PayPal 账号和金额，点击 Request Money，即可完成请款操作，如图 7-13 所示。

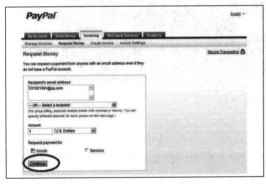

图 7-12　收款流程第一步

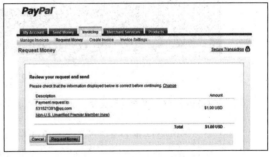

图 7-13　收款流程第二步

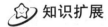知识扩展

PayPal 怎样取消付款？

7.2 MoneyGram

7.2.1 MoneyGram 平台概述

1. MoneyGram 平台简介

MoneyGram（速汇金业务）是一种个人间的环球快速汇款业务，可在十余分钟内完成由汇款人到收款人的汇款过程，具有快捷、便利的特点。MoneyGram 是一家与西联相似的汇款机构，其在国内的合作伙伴有中国银行、中国工商银行、交通银行、中信银行。通过 MoneyGram 系统办理汇出款业务，目前仅限于美元。

MoneyGram 平台首页如图 7-14 所示。

图 7-14　MoneyGram 平台首页

2. MoneyGram 平台发展史

1988 年，MoneyGram Payment System Inc.速汇金业务在美国创立，当时只有 2900 家网点。

1997 年，成立速汇金国际有限公司（MoneyGram International Limited）（简称 MIL）。

1998 年，Viad/Travelers Express 收购 MoneyGram 速汇金，母公司 Viad 是纽约上市公司（1940）。

2003 年，速汇金国际有限公司 100%成为 Viad/Travelers Express 的附属公司。

2004 年，Travelers Express/MoneyGram 在纽约上市，更名为 MoneyGram International Inc.（代码 MGI）。

2017 年 1 月 26 日，速汇金以约 8.8 亿美元被蚂蚁金服并购。

2018 年 1 月 2 日，蚂蚁金服与速汇金表示，美国外资投资委员会（CFIUS）以国家安全为由否决了二者的合并计划。

3. MoneyGram 平台的特点

1）产品特性

（1）快速——只需 10 分钟。

（2）方便——在全球 197 个国家及地区拥有超过 300 000 个网点。

（3）可靠——在汇款领域有悠久的历史。

（4）简单——仅需填写一张表格，无须银行账号。

（5）信赖——高质量的银行、邮局以及连锁超市网点。

2）客户服务——速汇金的"4C"

（1）Confidentiality（机密）。交易的细节仅收、汇款人本人以及办理机构知悉，不得向未经授权的人士/机构透露与交易相关的信息和文件，电话服务过程严格防止通话被偷听（不要泄漏代理网点号特别是网点密码）。

速汇金不会主动给客户来电要求做交易或询问客户的网点号和密码。客户只需将代理网点号和密码给自己机构内经授权的人士并由他们致电速汇金公司处理业务。

（2）Communication（交流）。事先告知客户手续费和其他收费，告知并确保客户已经了解到收款国家或地区可能的特别规定，提醒汇款人通知收款人汇款密码、身份证明文件要求、当地相关收款规定，以及收款网点、收款金额和币种。对于参考汇率的情况，会提醒客户该汇率以及收款金额仅供参考，具体以实际收款发生时当地代理机构的汇率为准。

（3）Confirmation（确认）。所有输入系统的信息均需在交易被处理之前与客户事先确认，以防止差错。交易处理、退款或取消必须在客户在场的情况下进行。对于修改交易信息的情况参照相关规定。

（4）Complaints（投诉）。客户投诉会在网点被快速有效处理，如果网点处理有难度，会及时联系上级分行或区域速汇金办事机构。向上汇报时，必须提供书面的投诉信或说明，如果有需要，客户可立即联络速汇金客户服务中心。

蚂蚁金服 8.8 亿美元并购美国汇款服务公司 MoneyGram

美国当地时间 2017 年 1 月 26 日，蚂蚁金服宣布与全球知名汇款服务公司 MoneyGram（速汇金）达成协议，将以约 8.8 亿美元对其进行并购。

MoneyGram 是全球知名的汇款服务公司，成立于 1940 年，总部位于美国达拉斯市，分支机构遍布 30 多个国家，并且在全球 200 多个国家与地区拥有 35 万个网点。MoneyGram 与全球各地银行有着良好的合作伙伴关系，其快速汇款业务能让资金直达全球约 24 亿个账户，沃尔玛、CVS 药店、英国邮政、加拿大邮政及 ACE Cash Express 均是其重要合作伙伴。

蚂蚁金服 CEO 井贤栋表示："在向全球消费者提供数字普惠金融服务的过程中，选择与 MoneyGram 携手是非常重要的一步，这一携手不仅基于业务上的补充，更在于双方在理念上的契合，相信双方的合作将产生化学反应，让全球各地的消费者和小微企业，持续享受到更便捷、安全的金融服务，为全球的小微经济注入活力。"

根据协议，这一并购完成后，MoneyGram 将作为蚂蚁金服旗下的独立单元运作，其现有品牌和团队依然保留，并将继续完善。井贤栋表示，MoneyGram 最大的优势之一就是拥有世界一流的员工，"我们将继续致力于培养 MoneyGram 以优质的客户服务闻名的团队，并为美国带来更多就业机会"。目前，MoneyGram 在全球共拥有 3000 名员工。

MoneyGram CEO Alex Holmes 表示，蚂蚁金服是 MoneyGram 的理想合作伙伴，蚂蚁金服领先全球的移动支付技术将令 MoneyGram 的全球汇款能力更上一个台阶，使全球的 MoneyGram 代理商能更好地服务其用户，"我们将共同拓展我们的业务，并为世界上更多人和他们的亲人建立起安全、可靠和平等的金融联系"。

蚂蚁金服拥有全世界最大的第三方移动支付平台，蚂蚁金服和其战略伙伴 Paytm 在中国、印度共服务超过 6.3 亿用户，MoneyGram 则连接了全球 24 亿账户。此次并购完成，意味着双方业务将互为补充，今后，各个国家的人们在跨境购物、汇款时将更方便，中国企业的跨境资金往来也将拥有更为安全、便捷的渠道。

近年来，越来越多的中国企业逐步走出海外。未来 5 年，中国将为世界各国提供更广阔的市场、更充足的资本、更丰富的产品、更宝贵的合作契机，推进包容性的全球化。在这一背景下，以蚂蚁金服为代表的普惠金融中国模式输出到印度、泰国等多个国家，以帮助更多国家的普通人享受到普惠金融服务，将成为中国力量推进全球化的重要标杆。蚂蚁金服 CEO 井贤栋也多次表示，未来 10 年，蚂蚁金服将服务全球 20 亿普通消费者，也将帮助更多企业得到更好的成长和发展。

资料来源：蚂蚁金服 8.8 亿美元并购美国汇款服务公司速汇金 MoneyGram[EB/OL].（2017-02-06）. http://www.100ec.cn/detail--6383337.html，内容有改动。

4. MoneyGram 平台的优缺点

1）优点

（1）汇款速度快。在 MoneyGram 代理网点（包括汇出网点和解付网点）能够正常受理业务的情况下，MoneyGram 汇款在汇出后十几分钟即可到达收款人账户。

（2）收费合理。

①MoneyGram 的收费采用的是超额收费标准，在一定的汇款金额内，汇款的费用相对较低。

②无其他附加费用和不可知费用，即无中间行费、无电报费。

③可事先通过网上查询手续费，用户通过 MoneyGram 的网站，点击左侧的"How to send money"，然后点击右侧的"How much"，输入汇款金额即可知道要付多少手续费。

（3）手续简单。汇款人无须选择复杂的汇款路径，收款人无须先开立银行账户，即可实现资金划转。如果汇出美元支取人民币，此业务为结汇业务，无论境内个人还是境外个人，无论何种事项的结汇，每人每年凭本人有效身份证件可结汇等值 5 万美元（含），即不再限制单笔结汇金额，只要当年不超过等值 5 万美元即可。所以当有人给你汇了一笔 MoneyGram 时，你只需要知道以下三个信息：① reference number（汇款密码，8 位数）；② sender's first name（汇款人名字）；③ sender's surname（汇款人姓氏）。然后到当地相关合作银行的支行，MoneyGram 柜台服务人员会给你一张收款表格，填上客户及你自己的相关资料，提供你本人的身份证就可以取款了。

（4）公司实力强大。速汇金国际有限公司（MIL）负责美洲以外的全球事务，其总部在英国伦敦，在全球主要城市下设超过 20 个区域办公室。

2）缺点

与全球第一大汇款机构 Western Union（西联汇款）相比，MoneyGram 在以下两个方面存在局限性。

（1）MoneyGram 仅在工作日提供服务，一年中可以办理速汇金业务的天数不超过 300 天，而西联汇款 365 天无休。

（2）MoneyGram 合作伙伴银行对 MoneyGram 业务部不提供 VIP 服务，而西联则提供全国 VIP 专窗服务。

7.2.2 MoneyGram 平台使用流程

1. 平台登录

（1）登录 MoneyGram 平台首页，选择想要办理的业务，查找代理点或追踪汇款。

（2）通过上方搜索栏可搜索想要查询的业务及选项。

2. 支付与结算

1）汇款

（1）查找代理点。查找你附近的 MoneyGram 代理点。

（2）为你在代理点办理业务做准备。汇款人需要提供以下资料：① 身份证；② 收款人全名（与其身份证和地点相匹配）；③ 汇款金额，加上手续费；④ 若要汇款至银行账户，还需要提供收款人的银行名称和账号；⑤ 若要汇款至手机钱包，还需要提供收款人带有国际拨号代码的手机号码。

（3）完成交易。在适用情况下，需要完成汇款表格的填写，然后向代理人提交已填好的表格以及适用资金（包括交易手续费）。

（4）通知收款人。保存收据并与收款人分享 8 位参考号用于取款，汇款至银行账户或手机钱包的资金将直接存入该账户。

2）收款

（1）查找代理点。查找你附近的 MoneyGram 代理点。

（2）完成表格（如果适用）。如果需要，填入汇款人向你提供的参考号以完成收款表格的填写。

（3）接收资金。向代理人提交已填好的表格以及有效的身份证件（含照片）来接收资金。

7.3 Western Union

7.3.1 Western Union 平台概述

1. Western Union 平台简介

西联汇款是国际汇款公司 Western Union 的简称，作为世界上领先的特快汇款公司，迄今已有 150 年的历史，它拥有全球最大、最先进的电子汇兑金融网络，代理网点遍布全球近 200 个国家和地区。西联公司是美国财富五百强之一的第一数据公司（FDC）的子公司。

中国农业银行、中国光大银行、中国邮政储蓄银行、中国建设银行、浙江稠州商业银行、吉林银行、哈尔滨银行、福建海峡银行、烟台银行、龙江银行、温州银行、徽商银行、浦发银行等多家银行均是西联汇款的中国合作伙伴。

2. Western Union 平台的优缺点

1）优点

Western Union 与普通国际汇款相比,具有比较明显的优点:它不需要开立银行账户,1 万美元以下业务不需要提供外汇监管部门审批文件,汇款在 10 分钟之内可以到帐,简便、快捷;而普通国际汇款需要 3~7 天才能到账,2000 美元以上还须外汇监管部门审批;西联国际汇款很安全,先收钱后发货,对商家最为有利。

2）缺点

汇款手续费按笔收取,对于小额汇款手续费偏高,而且很多时候买家会担心汇款后商家不发货,从而放弃交易,使商家蒙受损失。Western Union 属于传统型的交易模式,无法很好地适应新型的国际市场。

中国邮政储蓄银行是西联公司在中国业务量最大的合作伙伴,需要特别说明的是,中国邮政储蓄银行在国内各大城市均设有专门的西联业务旗舰店,这是国内其他西联合作银行所不具备的优势。

案例 7-3

B2B 跨境支付与结算使用 Western Union

客人决定用西联汇款:

Dear Shirley,

Good day! We'd like to place sample order for 5 pcs of W401A TPMS. We'll pay it by Western Union. Can you send the order to us by EMS? How much will it cost?

Looking forward hearing from You!

Mr Oleg

Auto Accessories Department

×××Co. Ltd., Odessa Ukraine

当天下午我马上给他回了封信:

Dear Oleg:

Thank you for your prompt reply. I have sent you the Invoice.

Our bank detail for Wester Union:

BENEFICIARY: Ju Gong

First name: Ju

Last name: Gong

ADD: No.6 ×× Road, ×× Administration District, ×× Town, Dongguan City, Guangdong Province, China

Tel: +86-15920222×××

Samples have been prepared and would be sent by EMS.

Yours respectfully,

Shirley

注意，汇款前只需要提供受益人的姓、名、地址、电话，但尤其需要注意的是，不要将 first name（名）和 last name（姓）弄错了！

汇款完成后，通知客户传来 customer copy，这上面会有很多信息，有一个 10 位数字的 MTCN（汇款监控号），有了这个号就可以打电话询问银行汇款是否已到。汇款到账后，就可以拿着 customer copy 和身份证去中国邮政储蓄银行取款了。

以下为收款的具体流程。

（1）收到客户汇款通知（汇款人姓名、地址、币种+金额、10 位数 MTCN）后，可以致电西联客户电话或登录西联网站查询汇款状态。

（2）确认款项到达后，前往银行网点进行申领。申领时，携带收款人本人身份证及汇款通知（客户提供的汇款资料，同上，MTCN 最重要）。

（3）到达网点后，可直接到 VIP 窗口领取一份"西联汇款收汇单"。

几点说明：收款金额与汇款金额有时会不同，因为西联汇款可能收取并扣除一部分手续费，所以在填写收汇单之前，应先在 VIP 柜台查询一下实际的到款金额，再填上正确的收汇金额；如果要结汇为人民币，还需要在结汇前到中国农业银行等银行的国际业务部打印一份"结汇通知书"。

7.3.2 Western Union 平台使用流程

1. Western Union 注册流程

（1）打开 Western Union 官网，如图 7-15 所示。

图 7-15　Western Union 官网

（2）点击 Log in/Sign up，填写个人信息，如图 7-16 所示。

（3）点击 Continue，打开所填邮箱，找到系统发送的邮件，找到 PIN，如图 7-17 所示。

（4）填写 PIN，如图 7-18 所示。

（5）点击 Continue，注册成功，进入注册人的 Western Union 账户，如图 7-19 所示。

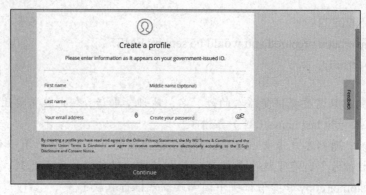

图 7-16　填写个人信息

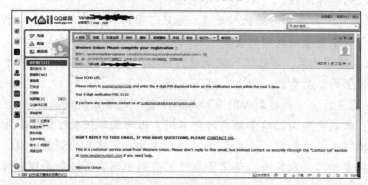

图 7-17　打开邮箱，找到 PIN

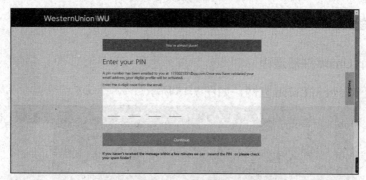

图 7-18　填写 PIN

图 7-19　注册成功

2. 在中国邮政储蓄银行开通账号的步骤

（1）柜台办理，这一步骤很必要，用户只有在柜台办理后才可以在网上激活网上银行。柜台办理需办理人携带有效身份证件和注册所需的卡/折到邮政储蓄银行任一营业网点办理注册手续。

（2）在柜台开通网银后，需要登录银行的个人网银，目的是激活网银。

（3）打开银行网站后，输入证件号、登录密码和校验码。

（4）填写个人基本信息以及预留信息，选择预留图片，预留信息是为了让用户确认是本人登录，当用户发现预留信息和自己预留的内容不符时，可以停止网银操作。

（5）网上支付开户成功。

3. Western Union 支付与结算流程

1）网上确认收汇

以中国邮政储蓄银行为例，Western Union 支付与结算流程如下所示。

（1）进入中国邮政储蓄银行官方网站，点击页面左侧上方的"个人网上银行登录"。

（2）登录"个人网银"页面，点击外汇通→跨境汇款→西联汇款收汇，进入西联汇款收汇协议页面。

（3）阅读西联汇款收汇协议，拉动滚动轴可浏览协议所有内容，点击"同意"按钮，进入西联收汇页面；若点击"不同意"按钮，则返回网银登录首页。

（4）进入"西联收汇"页面，输入"西联汇款监控号""收汇金额"并选择相应的"收汇币种""发汇国家""收汇转存账号"，点击"查询"按钮。

（5）进入"查询结果"页面，页面下方会显汇款信息，输入收汇人信息及国际收支申报信息后，点击"确认"按钮。

（6）进入"确认接收"页面，会显客户汇款信息、账户信息与国际收支申报信息，核对所有信息无误后，点击"确认"按钮进行收汇。

（7）进入"收汇转存成功"页面，会显示汇款信息和申报信息，表示交易成功。客户可点击"返回"按钮回到收汇初始页面。

2）柜台汇款

到最近的西联合作网点（如中国邮政储蓄银行、中国农业银行、浦发银行、中国光大银行、浙江稠州商业银行、吉林银行和福建海峡银行）填写个人详细信息，其余的工作可由西联公司来完成。以下为具体的操作步骤。

（1）填写汇款表单。填写银行提供的表单，然后出示身份证或其他身份证明证件。对于直接到账汇款服务，汇款人应在某一西联合作网点填写直接到账汇款表单，并提供收汇人的必要信息，包括收汇人的姓名、电话号码及银行账户信息（包括银行名称和账号）。

（2）支付汇款手续费。将要汇出的款额连同必要的服务费用一起交给合作伙伴。

（3）签名并接收收据。在确认收据上的所有信息均无误之后，用户需要签署一张收据。收据所打印的内容之一是用户的汇款监控号码（MTCN），用户可使用 MTCN 联机（在网上）跟踪汇款的状态。

（4）通知收汇人。西联汇款中国营业厅与收汇人取得联系，将一些必要信息告诉收汇人，如汇款人姓名、汇款金额、汇款监控号码（MTCN）和汇款国家/地区。

如果是第一次使用直接发汇至中国的银行卡账户的服务，需要注意收汇人应在中国时间早 8:00～晚 8:00 拨打中国服务热线核实如下信息：收汇人的中文名字、汇款监控号码（MTCN）、收汇人的有效身份证号码，收汇银行名称和银行卡账号。

同一收汇人再次使用直接到账汇款服务，无须再拨打中国服务热线核实必要信息。但如果收汇人的必要信息有所改变（例如，汇款至同一银行的另一银行卡账户），则仍需要拨打中国服务热线，以核实必要信息。

（5）跟踪汇款。汇款人可转到西联网站主页上的"跟踪"链接，通过输入自己姓名的拼音（汇款人姓名）和汇款监控码（MTCN）来跟踪汇款的状态。

（6）检查汇款的状态。汇款人还可以拨打中国地区热线来了解自己汇款的状态。

3）柜台取款

（1）确认款项。在前往西联合作网点之前，应确保汇款已经可以提取。可以直接联系汇款人进行确认，也可在网上跟踪汇款状态。

（2）前往合作网点。需要提供以下信息及证件：汇款人的姓名（包括姓、中间名和名）、汇款国家/地区、汇款金额、汇款监控号码（MTCN）、身份证件。

（3）填写表单。只需填写该表单并向合作伙伴提供汇款监控号码（MTCN）和带有照片的身份证。

（4）签署收据。银行会提供一张收据，收汇人阅读其全部内容后在上面签名。

（5）取款。合作伙伴随后会将款额连同收据一同交给收汇人，取款交易完成。

7.4　WebMoney

7.4.1　WebMoney 平台概述

1. WebMoney 平台简介

WebMoney 汇款是一个全球结算系统和在线商务活动的环境，它成立于 1998 年，此后，来自世界各地四千多万用户使用该平台。

WebMoney 服务允许用户跟踪自己的资金，吸引资金，解决争端和进行安全交易。WebMoney 所采用的技术是基于一套标准化的接口，系统参与者可使用这些接口来管理自己贵重物品的产权，并被称为担保人。系统用户可以向任何担保人注册任意数量的 WM 钱包，这是分配给用户的 WMID 注册号码。系统内的贵重物品以 WebMoney 单位（WM）计量。

系统为每个参与者自动分配内部系统参数供公众查看，称为业务级别，该参数基于与其他系统用户交换的事务数。

2. WebMoney 钱包的类型

目前，该系统支持下列类型的钱包，这些钱包属于不同类型贵重物品的财产权。

（1）WMP——系统确认向银行提供货币资金的业务确认书中以俄罗斯卢布计的金额，目的是增加参与人的电子支付工具的电子资金余额，并使用系统参与者签发的电子资金转账单确认电子资金的执行数量。

（2）WME——欧元电子货币。

（3）WMG——在经核证的储存库内持有黄金的股票认股权证（www.metdeal.com）。

（4）WMZ——关于供应商购买产品和服务的证书，网址为 www.meastock.com，相当于美元。

（5）WMK——关于从担保人那里收取一定数额的 EKZT 的权利的授权书。

（6）WMV——越南盾电子货币。

（7）WMX——在 Bitcoin.org 网络全球公共数据库（bitcoin.org）公布记录时转让的存储产权（bitcoin.org）。

（8）WMH——在 Bitcoincash.org 网络全球公共数据库（bitcoincash.org）中公布记录时转让的存储产权（bitcoincash.org）。

（9）WML——在 litecoin.org 网络全球公共数据库（litecoin.org）中公布记录时转让的存储产权（litecoin.org）。

（10）WMR——系统确认所转让和接收的俄罗斯卢布数量，目的是增加系统参与者的非个性化电子支付手段（NPEMP）的电子资金余额，以及系统参与者签发使用 NPEMP 执行的电子资金转账订单的确认量。

担保人持有的贵重物品的产权计量单位是有关类型的 WebMoney 所有权单位。

系统参与者可通过接受相关协议与任何担保人一起打开钱包。为方便用户，用户的所有钱包都保存在一个单独的存储器（keeper）中，该存储器有一个用户注册号（WMID）。关于 WMID 如何与使用条款一起运作，本书在用户签署该系统时接受的"产权转让协议"中做了概述。

3. 系统收费

在 WMT 系统中，需要提供信息和技术互动的费用，对每笔交易收取 0.8%（不低于 0.01WM*）的付款额，并不超过如表 7-1 所示的最高费用。

表 7-1 系统收费最高费用

钱包类型	最高费用
WMZ	50 WMZ
WMP	1500 WMP
WME	50 WME
WMR	1500 WMR
WMU	250 WMU
WMB	100 WMB
WMG	2 WMG
WMX	5 WMX
WMH	30 WMH
WMV	1 000 000 WMV
WMK	9000 WMK

下列交易不收取费用：同一类型钱包之间相同的 WM—标识符，同一种 WebMoney 护照的同一类型钱包之间（适用于拥有 WM—护照不低于初始）的用户。

WMV 付款不少于 500 WMV；在进行信贷交易时，D 型钱包的所有者由系统收取其提供的每一笔信贷金额的 0.1%，但不少于 0.01 WMZ。

案例 7-4

WMG 缴存和撤销关税

WMG 在存入或从该系统提取资金时，费用将按表 7-2 所列代理人的费率收取。

表 7-2 WMG 费率收取情况表

方　　法	术　　语	代　理　费
在一个交换平台上交换 wm.exchanger 或者通过 WM-Keeper（例）	立刻	经协议
兑换成现金交换点	经协议	经协议
交换其他系统的电子货币	经协议	经协议
通过银行转账根据与梅迪埃的长期合同	1～3 个银行日	网站上显示了当前的价格
凭发票银行转账（个人）	1～3 个银行日	网站上显示了当前的价格（申请金额不超过 200 WMG+8 美元）

7.4.2 WebMoney 平台使用流程

1. WebMoney 注册流程

（1）登录 WebMoney 官网，如图 7-20 所示。

图 7-20　WebMoney 官网

（2）点击 Sign Up 按钮，系统会弹出一个注册页面，填写相关注册信息，如图 7-21 所示。

图 7-21　WebMoney 注册页面

（3）点击 CONTINUE 按钮，填写系统发送的验证码，如图 7-22 所示。

图 7-22　填写验证码

（4）点击 CONTINUE 按钮，系统会弹出一个页面，要求用户创建密码，如图 7-23 所示。

图 7-23　创建密码

（5）创建密码后，系统会要求添加至少一个钱包，如图 7-24 所示。

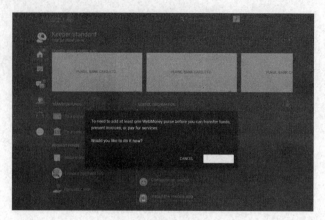

图 7-24 添加钱包

（6）如果用户没有电子钱包，可以创建一个，如图 7-25 所示。

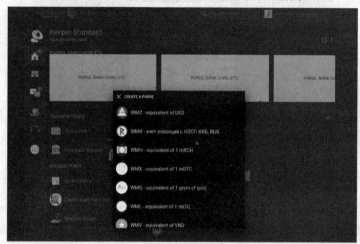

图 7-25 创建电子钱包

2. WebMoney 支付与结算

1）收款方式的选择

WebMoney 系统不向使用其接口的商家收取任何额外费用，其收款方式主要有以下两种。

（1）易道。用户可以在自己的网页上放一些钱包，上面写上自己接受付费服务的信息。这种方法最简单，但它需要你注意定期检查钱包中对方的付款情况。此选项不适用于销售电子产品的在线商店，因为买方希望在付款后立即获得货物。

（2）自动收款。接收付款的最佳方法是 Web 商业接口。使用此接口不依赖于 WM Keeper 的类型，也可在诸如资本、WebMoney 中处理，所有流行的 CMS 都有模块与界面一起工作。

若要在网站上通过此方法接收付款，必须创建一个按钮，单击该按钮将开启付款流程。如果用户不能自己创建这样的按钮，可以利用安装向导，通过几次单击即可创建必要的按钮及其代码。

使用该界面允许将整个支付过程"转移"到 WebMoney 系统中。付款时,用户将被转到 WebMoney 网站进行授权和付款确认。在付款过程完成后,界面将把用户带回到 WebMoney 网站页面,并通过一定的参数通知用户其脚本所支付的款项。

2)使用小部件付款

安装向导不仅允许创建按钮支付,还可以使用一个小部件进行付款,其将与 WebMoney 系统在后台互动,用户不需要转到网站支付。用户付款后,服务器将会发出通知。

3. WebMoney 控制方式的选择

WebMoney 系统提供了多种管理钱包的方法,用户可根据自己的需要选择最适合的方式。

1)基本版本——保持者标准(Mini)

注册后,会员可使用 Webey 货币保管者标准。在该方式下,用户登录钱包是在网站上进行的,通过输入密码登录 my.wmtransfer.com,所执行的操作将通过输入 SMS 发送的代码来确认。这个版本具有易于使用和高度安全性的特点。

WmKeeper 标准不需要任何额外的软件,并且可以在任何浏览器中工作。这个版本的主要工作条件是是否有机会接入因特网。

该版本的主要限制是缺乏机会创造同一类型的多个钱包,即每种所有权单位只能创建一个钱包。

2)高级用户

如果你想使用 WebMoney 提供的下列附加功能,如使用 API,创建同一类型的多个钱包,使用 C 和 D 钱包,那么,你可以更改控制 WM(标识符)的方法,转到另一种类型的 WebMoney Keeper。管理员 WinPro(经典)是一个用于管理钱包和使用 WebMoney 的应用程序。管理员 WinPro 安装在运行 Windows 的计算机上,钱包的访问是通过使用存储在文件(密钥文件)或安全云服务中的私钥进行的。E-NUM.版本与各种系统服务集成在一起,例如业务网络、SMS 发件人、Webey 托管,还有一些允许在应用程序中方便使用的数据服务。

3)管理员 WebPro(轻型)——专业网络版本

该版本是针对那些希望使用系统的全部功能,但无法安装系统 PC 版本的成员而设计的。守护者 WinPro 使用此版本是通过安装在 PC 或移动设备上的浏览器进行的,使用个人数字证书,或授权服务 E-NUM,或者使用登录和密码均可以登录到 Keeper WebPro。

7.5 QIWI Wallet

7.5.1 QIWI Wallet 平台概述

QIWI(见图 7-26)是俄罗斯最大的支付服务商之一,俄罗斯互联网集团 Mail.ru 于 2007

年创立 QIWI，随后在欧洲、亚洲、非洲和美洲的 22 个国家开展业务。QIWI 的成功之处在于考虑了当地人偏爱使用现金消费的习惯和只有 5%的消费者拥有银行账户的情况。

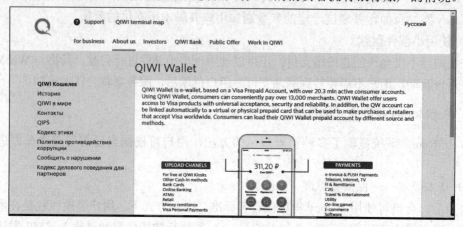

图 7-26　QIWI Wallet

用户可以通过 QIWI Wallet 为所购买的产品即刻付款。QIWI Wallet 拥有较完善的风险保障机制，不会产生买家撤款情况，因此，买家使用 QIWI Wallet 付款的订单，没有 24 小时的审核期限制，支付成功后卖家可立刻发货。

俄罗斯作为欧洲最大的互联网国家，拥有 6 千万互联网使用者，拥有近 14%的增速。因此，俄罗斯及其周边国家在线市场容量和增速都比较大。QIWI 就像拉卡拉与支付宝的结合体，可以让用户在店铺、PC 端或者手机端完成支付。

俄罗斯人民至今都保持着使用现金的习惯，资金交易量大约占到 94%，QIWI 也正生逢其时，每天超过 400 000 笔交易足以证明 QIWI Wallet 的使用率及其强大的覆盖率，目前已有超过 20 个国家可以使用 QIWI 支付服务。

7.5.2　QIWI Wallet 支付特点

QIWI Wallet 主要有以下几个特点：无须保证金、无拒付、操作流程简便、目标群使用率高。

7.5.3　QIWI Wallet 支付介绍

QIWI Wallet 支付介绍如表 7-3 所示。

表 7-3　QIWI Wallet 支付介绍

覆盖范围	俄罗斯、乌克兰、白俄罗斯、哈萨克斯坦
交易币种	EUR\USD\RUB
交易限制	单笔 15 000 卢布，每月 600 000 卢布
支持银行	支持独立联合体国家所有地区的支付终端、电子货币、预付卡和银行转账（银行卡）等方式充值

续表

支付流程	使用 QIWI Wallet 付款，只需简单的四个步骤： 第一步：在网站上选择 QIWI Wallet 支付方式，点击"支付"按钮； 第二步：通过自助服务终端或在线上支付； 第三步：确认支付完成； 第四步：返回网站，交易完成
Tips	2013 年 2 月 16 日，Payssion 与 QIWI Wallet 签署了战略合作协议，俄罗斯用户可以使用 QIWI Wallet 在其网站上为其所购买的商品付款

7.6 Boleto

7.6.1 Boleto 平台概述

Boleto 是巴西本地最常用的支付方式。由于巴西的在线信用卡支付使用率不高，国内在线支付主要是通过银行转账和 Boleto 支付。Boleto 是由多家巴西银行共同支持的一种使用 Bar Code 识别码的支付方式，在巴西占据主导地位，用户可以到任何一家银行或使用网上银行授权银行转账。

Boleto 是巴西当地很多人喜欢的支付方式，为帮助商家拓展巴西市场，PAYSSION 与巴西在线支付服务商 Boleto 达成战略合作，接入 Boleto 之后，不仅可以满足巴西用户的付款需求，也可以给商家带来许多新客户。

7.6.2 Boleto 支付特点

Boleto 支付主要有以下几个特点。

（1）一旦付款，不会产生拒付和伪冒，保证商家的交易安全。

（2）支持线上、线下付款，消费者需在网上打印付款单并通过网上银行、线下银行或其他指定网点进行付款。

（3）单笔支付限额在 1~3000 美元；月累计支付不超过 3000 美元。

（4）不是网上实时付款，消费者可在 1~3 天内付款，各个银行需要 1~3 个工作日完成数据交换，所以每笔交易一般需两天到一周左右时间才能完成支付。

7.6.3 Boleto 支付介绍

Boleto 支付介绍如表 7-4 所示。

表 7-4 Boleto 支付介绍

覆盖范围	巴西全境
交易币种	USD
交易限制	单笔 1~3000 美元；每月不超过 3000 美元

续表

支持银行	巴西任何一家银行、ATM机，或使用网上银行授权银行转账
支付流程	使用Boleto付款，只需要简单的四个步骤： 第一步：在网站上选择Boleto为支付方式； 第二步：消费者需在网上打印付款单并通过网上银行、线下银行或其他指定网点进行付款； 第三步：Boleto确定转账完成； 第四步：返回网站，交易完成
Tips	Boleto可以说是一种现金支付，卖家需要在线打印一份付款清单，其中有收款人、付款人信息以及付款金额等。付款人可以打印发票后去银行或者邮局网点，以及在一些药店、超市等场所完成付款，另外也可以通过网上银行完成付款

7.7 POLi

7.7.1 POLi平台概述

自2004年进入市场，POLi（见图7-27）已成为除信用卡、PayPal以外的主要在线支付选择，在澳大利亚、新西兰拥有领先地位。只要消费者拥有与POLi联网银行的银行账号，即可完成付款。

图7-27 POLi

7.7.2 POLi支付特点

POLi支付主要有以下几个特点。

（1）实时交易。这和PayPal或者信用卡是一样的。

（2）不能拒付。当然商家可以选择是否开通买家保护，如果没有开通则不会拒付，而PayPal或者信用卡保护买家，在180天内买家都可以拒付。

（3）交易费用便宜。PayPal对中国商家的费率是4.3%+0.3美元，另外还有每笔35美元的提现费用。

（4）无保证金或者循环保证金。PayPal 或者信用卡一般都会有一定的交易保证金，以及 10%的循环保证金，这对商家的资金周转可能会造成很大的压力。

7.7.3 POLi 支付介绍

POLi 支付介绍如表 7-5 所示。

表 7-5 POLi 支付介绍

覆盖范围	澳大利亚、新西兰大部分地区
交易币种	USD
交易限制	待核实
支持银行	澳大利亚、新西兰本地银行
支付流程	使用 POLi 付款，只需要简单的五个步骤： 第一步：在网站付款页面选择 POLi 作为付款方式； 第二步：选择偏好的银行； 第三步：使用网上银行信息登录并确认付款； 第四步：POLi 确定转账完成； 第五步：返回网站，交易完成

7.8 Japan Bank Transfer

7.8.1 Japan Bank Transfer 平台概述

日本本地的网上支付方式以信用卡付款和在线银行转账为主，日本本国的信用卡组织为 JCB，支持 20 种货币的 JCB 卡常用于网上支付。和信用卡相比，日本用户更喜欢以在线银行转账的方式购买商品，使用本地银行付款，用户支付更加便捷、安全，还可以增加用户信任和提高支付成功率。

PAYSSION 支持日本三菱东京 UFJ 银行、三井住友银行、日本邮局银行、Mizuho 银行四大银行在线银行转账，日本客户的信用度普遍偏高，拒付率和恶意欺诈的情况很少发生。

7.8.2 Japan Bank Transfer 支付特点

Japan Bank Transfer 支付有以下几个特点。

（1）与日本用户直接向相关 Merchant 汇款的方式相比，能节省手续费。
（2）商户不需要开立银行账户。
（3）可覆盖更多没有信用记录及喜欢现金结算的用户。
（4）支付便捷、安全，提升用户体验感和支付成功率。

7.8.3　Japan Bank Transfer 支付介绍

Japan Bank Transfer 支付介绍如表 7-6 所示。

表 7-6　Japan Bank Transfer 支付介绍

覆盖范围	日本
交易币种	JPY
交易限制	无
支持银行	日本三菱东京 UFJ 银行、三井住友银行、日本邮局银行、Mizuho 银行
支付流程	使用 Japan Bank Transfer 付款，只需要简单的四个步骤： 第一步：在网站选择支付方式； 第二步：消费者登录银行账号，输入账户名及密码； 第三步：输入支付密码，确定转账完成； 第四步：返回网站，交易完成

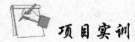

WebMoney 跨境支付与结算

实训目标

（1）培养学生运用跨境支付与结算国外平台的能力；

（2）加深学生对跨境支付与结算的了解。

实训内容

假如你在亚马逊美国站上开了一家假发店，需要掌握跨境支付与结算的平台以及技巧。现在 5 人一组，以团队为单位进行 WebMoney 支付与结算技能训练。

（1）注册 WebMoney。

（2）你要用什么方式收款？为什么？

（3）你要选择什么版本的系统控制方式？为什么？

复习与思考

1. PayPal 账户有哪几种类型？
2. PayPal 跨境电子商务支付与结算的优点是什么？
3. MoneyGram 平台的优点是什么？
4. Western Union 平台的优点是什么？
5. WebMoney 收款有几种方式？

第8章 跨境支付与结算平台（Ⅲ）——第三方支付平台

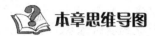 本章思维导图

```
跨境支付与结算平台（Ⅲ）——第三方支付平台
├── 跨境电子商务第三方支付与结算概述
│   ├── 跨境电子商务第三方支付概念
│   ├── 跨境电子商务第三方支付形式
│   └── 跨境电子商务第三方支付流程
└── 跨境电子商务第三方支付与结算发展现状及趋势
    ├── 跨境电子商务第三方支付系统发展现状
    ├── 跨境电子商务第三方支付的产业预期
    └── 跨境电子商务第三方支付的未来前景
```

知识目标

- 了解跨境电子商务第三方支付的概念；
- 熟悉跨境电子商务第三方支付的形式；
- 了解跨境电子商务第三方支付系统的发展现状；
- 了解跨境电子商务第三方支付的安全问题与技术保障。

【关键词】

第三方支付、第三方支付系统、第三方支付现状、第三方支付未来

 案例导入

支付新机遇：跨境支付成第三方支付的新战场

对于众多第三方支付企业来说，跨境支付这样的机会并不常有。近年来，我国积极推动供给侧改革以调整国内经济结构，同时大力开展对外经济交流。"一带一路"是中国主动对外开放的又一象征，也是中国经济全面走向国际化之路的重要推动力。

在我国各部门的主导之下，"一带一路"倡议促进了各国之间的贸易投资自由化与便利化和经济技术合作，国家主导和民间自发的合作项目如雨后春笋般涌现，中国与各国之间的商业往来和人员交流日益频繁，带动了相关国家之间的经济合作，跨境商业得以迅速

发展。

1. 支付环节成为制约跨境商业的一大瓶颈

支付是商业体系的基础服务。之前传统的跨境支付主要有两种形式：一种是银行间的国际结算业务，即通过电汇、信汇、票汇等传统国际结算工具进行汇款；另一种是以西联汇款为代表的小额汇款业务。前者主要针对公司之间的一般贸易业务，后者多以个人客户为主。

在传统贸易时代，一般贸易多为大宗进出口业务，资金往来次数较少，且计划性非常强，因此交易双方采用银行间的国际结算业务就能合理安排资金。同时，国际上往来的多为专业人士，人数和次数都比较少，小额汇款业务依靠着国际化的网络体系，可为他们提供较为便利的服务。

不过，传统的跨境支付方式正面临着新的市场挑战。近年来，在跨境电子商务高速发展之下，我国跨境商业往来呈现出三个与以往显著不同的特点。

一是进出口跨境电商增长迅速。2016年中国进出口跨境电商整体交易规模达到6.7万亿，占进出口总额的27.5%，同比增速在20%以上，而同期进出口总额却微降了0.9%。一般贸易出现了下降，而跨境电商却增长迅速，表现出强劲的生命力。

二是服务类的比重提升。这主要是得益于人员往来的密切，旅游、留学、会议、展览等国际交流活动日益增多，推动着酒店住宿、航空机票、留学教育、国际展览、旅游服务等行业的繁荣发展。在国内交易中习惯于移动支付的个人，希望能有比小额汇款更加便捷的支付方式。

三是参与跨境商业往来经营的中小企业日益增多。它们在产品、服务或用户营销等核心竞争力方面享有一定优势，但在如报关、物流等其他方面依赖于社会化分工，跨境支付环节也不例外。

高频次、小额化的中小企业和个人消费者，对跨境支付产品提出了新的要求，即安全便捷、简单易用、结算速度快、交易成本低。在交流不太频繁的传统对外贸易时代，银行国际结算和小额汇款基本能满足市场需求，但随着中国与世界之间的交流日益频繁，近年来跨境商业往来发展迅速，银行国际结算和小额汇款等传统支付方式周期长、频率低等弊端被放大，难以满足各方需求，已成为制约跨境商业往来的一大瓶颈。

2. 跨境支付集中程度低，2B业务成热点

当前，我国跨境支付的覆盖面比较广，且各个行业发展相对比较均衡，没有比重特别大的行业。尽管近年来跨境电商发展迅速，已成为跨境支付最大的市场，但其在跨境支付份额上也才达到25%，与紧随其后的酒店住宿、留学教育和航空机票三个大类并没有拉开多少差距。这四类业务加在一起占据着八成左右的市场份额，换句话说就是，当前跨境支付的市场，主要集中在服务行业和跨境电商业务上。如前所述，这两大块增长迅速的业务，对跨境支付提出了更高的要求。

传统的国际银行结算和小额汇款，在技术和服务上都无法为这两大板块业务提供合适的解决方案，因此近年来兴起的第三方支付企业得到了施展拳脚的机会。说起第三方支付，人们第一反应都会想到支付宝和财付通，它们会不会在跨境支付领域再次上演共同瓜分市场的情形？

确实，国内网络支付市场越来越呈现两强争霸的格局，支付宝和财付通占据了近九成的市场份额，致使其他第三方支付企业的生存空间被大大压缩。

但由于跨境商业市场的复杂性和多样性，坐拥电商场景或用户优势的两大巨头，在跨境支付上并没有具备国内网络支付市场上那样的巨大优势。比如跨境电商方面，供应链能力的重要性并不逊色于平台和用户。阿里巴巴虽然拥有平台和用户优势，但旗下的天猫国际却没能确立起绝对的领先地位。

天猫国际市场份额排名第一，但也只有两成稍多一点，并没有与京东全球购、网易考拉等其他对手拉开距离，相互之间异常胶着。这就使得支付宝想通过阿里巴巴的大平台优势实现扩张的想法落了空。财付通基于社交优势，以高频的应用抢占和培养了移动支付习惯，积累了庞大的C端用户，但是面对丰富的跨境业务场景与支付产业链条，如银行收单、国际结算、货币兑换等环节，显然还有更大的空间去挖掘拓展，这些环节都蕴藏着有待开发的巨大市场价值。传统支付方式应对市场变化的不足和网络支付巨头的优势难以发挥，给了其他第三方支付企业大展拳脚的机会。它们在2C市场与巨头相比确实没有任何优势，但在2B业务上却与这些巨鳄站在了同一起跑线上。

由于规模成本和组织机构的原因，其他第三方支付企业可能比巨头更加灵活以及具有成本优势。因此，一些有实力的厂商依靠自身技术和服务的优势，通过提供行业解决方案或定制服务，紧盯利润更加丰厚的2B业务，试图在跨境支付市场上获得最有价值的部分。

3. 跨境支付成第三方支付企业的新战场

目前第三方支付企业中除两大巨头外，还有28家获得了跨境支付牌照。与很多第三方支付企业持有支付牌照却没有实际开展业务不同，目前这30家企业中有很多进入了跨境支付市场，而且涉及的行业侧重点有所不同。这也从侧面显示出，目前跨境支付的整体竞争环境要优于国内的网络支付市场。跨境支付之所以会成为第三方支付的新战场，除了市场状况和企业策略外，还存在一定的客观有利因素。央行于2015年推出的人民币跨境支付系统（CIPS），从业务流程、服务协议、技术规范等多方面构建起了人民币跨境支付业务的基础。相比传统的大额支付系统，CIPS的优势非常明显，主要体现在以下几个方面。

首先，在整合现有人民币跨境支付结算渠道的基础上减少了中间流程，境外公司可通过国内的分支机构实现人民币结算，从而提升了跨境结算效率和交易安全性。

其次，采用国际通用的ISO 20022报文标准，提升标准化程度，有效降低了交易错误率。

最后，系统运行时间长，可覆盖欧洲、亚洲、非洲、大洋洲等洲中不同国家的人民币主要业务时间。

尽管央行推出人民币跨境支付系统的目的是为了推动人民币在全球范围的使用，并最终成为全球货币，但客观上却为第三方支付企业开展跨境支付创造了有利条件。

在CIPS规则和技术标准的基础上，第三方支付企业可为企业提供更切实可行的行业解决方案或定制服务，而支付环节的改善，反过来又促进了跨境贸易往来的繁荣增长，而扎根跨境支付2B服务市场，则给第三方支付企业带来了不菲的回报。以易宝支付为例，这家以行业解决方案和企业定制服务见长的第三方支付企业，在跨境支付市场仍然延续着自己的核心竞争力,将业务方向锁定在2B业务方面。

易宝支付进入了货物贸易、留学教育、航空机票、酒店住宿等多个重点行业。例如,针对跨境进口电商行业,易宝支付为电商企业提供了多元化的支付方式,完成支付后将货款购汇并及时付汇给境外供应商,不仅支持全币种,而且最快2小时就能到账。

与此同时,易宝支付已与全国二十余个海关实现对接,能够推送支付单信息至海关,并提供权威实名认证服务,覆盖了跨境电商业务场景,满足了客户需求。此外,对于留学行业,易宝支付针对行业痛点,解决了"全额到账"的难题,让家长、学生更加方便省心。同时在新的行业模式上,易宝也从没停止探索的脚步。比如在边境贸易、供应链金融服务等方面也在投入精力,力图给客户提供更加完备的方案和更加极致的服务。因此,在看好跨境支付市场潜力和收益回报的前提下,众多第三方支付企业纷纷将跨境电商支付与结算领域视为重要的新业务增长点,也就不难理解了。

4. 第三方支付格局已定,促进支付企业向服务商转型

目前国内第三方支付市场格局基本已定,能够在市场存活的企业大体上可以分为三大阵营。

(1)以C端消费者市场为主的巨头。这片市场上的"马太效应"非常明显,最后能生存下来的只有少数几家。支付宝和财付通的胜出基本上没有什么悬念,实力和份额摆在明处。其他玩家之中,银联的云闪付据说在刚刚过去的2017年"双十二"期间表现非常"惊艳",但能否保持长期增长,拿下较大块的份额还是个未知数。

(2)以服务集团内部业务为主的子部门。不少企业内部业务的体量非常庞大,只要吃透自家业务,即便没有外来业务也能够活得很滋润。申请或收购支付牌照的企业中,抱着类似想法的不在少数,像新美大、苏宁、国美等。与其说它们是第三方支付企业,不如说是集团内部负责支付业务的子部门。其中表现较出色的应该是平安壹钱包,依托平安集团的资源优势,其近年来市场份额稳中有升,实属不易。

(3)面向B端企业的技术服务商。其他第三方支付企业,要么面向垂直细分市场,要么向技术服务商转型,而垂直细分市场也将受到用户使用习惯的影响而被巨头渗透,因此并非长久之计。易宝支付的策略就是果断进行转型,在营收上不再完全依赖于交易手续费,技术和服务收入正成为其新的营收和利润增长点,并且在金融、营销等相关领域展开布局,基本实现了从第三方支付企业向金融科技服务商的转型。

事实上,企业服务市场的利润率要比第三方支付手续费高得多,由于更换供应商的机会成本较大,使得业务相对稳定。只是目前国内市场尚未充分成长起来,这既是目前市场的不足,也是未来的商机。在拥有了企业用户之后,第三方企业不但能获得相应的技术服务费收入,还会给自己带来一部分支付业务。

"一带一路"政策利好,机遇难得,特别像跨境支付这样的市场机会并不常有。众多独立的第三方支付企业应抓住这难得的时机进入企业服务市场,加快企业转型的步伐,成为有核心竞争力的互联网金融服务商。

资料来源:支付新机遇:跨境支付成第三方支付的新战场[EB/OL].(2018-03-13).http://www.100ec.cn/detail--6440343.html,内容有改动。

第 8 章 跨境支付与结算平台（Ⅲ）——第三方支付平台

8.1 跨境电子商务第三方支付与结算概述

8.1.1 跨境电子商务第三方支付概念

1. 第三方支付的概念

第三方支付是指具备一定实力和信誉保障的独立机构，采用与各大银行签约的方式，通过与银行支付结算系统接口对接，而促成交易双方进行交易的网络支付模式。

在第三方支付模式中，首先，买方选购商品后，使用第三方平台提供的账户进行货款支付（支付给第三方）；其次，第三方平台通知卖家货款到账并要求发货，买方收到货物，检验货物，并进行确认后，再通知第三方付款；最后，第三方将款项转至卖家账户，整个交易结束。

2. 第三方支付系统的概念

1）第三方支付系统的定义

第三方支付系统是指系统提供者通过计算机、通信和信息安全技术，在商家和银行之间建立连接，实现消费者、金融机构以及商家之间的货币支付、资金划拨、查询统计服务的一个系统。

2）第三方支付系统的构成要素

（1）客户，是指拥有第三方支付系统账户和银行账户的买方。

（2）商家，是指拥有银行账户和第三方支付系统账户的卖方。

（3）支付网关，是指银行金融网络系统和 Internet 网络之间的接口，是第三方处理商家支付信息和顾客的支付指令。

（4）支付平台，是指在线支付服务平台，作为买卖双方交易过程中的"中间人"，提供信用担保并在交易后提供相应的增值服务。

（5）网络银行系统，是指以信息技术和互联网技术为依托，通过 Internet 向用户开展和提供开户、销户、资金转账、查询、对账等金融服务的新型银行机构。

3）第三方支付系统的功能

第三方支付系统的功能是指在互联网安全系统之上提供的在线支付服务，是买卖双方交易中的资金"管家"，向交易双方提供信用担保、资金划拨、查询实时信息以及创新银行业务等服务。

（1）信用担保。跨境第三方支付系统为交易双方提供信用担保，在交易过程中充当资金"管家"，确保交易流程顺利进行，规避网络风险，解决网络交易的信用危机问题，维护双方的权益，防止交易双方的抵赖行为。

（2）资金划拨。跨境第三方支付系统在交易双方之间建立一个安全、有效、便捷、快速的资金划拨方式，保证物流、资金流和信息流正常流动，提高网上交易成交量。

（3）查询实时信息。跨境第三方支付系统向交易双方提供动态信息查询，以及对交易信息进行处理等服务。

（4）创新银行业务。第三方支付系统与多家银行合作，提供统一的应用接口和金融创新业务服务，同时在支付手段上为客户提供更多选择，使买方能够随时随地通过互联网享受银行业务服务。

案例 8-1

第三方支付平台须加强对第四方支付平台监管

近日，公安部在北京召开新闻发布会，通报了全国公安机关"净网2019"专项行动典型案例，其中包括福建公安机关重拳出击，成功摧毁一个为网络赌博团伙提供支付通道的非法第四方支付平台。

《法制日报》记者在采访中了解到，第四方支付又称聚合支付，聚合各种第三方支付平台、合作银行、合作电信运营商以及其他服务商接口。随着第三方支付规模不断增大，第四方支付规模也在不断增大，并且增速明显，但随之而来的问题也不容忽视。

1. 移动支付方兴未艾，支付结算持牌经营

据介绍，福建省公安机关共捣毁5个非法第四方支付平台，查明平台充值资金流水1.1亿余元，抓获犯罪嫌疑人40多名，涉及福建、辽宁、河南等地。

不法分子通过开设所谓的网络科技公司，以经营互联网接入及相关服务为名掩盖非法获取公民个人信息之实。与此同时，犯罪团伙成员通过网络买卖银行卡、身份证、手机卡、U盾等"四件套"，再高价出售给境内外不法分子用来牟利。

处在这一网络黑灰产业链上游的，正是涉嫌洗钱的非法第四方支付平台。这些平台与境外非法博彩网站或诈骗组织对接，利用"四件套"注册网络虚拟支付账号，在资金几经流转后实现洗钱目的，然后不法分子再从中抽取佣金。

对此，中国政法大学金融法研究中心主任刘少军认为，外部社会环境为第四方支付机构的发展提供了生长土壤，主要包括移动支付的兴起和金融创新的发展。

经营小吃店的李梅（化名）告诉记者，她门店内的聚合支付服务是两年前由当地银行工作人员主动上门提供的，支付码牌都由这家银行提供并且印有银行标识，消费者付账后统一进入她在这家银行开户的银行卡中，省去了一些麻烦。但是有的零售门店或自助售卖机的聚合收款服务则是由某些独立运营商提供的。

中国社会科学院金融研究所法与金融研究室副主任尹振涛认为，第四方支付是给第三方支付和客户提供辅助性的服务。现阶段各种支付体系和支付方式令人应接不暇，第三方支付机构需持牌经营。从中国人民银行官网公开目录可知，至今已获许可的支付机构达288家，为了进一步开拓市场、提升效率，便出现了为第三方支付机构服务的第四方支付机构。

刘少军认为，第四方支付不属于严格意义上的术语，按照有关规定，第四方支付作为服务商仅提供支付结算技术的服务，不得经手资金。从法律层面来说，平台经手资金本身属于支付结算行为，而所有的支付结算行为必须被严格纳入监管，要保障资金结算过程中的资金安全和客户信息安全，否则社会会陷入混乱局面。

"支付结算机构还必须满足反洗钱和反恐方面的规定，因而需要持牌经营，但有些涉及资金结算的第四方支付平台并未持牌。如果第四方支付平台只是为第三方支付平台提供附加服务，并且服务不涉及客户信息和资金结算，那么作为一种支付技术上的创新，没有牌照限制不会带来大问题。"刘少军说。

2. 造成客户资金损失，第三方负兜底责任

李梅告诉记者，银行在为她的门店提供聚合支付服务时，对其个人身份信息还有营业执照等信息都进行了审核。

一家线上、线下多种聚合支付公司的客服人员告诉记者，如果客户不配合或者欺骗服务商导致资金出现问题，又或者经营非法项目，将会被直接移交执法机关。

某第四方支付平台服务在网页上宣称：某某某和某某（第三方支付平台）早已不再支持个人接入即时到账收款接口。但是，使用我们的接口，您只需拥有某某某、某某（第三方支付平台）的个人账户，就可以完成即时到账收款接口，并能实时通知到您的自定义网址……

"即使面对主动上门洽谈的第四方支付服务商，商户在选择是否接受其服务时，出于对资金安全的考虑，都要注意其是否具备服务资格。如果服务商提供资金结算业务，则商户必须要确认其是否持有支付结算业务牌照，否则就属于非法第四方支付平台。如果服务商仅提供技术服务，则可以通过向其开放支付端口的第三方支付机构核实其资质。"刘少军说。

刘少军认为，尽管第四方支付服务商和商户有双向审核，但也不排除有些客户本身就是想通过第四方支付平台从事违法犯罪活动的可能。"那些找第四方平台提供支付结算服务的客户，要么是不明真相，要么是本身就怀有从事违法犯罪活动的目的，最后双方一拍即合。实际上还有持牌第三方支付机构纵容或者默许第四方支付平台参与非法经营活动，因为这样也能给第三方支付平台带来收获，彼此成为一个利益共同体。"刘少军说。

对于第四方支付平台和第三方支付平台之间的关系，刘少军认为，第三方支付平台给第四方支付平台打开了一个支付接口，第三方支付平台本身像第四方支付平台的客户一样。第四方支付平台拿到了接口再为客户提供连接第三方支付平台的服务。如果服务过程涉及资金流动，那么实际上第四方支付平台就成为第三方支付平台结算体系的一部分，既然属于支付结算体系的一部分，就必须纳入监管持牌经营。

如果第四方支付平台仅仅是提供技术服务，第三方支付平台本身也要监督这种服务是不是有可能导致客户资金损失，如果出现这种情况，第三方支付平台需要承担责任。"从法律角度来说，即使第四方支付平台仅仅作为一种支付技术或者一种金融创新，也需要第三方支付机构对其进行严格管理和监控，必须保障承包出去的服务符合法律规定。如果第四方支付平台从事违法经营活动，第三方支付机构要向有关部门报告。"刘少军说。

尹振涛认为，第三方支付平台如果与第四方支付平台合作的话，第四方支付平台就相当于第三方支付平台的业务厂商，对于其所有业务，第三方支付平台都应该承担主要责任。因为第四方支付平台是无牌照机构，只是一个给第三方支付平台提供服务的技术公司，其业务核心还是属于第三方支付平台。

不管出现什么样的法律问题或者风险问题，第三方支付平台都应该负兜底责任。"在这种情况下，第三方支付平台应该思考如何去选择合法合规的第四方支付平台。"尹振涛说。如果把责任都归拢于第三方支付平台，那么监管的压力就会减轻。这样一种责任划分对于监管机构来说是比较重要的，因为如果直接去监管无牌照的第四方支付公司，对于监管机构来说是一个很大的挑战。

3. 各方共同加强监管，杜绝非法经营活动

据了解，广东省公安厅网警总队去年就曾开展打击非法第四方支付平台的系列专案收网行动，成功摧毁了3个为网络赌博等犯罪活动提供资金结算的涉案团伙。

第四方支付平台的发展及风险早已引起了有关部门的关注：2017年1月22日，中国人民银行发布《中国人民银行关于开展违规"聚合支付"服务清理整治工作的通知》；2017年2月20日，中国人民银行发布《中国人民银行关于持续提升收单服务水平规范和促进收单服务市场发展的指导意见》。

采访中，有些用户告诉记者，聚合支付给移动支付带来了便利，不用在每一个可能用到的第三方支付平台上存钱。"自从可以一码多付，我平常就用一个支付软件，时间长了其他支付软件的账户和密码都忘记了。"在尹振涛看来，第四方支付平台的发展体现了互联网金融市场对支付技术外包的需求。

人们对支付手段的便捷性、安全性要求越来越高，而传统金融机构包括第三方支付平台在一些方面可能还有所欠缺，特别是在便捷性上存在不足，可见，第四方支付平台提供的支付技术还是有市场需求的。

尹振涛认为，现在的一些第四方支付服务公司规模都不大，技术能力、安全能力等有限。对于第四方支付平台来说，要利用其本身的技术优势和服务外包的优势，成为第三方支付平台的合理补充，而不是去替代第三方支付平台去做一些第三方支付平台不能做的违法违规行为。刘少军认为，减少非法第四方支付平台可以从三个方面考虑：国家层面要加强对支付结算体系的监管；第三方支付平台要加强对第四方支付平台的监管，防止其从事违法犯罪活动；监管执法部门要进一步提高对第四方支付平台从事违法犯罪活动的打击力度。

资料来源：第三方支付平台须加强对第四方支付平台监管[EB/OL].（2019-07-08）.http://www.100ec.cn/detail--6516632.html，内容有改动。

8.1.2　跨境电子商务第三方支付形式

支付领域从监管的角度可分为网络支付、预付卡业务和银行卡收单。其中，网络支付按照网络类型又可分为：互联网支付、通信网支付（移动电话支付、固定电话支付）和电视网支付。

1. 网络支付

通过各种网络进行支付，由于不同网络类型的管理方和主导方不同，因此在利益诉求和发展规划上也不尽相同。由于互联网等新技术给已有的通信网和电视网带来了冲击，不断涌入的行业加盟者和突破性的创新经营模式，使得网络支付领域波澜起伏，竞争异常激烈。由于网络连接形式的多样化，第三方网络支付也因此显现出不同的特点和发展趋势。

1）互联网支付

互联网支付是指第三方支付中使用宽带互联网接入方式的支付，目前来看是一种主流的第三方网络支付形式。参与者中有支付宝、财付通等具有行业霸主地位的企业和产品。

2）通信网支付

通信网支付是指通过通信网络所使用的终端进行的支付，其支付形式有移动电话支付、固定电话支付等。按通信网接入方式，其支付形式主要有四种：第一种是短信（STK）方式，第二种是语音方式 IVR（interactive voice response，交互式语音应答），第三种是 USSD 方式（非结构化补充数据业务），第四种是利用 WAP（无线应用协议）来实现。这些支付方式的共同特点是全都利用通信网络来进行支付信息的传递。

在通信网支付业务中，费用支取一般有两种途径：第一种是费用通过电信运营商账单收取，用户在支付其通信账单的同时支付这一费用。在这种方式中，运营商为用户提供信用，但这种代收费的方式使得电信运营商有超范围经营金融业务之嫌，因此其范围仅限于下载手机铃声等有限业务。第二种是费用从用户的银行借记账户或信用卡账户中扣除。在该方式中，通信平台只是一个简单的信息通道，借此将用户的银行账号或信用卡号与其电话号码连接起来。

3）电视网支付

在中国，电视支付是由国家广播电视总局的网络公司来主导的行业应用，是一种依托数字电视网络优势打造的支付服务。具体来说，就是基于双向互动网络，面向家庭和个人用户，以机顶盒操作系统为支付前端，主要以电视机为显示界面，安全便捷地使用个人账户在线完成支付的全过程。电视支付系统是一个可运营、可管理、可接入、安全方便的支付平台。

（1）网络和系统。CATV 电缆用作宽带传输，有别于其他以太网物理层所采用的基带传输，宽带布线系统可将频带分割成不同频谱，再通过不同频带去提供不同的服务。随着光传输技术的发展，将 CATV 的主干线用光缆替代就形成了 HFC 技术，即混合传输模式，它是指利用混合光纤加同轴电缆来进行宽带数字通信的 CATV 网络。

目前依据 CATV 网络的信号流向，可将 HFC 网络分为单向 HFC 和双向 HFC 两种，但由于单向 HFC 只能运营广播业务，而双向 HFC 则可以运营各种数字业务，因而通常将双向 HFC 网络称为 HFC，而将单向 HFC 称为 CATV。目前的发展趋势是大力使用双向网络来承载和提供更为丰富的应用。

（2）支付系统。电视支付系统往往是电视营业厅的一个子系统，而电视营业厅是一个功能完备的交互系统，除提供完整的互动电视功能之外，还有其他增值服务。增值业务包括电视上网、电视邮件、按次付费数字电视点播，同时可扩展到电视商务、在线游戏、远程教育、在线竞猜、家庭银行、电视彩信等领域，以及日后和 IP 电话功能融合（电视上能拨打可视电话），从而真正实现三网融合业务。

2. 预付卡业务

预付卡又叫作储值卡、消费卡、福礼卡、智能卡、积分卡等，顾名思义就是先付费再消费的卡片。预付卡分为记名卡和非记名卡，记名卡可挂失，非记名卡不可挂失。预付卡是根据持卡人要求将其资金转至卡内储存,交易时直接从卡内扣款的预付钱包式借记卡。

预付卡的发卡主体多种多样,主要包括以下几种。

(1)电信行业。移动、联通,其手机卡就是预付卡,比如全球通卡移动的记名卡。

(2)银行。银联与交通银行发行的太平洋世博非接触芯片预付卡。

(3)商家,指商场、超市、餐饮、娱乐、美容、理发等各个行业。

(4)第三方发卡机构。与众多商家签订协议,布放受理 POS 终端,发行一张跨行业消费的预付卡,可到众多联盟商户那里刷卡消费。

(5)其他机构。

最近,中国人民银行等 7 个部门通过制定《关于规范商业预付卡管理的意见》,对预付卡的管理进行了规范。

3. 银行卡收单

银行卡收单业务是指持卡人在银行签约商户那里刷卡消费,由刷卡终端所属的银行进行结算。该银行被称为收单行,而持卡人所属银行被称为发卡行。银行卡收单业务中的签约银行(收单行)向商户提供本外币资金结算服务。收单银行结算的过程就是从商户那边得到交易单据和交易数据,扣除按费率计算出的费用后,先行垫付持卡人交易账款并打款给商户。一般的银行卡收单指的是线下 POS 收单,参与的机构有各收单行(如中国工商银行、中国建设银行、交通银行等)、银联、通联支付,数字王府井、上海杉德等。可见,除银行外,第三方支付机构也被允许进入这一支付服务领域。

案例 8-2

曹磊:跨境电商给第三方支付带来更多机遇

"年初一笔近 5.5 亿元的第三方支付牌照交易,后来因各种原因谈'崩'了。公司的大股东还是打算将牌照出售,也在不断接洽一些潜在收购者,但是如今的价格连谈到 4 个亿都难。"作为一名老资金掮客,张怡(化名)见证了第三方支付牌照交易的潮涨潮落。她坦言:"不像资金拆借,利率总有高高低低。第三方支付牌照价格走低后很难再现回升。"近年来,第三方支付市场交易规模持续高速增长,这给各家持牌机构带来发展机遇。而在监管逐渐趋严的情况下,第三方支付行业的"壁垒"也逐渐筑起。"整个第三方支付行业的大格局基本已定。"上海某第三方支付机构首席市场官对《国际金融报》记者表示。

1. 牌照交易呈现买方市场

根据艾瑞咨询发布的报告显示,2017 年,中国第三方移动支付市场依然保持市场份额比较集中的情况。第一梯队的支付宝、财付通占据了约 94%的市场份额,第二梯队的支付企业在各自的细分领域发力。

其中,壹钱包开展了"520""920"两大营销活动,并对平安内外综合金融账户服务持续拓展,整体支付交易规模保持快速增长;联动优势受益于平台化、智能化、链化、国际化战略,推出面向行业的"支付+供应链"金融综合服务,促进交易持续增长;京东支付受益于线下支付,金融领域的发力呈现较为明显的增长,排名有所上升。

另外，连连支付积极开拓跨境支付市场，跨境支付交易规模增长迅速；快钱在万达场景，如购物中心、院线、文化旅游等场景快速扩展；易宝支付加大营销力度，在互金、航旅领域持续发力；苏宁支付致力于O2O化发展，为C端消费者、B端商户提供便捷、安全的覆盖线上、线下的全场景支付服务。

"目前，国内第三方支付行业尤其是在C端领域的格局已经相对比较固定，可以说这一领域的护城河已筑成，其他机构想要寻求突破，难度很大。"上述市场官称，在如今230多家第三方支付机构中，能生存并发展的也就几十家，大多数中小机构的日子都很难过。"有些机构甚至连合规成本都负担不了。"该市场官坦言。

第三方支付行业近年来不断迎来新的监管规定。仅今年，就有《非银行支付机构反洗钱现场检查数据接口规范（试行）》《条码支付业务规范（试行）》《关于进一步加强无证经营支付业务整治工作的通知》《关于将非银行支付机构网络支付业务由直连模式迁移至网联平台处理的通知》等多个法规、文件发布并生效。据相关媒体不完全统计，仅今年上半年，33家支付机构共收到38张行政处罚，累计罚款金额超过4500万元。张怡也表示，一些第三方机构仍在努力改进业务，以达到监管要求。

也有一些机构打算在牌照被监管取缔之前进行转让。"只是，如今第三方支付牌照交易市场已经从卖方市场转到了买方市场，想要找到有实力的接盘者很难，想要卖出好的价钱更难。"

2. 跨境业务资质"吃香"

"第三方支付牌照涵盖的业务范围不同，其含金量自然也不同。目前，即使有大集团想要寻购支付牌照，也往往希望是能从事跨境支付业务的支付牌照。但是，这类的支付牌照目前一共也就30多张，很少看到有出售的。"张怡指出。

上述市场官称："从2B的跨境支付领域来看，尚未有寡头垄断的局面，几十家拥有跨境支付资质的机构展开竞争，大家都有可能获得更多的市场份额。"据电子商务研究中心发布的《2018年中国进口跨境电商发展报告》，2018年上半年，中国进口跨境电商交易规模达1.03万亿元，同比增长19.4%，预计2018年全年将达到1.9万亿元。截至2018年6月底，我国经常进行跨境网购的用户达7500万人，预计到2018年年底用户数量将达到8800万人。

电子商务研究中心主任曹磊表示："近年来中国跨境电商蓬勃发展，跨境电商已然成为众多国外企业进入中国市场的首选方式。加之中国消费者进口消费逐步走向常态化，且进口消费群体呈现更年轻化特征，这些都为中国进口电商更快发展提供了坚实的基础和发展的新机遇。"而随着跨境电商市场的高速发展，自然也给中国第三方支付机构的跨境支付业务带来了更多的机遇。

"伴随着跨境电商的发展，国内跨境收款行业走过了三个阶段。第一个阶段，以外资公司为主，收款费率偏高；第二个阶段，连连支付等中国本土公司开始进入跨境收款行业，大大降低了行业费率；目前行业处于第三个阶段，开始从单一的收款向跨境电商综合服务发展。"连连支付CEO潘国栋指出。"其实，能够涉猎并布局跨境支付业务的第三方支付机构本身就是在行业中比较有实力的，若非出于战略大调整，这类牌照易手的可能性很低。另外，目前大型集团或机构的金融生态圈布局基本都已完成，因此市场对于第三方支付牌照的需求降低了很多。预计未来即使有成交,价格也不会如之前那样高得离谱。"上述市场官指出。

资料来源:曹磊.跨境电商给第三方支付带来更多机遇[EB/OL].(2018-11-07). http://www.100ec.cn/detail--6479655.html,内容有改动。

8.1.3 跨境电子商务第三方支付流程

以下为跨境电子商务第三方支付的具体流程。

(1)网上消费者浏览商户检索网页并选择相应商品,下订单达成交易。

(2)在弹出的支付页面上,网上消费者选择具体的某一个第三方支付平台,直接链接到其安全支付服务器上,在第三方支付页面上选择合适的支付方式,点击后进入银行支付页面进行支付。

(3)第三方支付平台将网上消费者的支付信息,按照各银行支付网关技术要求,传递到相关银行。

(4)由相关银行(银联)检查网上消费者的支付能力,实行冻结、扣账或者划账,并将结果信息回传给第三方支付平台和网上消费者。

(5)第三方支付平台将支付结果通知商户。

(6)接到支付成功的通知后,商户向网上消费者发货或者提供服务。

(7)各个银行通过第三方支付平台与商户实施清算。

跨境电子商务第三方支付的流程如图 8-1 所示。

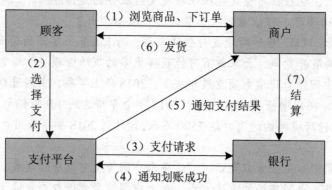

图 8-1 跨境电子商务第三方支付的流程

8.2 跨境电子商务第三方支付与结算发展现状及趋势

8.2.1 跨境电子商务第三方支付系统发展现状

电子支付业务在很大程度上依赖于高效安全的 IT 系统,涉及广阔的技术领域,电子支付发展至今也形成了多种互相交迭与结合使用的工具与机制,包括 POS/ATM、智能卡、电子转账、信用卡等,其实现方法与处理原理各不相同,适用于不同的市场。从长远角度来看,电子支付必将成为基于银行业、证券业、基金业、保险业,加上现在各种网上第三方电子支付平台所共同孕育、产生和推动的大行业。

1. 跨境电子商务第三方电子支付系统崛起

目前,除网上银行、电子信用卡等手段之外,利用第三方机构正在迅猛发展起来的支付模式及其支付流程,也可以相对降低网上支付的风险,但第三方机构必须具有一定的诚信度。在实际的操作过程中,第三方机构可以是发行信用卡的银行或有实力的其他企业。使用这种网上支付模式在进行网上支付时,信用卡卡号以及密码的披露只在持卡人和银行之间转移,降低了通过商家转移而导致的风险。

持卡人首先和第三方以替代银行账号的某种电子数据的形式(如邮件)传递账户信息,避免了持卡人将银行信息直接透露给商家,另外也可不登录网上银行界面,只登录第三方机构界面完成交易支付。第三方机构与各个主要银行之间签订有关协议,使得第三方机构与银行可以进行某种形式的数据交换和相关信息的确认。这样第三方机构就能实现在持卡人或消费者与各个银行,以及最终的收款人或是商家之间建立起一个支付的流程。

在网上第三方电子支付交易流程中,商家看不到客户的信用卡信息,从而可避免信用卡信息在网络上多次公开传输的风险。以 B2C 交易为例:第一步,客户在电子商务网站上选购商品,最后决定购买,买卖双方在网上达成交易意向。第二步,客户选择利用第三方电子支付平台作为交易中介,用信用卡将货款划至第三方账户。第三步,网上第三方电子支付平台将已经付款的消息通知商家,并要求商家在规定时间内发货。第四步,商家收到通知后按照订单发货。第五步,客户收到货物并验证后通知第三方打款。第六步,第三方将其账户上的货款划入商家账户中,交易完成。

20 世纪 90 年代,阿里巴巴、慧聪商情等网站凭借着良好的信息管理、中介服务以及强大的交易平台,将许多 B2B 商务交易搬到了互联网上。易趣、淘宝、当当等 B2C、C2C 类网站为网民提供了一个自由购物的平台。在"在线支付"的支持下,网上购物迎来了第三次互联网经济热潮。

2. 跨境电子商务中第三方电子支付的主要模式

国内在线支付企业主要由三大类模式组成:第一类,是由五大商业银行主宰的网关支付服务,例如银联,金融背景与业务熟悉是这类支付平台的最大优势;第二类,则是依托大型 B2C、C2C 网站的支付工具,例如支付宝就属于这种非独立性的寄生形式;第三类,是网上第三方电子支付平台,具有网上电子支付、电话支付、移动支付等多种支付手段的特点,正在迅速成长和扩张。第二类模式的发展,需要依附大型电子商务品牌来运营。第一类与第三类模式具有很好的互补关系,即在五大商业银行主宰的网关支付服务之外,网上电子支付、电话支付、移动支付等网上第三方电子支付平台的迅速成长和扩张,与银行之间形成了微妙的互补关系。随着政府法规的出台、行业兼并与重组的可能,网上第三方电子支付市场将迎来大考验。

目前,国内网上第三方电子支付工具发展非常迅速,已有包括国际性支付工具 **PayPal**

在内的几十家活跃在市场上。例如，国内支付网关有移动支付、支付宝、贝宝、网银在线、快钱、环迅 IPS、腾讯财付通、首信易支付、YeePay、6688 支付、8848 支付、ePay 网关、NPS 网关、ChinaPay 支付、和讯支付、云网支付、XPay 支付、汇付天下、西部支付、iPay 支付等，国外支付网关有 PayPal、2Checkout、Nochex、Google Checkout 等。

电子商务中网上第三方电子支付的主要模式有：B2B，指企业与企业之间的网上贸易；C2C，指个人与个人之间的网上交易；B2C，指企业与个人之间的网上交易。其中，B2C 是最基础的一环，如果没有 B2C，也就失去了 B2B 最终发展的目标。

3. 跨境电子商务第三方支付系统的特点与功能

随着全球经济的不断发展、互联网的日益普及，以及电子商务技术的逐渐成熟，越来越多的人开始选择在网上购物。网上购物不受时间、空间的限制，出行成本几乎为零，商品价格相对于一般商场的同类商品来说也更便宜。但同时，网上交易也存在着一定的资金风险，比如买方先付款后不能按时、按质、按量收货，卖方先交货后不能按时、如数收到价款，出现被拖延付款、强迫打折或拒付等状况。于是，在 2003 年 10 月支付宝交易服务在淘宝网推出后，相继出现了财付通、百付宝等专业在线支付平台，解决了网上购物的资金流动问题，促进了网上购物等电子商务产业的快速发展。

这些专业的在线支付平台，就属于第三方支付系统。传统的支付方式往往是简单的即时性直接付转，一步支付，因此比较容易出现上面所说的资金风险，而第三方支付系统则有效解决了这些问题。

第三方支付系统的特点与功能包括以下几点。

（1）第三方支付平台是一个为网上交易提供保障的独立机构。

（2）第三方支付平台不仅具有资金传递功能，而且可以对交易双方进行约束和监督。

（3）第三方支付平台支付手段灵活多样，用户可使用网络、电话、手机短信等多种方式进行支付。

（4）较之 SSL、SET（secure electronic transaction，安全电子交易）等支付协议，利用第三方支付平台进行支付操作更加简便且更易被接受。

（5）第三方支付平台本身依附于大型的门户网站，且以与其合作的银行信用作为信用依托，能较好地突破网上交易中的信用问题，有利于推动电子商务的快速发展。例如，支付宝就具备了第三方平台支付方便快捷、实时付款等特点，保证了网络上的交易买卖双方的资金和货物安全。它提出的"你敢付，我敢赔"的安全服务承诺，为商户做出了诚信担保，让买家能放心地通过支付宝到商家购买产品，同时还可以提高商家的销售量和品牌形象。

案例 8-3

跨境电商交易额一年增万亿　第三方支付重金抢先机

跨境电商交易规模一年间增长万亿元以上，带动了第三方支付机构业务规模、收入爆发式增长。最近两年来，迅猛增长的跨境电商，正在成为第三方支付机构转型、突围的"蓝海"。

据市场咨询机构易观于1月9日在深圳发布的白皮书数据显示,中国跨境出口电商2018年的交易规模预计将高达7.9万亿元,较上年同比增加25%以上,交易额增加1.6万亿元左右。跨境电商巨大的增长空间驱动第三方支付纷纷布局,就在上述发布会上,第三方支付机构连连支付母公司,就推出了面向跨境电商卖家的一站式服务在线交易平台。此前,多家第三方支付机构,也已大力布局跨境支付。

业内人士认为,2017年以来,在监管环境持续收紧、业务同质化竞争、市场空间逼仄等大环境下,与跨境电商相关的跨境支付业务,在境外收付款、境内换汇、支付、周边生态建设等方面都有大量需求,这将是第三方支付未来的"蓝海"。

1. 支付机构抢滩跨境

电商数据显示,2017年全年,中国跨境出口电商交易规模为6.3万亿元,同比增长14.5%,预计2018年交易规模将达7.9万亿元,同比增长达到26%左右;超过90%的卖家在2011年后开始从事跨境电商,其中75%以上在2014年之后才进入市场。在互联网行业中,跨境电商已成为新的增长点。巨量的市场空间和增长潜力,吸引了越多来越多的第三方支付公司布局。

1月9日,第三方支付公司连连支付的母公司连连数字也推出了面向跨境电商的在线交易平台 LianLian Link。连连支付CEO潘国栋介绍,该平台综合了卖家、服务商、开发者、供应商等各类平台,通过聚合开店、选品、营销、物流、金融等全品类服务商,纵向连接供应商,横向连接服务商,覆盖跨境电商全产业、全流程,可为跨境电商卖家提供一站式服务。

2018年第三季度,连连支付正式推出了"330计划",即将在未来3年时间内投入30亿元资金,扶持100万家跨境电商卖家,构建全球性跨境电商服务平台。潘国栋称,连连支付将围绕跨境电商卖家,构建一个全球性的跨境电商服务平台,覆盖跨境产业链上的所有参与者,为跨境电商卖家提供开店、运营、收付款等全流程服务。跨境电商交易规模的快速增长,让跨境支付骤然成为第三方支付机构的香饽饽。

潘国栋称,截至2018年年底,连连支付累计交易金额超过2.79万亿元,累计交易笔数超过9.26亿笔,累计服务用户数达3.69亿人。在跨境支付领域,连连支付累计服务跨境电商卖家超过39万家,累计跨境交易金额超过930亿元。跨境电商的巨大市场空间,吸引了不少第三方支付机构布局。除了连连支付,汇付天下、宝付支付等持有跨境支付牌照的第三方支付机构也纷纷在跨境电商领域布局,一些尚未获得牌照的机构,也有开展跨境支付业务的计划。

跨境支付业务也为第三方支付机构带来了可观的收入。根据招股书披露,汇付天下2017年的跨境支付交易规模较2016年增长16倍;2018年中报则显示,当年上半年,其跨境支付累计交易量达67亿元,业务收入1433万元,分别为2017年全年的11倍、10倍左右;而宝付支付跨境收付业务每月结售汇交易量也已达到10亿元人民币。

2. 第三方支付转型的"蓝海"

与跨境电商相关的跨境支付业务,也是诸多中小支付机构转型、突围的希望所在。业内人士向第一财经称,在第三方支付市场,支付宝、财付通包揽了国内90%左右的市场份额,留给其他机构的空间极其逼仄。2017年以来,监管持续收紧,针对备付金存管、无证支付清查、"断直连"等出台了多项规定,传统业务面临费率竞争、收益微薄等诸多挑战。

业内人士还称,监管层关于备付金存管、"断直连"的规定,对中小第三方支付机构的影响尤其大。以前的环境下,第三方支付机构账户沉淀了大量资金,可以通过协议存款作为筹码与银行谈判,从而实现低费率。但备付金集中存管、"断直连",让这种优势不复存在。在此背景下,蓬勃发展的跨境电商,为第三方支付机构提供了突围、转型空间。

潘国栋认为,目前跨境支付市场仍处于高速增长期,跨境支付市场竞争并不充分,服务水平也有待提高,因此市场仍处于"蓝海",远远没到争夺存量市场的阶段。这从第三方支付在跨境支付中的所占份额便可见一斑。

根据中国支付清算协会统计数据,2017年国内第三方支付机构跨境互联网交易金额约3200亿元,达到12.56亿笔,比2016年增长114.7%,但占比只有5%。根据易观数据,目前,2018预计年销售额在250万美元以下的卖家占比超过85%,销售额超过1000万美元的大卖家仅占2.5%,海外电商市场结构相对分散。伴随跨境电商的发展,行业将会从野蛮生长向逐步规范转变。未来,物流、资金流、信息流将三流合一,形成交易闭环,围绕跨境电商形成一个生态链和服务链,这将会是行业发展的大趋势。潘国栋称,在支付、结算领域,跨境电商境外收、付款需要开立境外账户,但很多卖家没有能力在境外开设公司,无法开立账户。为解决这个问题,连连支付与境外金融机构合作,为卖家开立境外账户,解决了其境外收付款难题。

在境内方面,以前换汇通常要在柜台、线下进行,影响业务效率,而连连支付通过与金融机构合作,使得跨境电商卖家在境内的换汇、支付等环节线上就能全部完成。此外,通过该平台,在卖家授权的情况下,银行可调取其销售、经营数据,为有需求、更符合要求的卖家提供融资。"如果光靠降低费率、搞价格战,不能形成自己的核心竞争力。"潘国栋说。对第三方支付机构来说,通过提供增值服务,提升跨境电商运营效率,降低运营成本,解决信息不对称的一站式生态,才是未来第三方支付的出路所在。

资料来源:跨境电商交易额一年增万亿 第三方支付重金抢先机[EB/OL].(2019-01-13). http://www.100ec.cn/detail--6491253.html,内容有改动。

8.2.2 跨境电子商务第三方支付的产业预期

第三方支付是现代金融服务业的重要组成部分,也是中国互联网经济高速发展的底层支撑力量和进一步发展的推动力。第三方支付平台不仅在弥补银行服务功能空白、提升金融交易效率等方面表现突出,同时在健全现代金融体系、完善现代金融功能方面也起着重要作用。随着国内电子商务的兴起,一些信息服务企业兴办的支付平台也已开始崭露头角,第三方支付作为新技术、新业态、新模式的新兴产业,具有广阔的市场需求前景。

《2015—2020年中国第三方支付产业市场前瞻与投资战略规划分析报告》认为,网络购物是第三方支付中所占份额最大的应用领域,通常第三方支付均以该领域作为支付的切入点。然而随着各运营商的横向业务拓展,细分支付领域增多,将导致网络购物网上支付的份额保持在40%左右。

中国第三方支付市场的核心业务是线上支付市场,该市场从2004年开始进入加速发展阶段，在2008年和2009年呈爆发式增长，特别是2010年中国人民银行《非金融机构支付服务管理办法》及《非金融机构支付服务管理办法实施细则》的出台，使得第三方支付行业结束了原始成长期，被正式纳入国家监管体系，拥有了合法的身份。未来第三方支付行业将面临行业高度集中与差异化优势并存的格局，并迎来盈利模式的变革突破，同时也鸣响了国内支付行业淘汰赛的枪声。

中国人民银行出台《非金融机构支付服务管理办法》（以下简称《管理办法》），首次对非金融机构从事网络支付、预付卡发行与管理、银行卡收单等支付服务的市场准入、行政许可、监督管理等做出了明确规定。随后，中国人民银行又发布了《非金融机构支付服务管理办法实施细则》。

根据《管理办法》，非金融机构支付服务是指非金融机构在收付款人之间作为中介机构提供下列部分或全部货币资金转移服务：网络支付、预付卡的发行与受理、银行卡收单、中国人民银行确定的其他支付服务。

其中，网络支付是指依托公共网络或专用网络在收付款人之间转移货币资金的行为，包括货币汇兑、互联网支付、移动电话支付、固定电话支付、数字电视支付等。其中，移动电话支付包括短信支付、STK支付、USSD支付、WAP支付等类型。

预付卡是指以营利为目的发行的、在发行机构之外购买商品或服务的预付价值，包括采取磁条、芯片等技术以卡片、密码等形式发行的预付卡。

银行卡收单是指通过销售点（POS）终端等为银行卡特约商户代收货币资金的行为。

第三方支付半年考：跨境支付热度上升 聚合支付问题凸显

第三方支付发展到2019年，快速增长期已结束，目前已进入到稳步增长阶段。易观、艾瑞近日发布的报告皆表明，2018年第一季度至2019年第一季度，第三方移动支付交易规模的同比增速放缓。

从整体格局看，支付宝、财付通依旧是第三方移动支付市场里的"双寡头"，强监管的态势也没有改变，近日央行上海分行对迅付信息科技有限公司（下称"环迅支付"）开出近六千万元的罚单，又一次刷新了第三方支付业罚单金额。此外，随着聚合支付的逐渐火热，其潜藏的问题也开始暴露，监管办法有待细化。

1. "双寡头"格局未变

艾瑞咨询统计数据显示，2019年第一季度，中国第三方移动支付交易规模达到55.4万亿元，同比增速为24.7%。2018年第一季度至2019年第一季度，第三方移动支付交易规模的同比增速放缓。易观也指出，移动支付交易规模增长，季度增速趋缓，2019年第一季度移动支付行业受季节性调整影响，环比增速减缓为0.96%。

艾瑞咨询认为，伴随着用户移动支付习惯的建立以及移动支付场景覆盖率的不断提高，我国移动支付市场交易规模已结束快速增长期，进入到稳步增长阶段。从市场份额看，支付宝、财付通依然是第三方移动支付市场里的"双寡头"。

艾瑞数据显示，2019年第一季度中国移动支付交易份额中，支付宝以53.8%的份额高居第一；腾讯财付通位列第二，占39.9%；中国平安旗下平安付的壹钱包占1.6%；其他第三方支付机构市场份额占比都低于1%。易观统计的情况大致类似，2019年第一季度，在移动支付交易份额中，支付宝占比53.21%，腾讯金融占比39.44%，紧随其后的壹钱包占比1.27%。

从监管层面看，2019年第三方支付延续强监管态势。记者依据央行公开信息不完全统计，截至7月19日，央行在2019年对第三方支付机构开出近三十张罚单，处罚力度也越来越大。央行上海分行7月12日公布的一张罚单显示，环迅支付因违反支付业务规定，被罚没5939.41万元，是目前第三方支付公司单次被罚没金额最多的。业内人士对《国际金融报》记者表示："环迅的事情源于2018年的检查，处罚通知是近期才公布的。

环迅的问题是给贵金属、外汇、博彩等业务提供支付结算通道，这些都是央行明令禁止的。"易观支付行业分析师王蓬博对《国际金融报》记者称，支付机构违规处罚类型以反洗钱、清算为主，在反洗钱处罚中，支付机构罚单金额巨大。2019年监管从严，对于支付机构而言既是机遇也是挑战，通过行政处罚加快支付市场出清，利好合规支付机构。

2. 跨境支付热度上升

在"双寡头"、强监管下，跨境支付热度上升，跨境支付正成为银联、支付宝、微信等机构竞争的新战场。7月15日，中国银联联合商业银行宣布推出首款银联跨境返现卡，也开始大举抢占跨境支付市场份额。支付宝方面，其境外线下支付目前已覆盖超过55个国家和地区，几乎涵盖吃喝玩乐等所有消费场景，在超过35个国家和地区的85个国际机场及3个国际码头提供实时退税服务。

微信支付也在快速推进国际化进程。截至2019年7月，微信支付跨境业务已支持49个境外国家和地区的合规接入，发展了近1000家合作机构，支持全球85个机场和3个国际港口实时退税。随着跨境支付的兴起，监管将规范跨境支付"无牌照展业"和"无证经营"的消息也不断传出。近日，网传鼎付（Gleebill）给商户发送邮件称，暂停亚马逊欧洲、英国等店铺的收款服务。

7月12日，自称全球首家专门为中国跨境电商卖家提供全球收款的杭州呼嘭智能技术有限公司（PingPong）在其微信公众号发文称，PingPong率先响应中国人民银行总行有关规范跨境支付市场的最新监管框架，报经中国人民银行同意，PingPong近期已开启业务模式的升级计划和针对性改进。

此通知一出，便有消息猜测称"PingPong业务不符合政策法规被叫停"。对此，PingPong于7月15日通过官方微博发布"严正声明"称，PingPong合规完备，不存在叫停一说。但值得注意的是，目前该声明已被删除。上述业内人士表示，跨境支付最近网上风声很多，但至今没有确切的官方消息。

支付机构目前都在保持和监管部门的沟通，如监管部门明确政策，各支付机构也会做出相应调整。苏宁金融研究院高级研究员黄大智对《国际金融报》记者表示："'无牌照展业'和'无证经营'具有本质不同，后者是监管严厉打击的范围。""无牌照展业"属于跨境支付产业链中的一部分，部分持有境外支付牌照的机构，可以在合规的前提下与境内支付机构合作，共同服务跨境贸易主体。

3. 聚合支付问题凸显

在国内第三方支付市场两强割据的饱和状态之时，新的支付业态——聚合支付兴起。聚合支付俗称"第四方支付"，主要服务微信支付、支付宝等第三方支付的线下扫码业务。苏宁金融研究院互联网金融中心主任薛洪言分析，聚合支付的兴起，本质上在于能给市场各方带来利益增进效果。于商户端，一点接入即可支持不同支付工具，节约了成本；于消费者，有了选择支付工具的自由，可以最大化享受支付机构补贴优惠；于支付机构（聚合支付机构类似于代理），可以扩大商户覆盖范围。

但快速发展背后的问题也逐渐暴露。广东警方曾通报，非法第四方支付（聚合支付）平台通过大量购买空壳公司或利用员工个人信息注册大量的第三方支付账号，通过技术手段搭建平台，聚合这些账号收取客户资金，为黑灰产业犯罪提供资金结算，从中赚取手续费。"聚合支付合规性、业务规范性问题日益凸显。"王蓬博指出，部分聚合支付无证从事支付结算业务，部分服务商违规截留商户结算资金。

同时，部分聚合支付机构还帮助网络诈骗、网络赌博洗钱。薛洪言表示，聚合支付机构被监管界定为收单服务机构，不能碰资金、风控及核心数据，但在实践中，越线的现象比较多，已成为行业乱象的主要来源。产生这些现象的根本原因在于，聚合支付机构手握数据、商户等核心资源，不甘心仅仅做外围收单服务机构，在无法申请相关资质的情况下，片面追求利益，知法犯法。黄大智认为，聚合支付行业乱象的背后折射出了各方参与主体权责不清。

聚合支付通过聚合各种支付通道，其在行业中的地位越来越重要，但仍缺乏与之相配的监管文件，在事前准入、事中持续监督、事后处罚方面仍然有待加强。而行业特性也使风险在发生后难以追本溯源，这种信息的隐蔽性也助涨了违法违规行为的气焰。对此，薛洪言称，除了强化检查监督、提高违法违规成本外，还要推动市场主体整合优化：一方面，规范市场竞争，确保商业可持续；另一方面，提高行业准入门槛，推动巨头入场，加速行业整合，推动从业机构数量降低至合理水平。

资料来源：第三方支付半年考：跨境支付热度上升 聚合支付问题凸显[EB/OL].（2019-07-22）. http://www.100ec.cn/detail--6518996.html，有改动。

8.2.3 跨境电子商务第三方支付的未来前景

1. 跨境电子商务第三方支付的安全问题与技术保障

1）第三方支付的安全问题

第三方支付的安全问题主要有5种：各方身份认证的信用问题、银行业务的安全问题、安全保障技术的风险问题、应用系统的安全问题、第三方支付公司的监管问题。

（1）各方身份认证的信用问题。相互不了解的人在交易中的诚信问题在网络交易中显得尤为突出。第三方支付的信用问题包含交易双方的诚信和第三方支付系统的真实性问题。

（2）银行业务的安全问题。若利用信用卡进行套现，有第三方支付的"转接"就可以轻松完成。还有一些第三方支付工具具有资金收付功能，更可成为洗钱的工具。另外，在网上支付中，第三方支付系统作为资金的管家，买方将款项转到第三方支付系统，第三方支付系统须等待买方通知后才能将款项转到卖方账户中，在这一等待过程中，会形成第三方支付系统中的资金沉淀。

（3）安全保障技术的风险问题。第三方支付系统提供的在线支付服务，若没有起到有效的"管理"作用，那么交易就无法完成。

（4）应用系统的安全问题。关键数据的存储和重要数据的传输过程是用户关注的焦点。第三方支付系统拥有庞大的用户数据，如用户密码、个人档案、交易记录等，这些数据都涉及用户的信息安全，如没有相应的风险防范手段，将是极其危险的。在设计程序时，应预防网络中断、停电等意外情况，对程序进行精心的容错设计，避免用户操作、处理错误时系统崩溃，应准确、及时地给出错误及后续操作提示。

（5）第三方支付公司的监管问题。目前，国内的第三方支付企业不是金融机构，是有限责任公司的性质，一旦出现公司破产等情形，将可能导致其他企业的资金链出现问题。对第三方支付的监管配套法规制度不完善，使得监管执法无法到位。因此，这方面立法的滞后，给规范和管理市场、保护各方合法权益带来了一定的困难。

2）第三方支付安全的技术保障

第三方支付安全的技术保障主要有5种：交易方自身网络安全保障技术、数据传输安全保障技术、交易用户身份识别与认证、交易方的支付安全、加强资金的监管和风险准备。

（1）交易方自身网络安全保障技术。

① 用户账户管理和网络杀毒技术。交易双方在进入系统之前须输入账户密码，在获得系统认可后才能在规定的权限内使用系统，使用密码登录技术是最直接的安全防范措施。

② 防火墙技术。防火墙的主要功能是加强网络之间的访问控制，防止外部网络用户以非法手段通过外部网络进入内部网络。要进行电子支付，企业就不得不把内部网络连接到Internet上，这意味着与网上成千上万的计算机建立通路，为了维护企业内部网络和信息的安全，就需要防火墙这一技术手段的应用。

（2）数据传输安全保障技术。数据传输安全保障技术主要体现在数据加密技术上，是为提高信息系统及数据的安全性和保密性，防止秘密数据被外部破解所采用的主要技术手段之一。在进行支付的过程中，贸易双方在网络上相互通信，主要的安全威胁来自非法窃听。

（3）交易用户身份识别与认证。身份认证是判别和确认贸易双方真实身份的重要环节，也是电子商务交易过程中最薄弱的环节。数字签名与CA认证技术是主要的身份认证技术。

① 数字签名。数字签名的作用是区分真实数据与伪造的、被篡改过的数据。使用加密技术，通过加密函数加密的密文将随着文件的变化而变化，因而可以利用数字签名来鉴别文件在传输过程中是否遭到破坏或篡改。

② CA认证技术。在电子交易中，无论是数字时间戳服务还是数字证书的服务，都不是靠贸易双方自己完成的，而需要由一个具有权威性和公正性的第三方来完成。CA承担网

上安全电子贸易认证服务，为贸易的参与方提供了安全保障。

（4）交易方的支付安全。目前有两种支付协议被广泛地采用和应用，一个是 SSL，另一个是 SET。

① SSL 协议。SSL 协议可以提供 Web 上两台机器间的安全通道，它首先要利用认证技术识别各自的身份，在客户机向服务器发出要求建立连接的消息后，SSL 要求服务器向浏览器出示数字证书，客户端验证后确认合法性。客户端利用加密技术保证通道的保密性，利用数字签名技术保证信息传送的完整性。

② SET 协议。SET 协议是一个复杂的协议，涵盖了信用卡在电子交易中的交易流程、应用信息的保密和资料的完整以及 CA 认证、数字签名等技术标准。其作用主要是保证付款信息和付款过程的安全，保证付款过程遵守相同的协议和格式标准。

（5）加强资金的监管和风险准备。

① 加强资金的监管。对滞留在第三方支付公司内部的客户资金，通过法规明确其所有权属于客户，严格区分客户自己的资金和第三方支付公司自身的资金，禁止将客户资金用于第三方支付公司的运营或者其他目的。

② 加强风险准备。第三方支付公司应建立风险准备制度，以作为防范风险损失的最后防线和生存的保障。在第三方公司不能主动管理风险的情况下，只能由法律规定强制建立风险准备制度。

2. 第三方电子支付未来的市场格局

中国人民银行发布中央银行令，制定并出台《非金融机构支付服务管理办法》（以下简称《办法》），旨在规范非金融机构支付业务，《办法》于 2010 年 9 月 1 日起施行，规定第三方电子支付企业必须"持证上岗"才能继续从事支付业务，这使得市场上一半的同类企业面临生死大限。

中央银行推出的"超级网银"上线。作为非金融机构提供支付和结算服务的第三方电子支付企业，其业务与银行业务的冲突并不明显，最核心的优势在于行业资源深厚，现在对行业资源进行深耕和提供解决方案已成为其立身之本。中国航空机票销售是"航空公司直销加代理商分销"相结合的模式，100%的电子客票要求信息流、物流和资金流的全程电子化，无论是航空公司还是航空代理商都无法完全满足这三点，因而建立一套完善的电子支付体系，是摆在众多航空公司和数家机票代理商面前的一大难题。

为此，易宝支付推出了常旅客支付、代理人专用支付、信用支付、呼叫中心、信用卡支付、供应链实时分账清算、退票实时退款等航空业全程电子支付解决方案，现已得到包括中航信（中国民航信息网络股份有限公司）、海航集团、四川航空等在内的十几家航空公司和近千家代理商的认可和使用。

只要不断有新的行业形成电子化过程，就会有越来越多的行业进入电子支付行列。电子支付不只是等于电子商务的支付，电子支付发展的最大推动力来自于这些行业的电子化。基金业开始引进第三方电子支付，以推动销售渠道电子商务化的进程。第三方电子支付公司的介入，将改变基金行业过分倚重于传统渠道的状况，而支付结算瓶颈的突破，也将大大提高基金公司开展网上直销的动力。第三方电子支付未来的市场格局如图 8-2 所示。

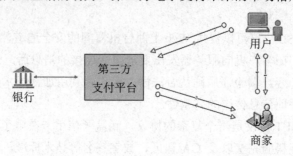

图 8-2　第三方电子支付未来的市场格局

此外，基金业引进网上第三方电子支付，也有望为支付公司提供新的市场拓展空间。中国内地有六百多家支付清算组织，其中约半数为非银行金融机构。

项目实训

跨境电子商务第三方支付实训

实训目标

（1）培养学生收集信息的能力；
（2）加强学生对跨境支付与结算第三方平台的实操能力。

实训内容

假如你要在亚马逊美国站开一家儿童图书店，结合以前学习的内容。全班 5 人为一个团队，以团队为单位研究跨境电子商务第三方支付平台。

（1）你会选择哪种形式的第三方支付？
（2）你会选择哪个平台作为你店铺的第三方支付平台？为什么？
（3）从安全问题与技术保障的角度出发，你认为第三方支付平台还有哪些需要改进的地方？

复习与思考

1. 跨境电子商务第三方支付系统的基本构成是怎样的？
2. 跨境电子商务第三方支付系统的功能是什么？
3. 跨境电子商务第三方支付系统的特点与功能是什么？
4. 跨境电子商务第三方支付的安全问题包括哪些？

第 9 章　跨境支付与结算技术和风险分析

 **本章思维导图**

```
                            ┌─ 跨境电子商务支付与结算的技术认知
              ┌ 跨境电子商务支付 ─┼─ 跨境电子商务支付与结算的技术分析
              │ 与结算技术概述    └─ 跨境电子商务支付与结算的最新技术
跨境支付与结算 ─┤
技术和风险分析  │
              │                 ┌─ 跨境电子商务支付与结算的风险认知
              └ 跨境电子商务支付 ─┼─ 跨境电子商务支付与结算的风险监管
                与结算风险概述    └─ 跨境电子商务支付与结算的风险防范措施
```

知识目标

- 了解跨境电子商务支付与结算的技术；
- 掌握跨境电子商务支付与结算的最新技术；
- 了解跨境电子商务支付与结算的风险防范措施。

【关键词】

远距离支付结算、近距离支付结算、区块链技术、生物识别技术、风险防范

案例导入

考拉海购区块链溯源技术已覆盖自营商品

3月17日，《北京商报》记者获悉，考拉海购已升级商品全链路溯源系统，引入的蚂蚁区块链溯源技术已经覆盖所有自营商品。消费者通过支付宝扫描区块链二维码，便能查询到商品备案、过关、物流的每一个环节。据介绍，后续平台商家和海外直邮也将上链，未来计划覆盖62个国家和地区、2897个品类、7432个品牌。

考拉海购表示，区块链技术的应用是考拉海购正品保障体系的进一步升级，以更前沿的技术为消费者护航。在此之前，考拉海购与杭州海关技术中心、中国消费品质量安全促进会，以及浙江省检科院、SGS集团、TÜV莱茵、Intertek（天祥）、中检电商中心（中国检验认证集团电子商务运营中心）等25家权威质检机构建立品质联盟，共同推动进口商品质量标准建立。

资料来源：考拉海购区块链溯源技术已覆盖自营商品[EB/OL].（2020-03-18）. http://www.100ec.cn/detail--6549101.html，内容有改动。

9.1 跨境电子商务支付与结算技术概述

9.1.1 跨境电子商务支付与结算的技术认知

1. 跨境电子商务支付与结算的技术概述

1) 跨境电子商务支付与结算的技术架构

跨境电子商务支付与结算的整体技术架构可以分为以下三层：① 支撑层，是指用来支持跨境电子商务支付核心系统的基础软件包和基础设施，包括运维监控系统、日志分析系统等；② 核心层，即跨境电子商务支付系统的核心模块，包括跨境电子商务支付的支付核心模块及跨境支付的支付服务模块；③ 产品层，是指通过核心层提供的服务组合起来，呈现给最终用户、商户、运营管理人员的系统。

（1）跨境电子商务支付与结算的支撑系统。支撑系统是一家公司为跨境电子商务支付系统运行所提供的基础设施，主要包括如下子系统。

① 运维监控。跨境电子商务支付系统在运行过程中，不可避免地会受到各种内部和外部因素的干扰，如光纤被挖断、黑客攻击、误删数据库、上线系统存在漏洞等，运维人员必须在第一时间对这些意外事件做出响应，这就需要一个运维监控系统来协助完成。

② 日志分析。日志是跨境电子商务支付系统统计分析、运维监控的重要依据，公司需要提供基础设施来支持日志的统一收集和分析。

③ 短信平台。短信在跨境电子商务支付系统中具有重要作用，如身份验证、安全登录、找回密码及报警监控等都需要短信的支持。

④ 安全机制。安全是跨境电子商务支付的生命线，SSL 证书、防刷接口等都是跨境电子商务支付的必要设施。

⑤ 统计报表。跨境电子商务支付数据的可视化展示是公司进行决策的基础。

远程连接管理、分布式计算、消息机制、全文检索、文件传输、数据存储、机器学习等都是构建大型系统的基础软件。

（2）跨境电子商务支付与结算的核心系统。核心系统是用户执行跨境电子商务支付的核心模块，包括以下具体流程。

① 用户从跨境电子商务支付应用启动跨境电子商务支付流程。

② 跨境电子商务支付应用根据应用和用户选择的支付工具，来调用对应的支付产品执行支付。

③ 跨境电子商务支付路由根据支付工具、渠道费率、接口稳定性等因素选择合适的支付渠道来落地支付。

④ 跨境电子商务调用银行、第三方支付等渠道提供的接口来执行支付操作，最终落地资金转移。

（3）跨境电子商务支付与结算的服务系统。服务系统又分为基础服务系统、资金系统、风控和信用系统。

① 基础服务系统。基础服务系统提供支撑线上支付系统运行的基础业务功能,具体包括:客户信息管理:包括对用户、商户的实名身份、基本信息、协议的管理;支付通道管理:包括通道接口、配置参数、费用、限额等的管理;账户和账务系统:主要用来管理账户信息及交易流水、记账凭证等,这里的账务一般指对接线上系统的账务,采用单边账的记账方式,内部账记录在会计核算系统中;订单系统:一般可以独立于业务系统,这里的订单主要指支付订单。

② 资金系统。资金系统指围绕财务会计而产生的后台资金核实、调度和管理的系统,具体包括:会计核算:提供会计科目、内部账务、试算平衡、流水登记、核算和归档的功能;资金管理:管理公司在各个支付渠道的头寸,在余额不足时进行打款,面对第三方支付公司,还需要对备付金进行管理;清算分润:对于有分润需求的业务,还需要提供清分清算、对账处理和计费分润功能。

③ 风控和信用系统。风控系统是跨境电子商务支付系统必备的基础功能,所有的跨境电子商务支付行为必须做出风险评估并采取对应的措施;信用系统是在风控系统基础上发展起来的高级功能,如速卖通订单贷款就是成功的案例。

2)跨境电子商务支付与结算的业务架构

结合跨境电子商务支付与结算的技术架构,其业务架构主要包括以下五大模块。

(1)商户模块。商户模块包括虚拟账户、管理平台、多币种收银台、争议管理。

(2)资金通道模块。资金通道模块接入了境内发卡行、境外发卡行、国际卡组织、境内汇率行、国际汇率行,以及境内收单行、境外收单行和汇率服务机构。

(3)业务模块。业务模块实际上就是业务解决方案,包括多币种账户托管、预付卡、资金收付、国际汇款等。

(4)金融模块。金融模块是基于基础支付、基础服务搭建的跨境金融,包括外汇余额理财、境外消费信贷等增值服务。

(5)跨境核心清结算模块。跨境核心清结算系统是最核心的模块,是支持多币种、多发卡行、多卡种清结算的基础,它是跨境支付服务输出的大脑。

2. 跨境电子商务支付与结算的技术剖析

1)跨境电子商务支付与大数据

(1)大数据概述。大数据是指以多元形式,自许多来源搜集而来的庞大数据组,往往具有实时性。这些数据可能来自社交网络、电子商务网站、用户来访记录,此外还有许多其他来源。这些数据,并非公司用户关系管理数据库的常态数据组。

从技术上看,大数据与云计算的关系就像一枚硬币的正反面一样密不可分。大数据必然无法用单台计算机进行处理,必须采用分布式计算架构。它的特色在于对海量数据的挖掘,但它必须依托云计算的分布式处理、分布式数据库、云存储和/或虚拟化技术。在维克托·迈尔-舍恩伯格和肯尼斯·库克耶编写的《大数据时代:生活、工作与思维的大变革》中大数据指不用随机分析法(抽样调查)这样的捷径,而采用所有数据进行分析处理。大数据的特点通常被称作4V,具体是指:volume(大量)、velocity(高速)、variety

（多样）、value（价值）。

著名未来学家阿尔文·托夫勒在《第三次浪潮》一书中，将大数据热情地赞颂为"第三次浪潮的华彩乐章"。美国互联网数据中心指出，互联网上的数据每年将增长50%，每两年将翻一番，而目前世界上90%以上的数据是最近几年才产生的。此外，数据又并非单纯指人们在互联网上发布的信息，全世界的工业设备、汽车、电表上有着无数的数码传感器，随时测量和传递着有关位置、运动、震动、温度、湿度乃至空气中化学物质的变化，由此也产生了海量的数据信息。

大数据是与人类日益普及的网络行为相伴而生的，它是被相关部门、企业采集的，蕴含数据生产者真实意图、喜好的，非传统结构和意义的数据。从海量数据中"提纯"出有用的信息，这对网络架构和数据处理能力而言也是一项巨大的挑战。在经历了几年的批判、质疑、讨论、炒作之后，大数据终于迎来了属于它的时代。大数据时代已经来临，它将在众多领域掀起变革的巨浪。但我们要冷静地看到，大数据的核心在于为客户挖掘数据中蕴藏的价值，而不是软、硬件的堆砌。因此，针对不同领域的大数据应用模式、商业模式研究，将是大数据产业健康发展的关键。我们相信，在国家的统筹规划与支持下，通过各地方政府因地制宜地制定大数据产业发展策略，通过国内外IT龙头企业以及众多创新企业的积极参与，大数据产业未来发展前景将十分广阔。

其实，大数据就是互联网发展到现今阶段的一种表象或特征而已，没有必要神话它或对它保持敬畏之心，在以云计算为代表的技术创新大幕的衬托下，这些原本很难收集和使用的数据变得很容易被利用。通过各行各业的不断创新，大数据会逐步为人类创造更多的价值。

（2）大数据技术是移动支付必不可少的支撑。对移动支付来说，无论是交易本身，还是背后的安全性和防欺诈问题，都离不开大数据技术。

从大数据起源及其在美国的应用现状来看，大数据只是技术的一种，而数据本身是对一个事物发展过程的描述。以西红柿的生长过程为例，如果我们从种下一颗种子开始每隔一个时间段进行数据采集，尽可能掌握各个时间点包括水分、光照、生化等在内的所有维度的数据。这时如果想要知道任何时间某个维度的细节，那么直接找到相应的时间切片就好。这种记录和查询本身，将会衍生出众多的功能和应用。

在支付领域，利用大数据实现反欺诈行为分析，是支付风险防控常用的技术手段之一。大数据技术可以帮助系统辨别某张支付卡是否为卡的主人所有等问题，可以轻松地发现盗刷和其他一些不法活动，从而大幅提升支付交易的安全性。

此外，对于大数据每天所产生的看似很平常的数百万交易数据，如果找对了切入点和方法，可以说就会成为商家的至宝——凭借这些数据，不仅可以提升支付业务本身的反欺诈和安全性，在优化产品方面也有巨大的作用。基于海量的交易数据，系统所有者还可以清晰地知晓问题出在哪里（支付平台还是商家）。

2）支付系统的技术演进

作为移动互联网产品的重要组成部分，移动支付平台的技术发展其实也经历了一个较为漫长的过程。目前，国内拥有支付牌照的公司大约有270家，但真正有较大业务量的不过10余家，大致可以分为2C和2B两大类。前者如支付宝、财付通，对很多老百姓而言早已耳熟能详。但还有一类 2B 的支付平台，它们主要服务的是一些企业机构。总体来说，2B 和 2C 支付业务的总体体系类似，但还是存在较大的差异。

以易宝支付为例。易宝支付即属于 2B 支付平台，服务对象多是航空公司、旅游机构、保险机构、教育机构、政府机关等。目前，易宝支付已在这些领域中取得了领先地位。从其发展历程来看，易宝支付主要经历了三个时期的技术体系演变。

（1）初创期（2003—2005 年）。这个时期的技术体系主要是以 IBM 的技术为基础，面向过程的单体支付处理系统。当时易宝支付获得了 IBM 风险投资，以有限的资源研发了一套面向过程且高度耦合的单体系统，所有支付、订单处理、接银行、接商户、发通知、结算等过程全包括在其中，可扩展性较差。

（2）成长期（2005—2013 年）。这个时期的技术体系是以 J2EE 架构为基础的面向子系统的支付处理系统。易宝的第二代系统诞生于 2005 年，这套系统主要是面向子系统和组件，大大降低了系统耦合度，即订单、发通知、结算、对银行、对商户各自都有一套独立的系统，各司其职，某个系统出现问题不会影响其他系统。

（3）发展期（2013 年至今）。这个时期的技术体系是以 SOA 和微服务架构为基础的面向服务的支付处理系统。第三代支付处理系统把组件进一步打散形成各种服务，引入 SOA 服务框架管理服务之间的调用关系，大幅度提高了系统的灵活性。

以易宝支付的实践看，支付技术体系演变的总趋势是从集中走向分布，从实体机走向虚拟，并正在向云计算的方向发展。目前看，易宝不会再有第四代系统，因为现在的系统由各种服务构成，每个服务的颗粒度很小，都可以实现独立的功能，因此如果系统未来需要更新，没有必要重新对整体系统重新研发，只针对需要更新的个别服务升级即可，也不会影响到其他服务。因为系统的耦合度大大降低，所以可扩展的能力也非常强。目前，易宝正在做的事情是，面对支付不断发展、业务量不断上升、成本不断增加的情况，引入 Docker 云，有利于高研发对市场的响应速度、高系统的弹性和可扩展性，并可以在一定程度上通过高效率降低成本。

3）跨境支付面临的机遇与挑战

就严格意义上看，跨境支付体系的发展应该包括 3 个层面：一是证券清算结算体系的跨境发展，如沪港通、深港通、债券通等金融市场的开放探索，本质上都离不开证券清算机制的国际化安排；二是大额支付清算体系的跨境发展，过去曾表现为人民币清算行、代理行模式，或人民币 NRA 账户，现在则是以人民币跨境支付系统（CIPS）为重点；三是小额零售支付的跨境发展。

由于与百姓的日常生活密切相关，加上公众对第三方支付的跨境支付创新非常关注，因此通常说跨境支付时，多指小额零售支付的部分。也正是由于小额跨境支付业务存在环节多、流程长、成本高、手续复杂、效率低下、普及率低等弊端，因此更容易成为新科技重点关注的领域。

伴随支付新技术进步与小额跨境支付业务的普及，跨境支付也存在新的机遇与挑战。归纳来看，当前跨境零售支付最突出的机遇体现在：随着留学、旅游、劳务等人员的跨国流动，小额跨境汇款需求快速上升；跨境电商的高速发展，以及"走出去"与"引进来"的双向开放程度提升，使得跨境支付业务需求不断增长；新技术改善了原有的跨境支付效率与成本制约，为跨境业务提供了便利性。

与此同时，跨境支付也面临一些突出的挑战，具体来说包括：交易真实性识别风险、洗钱和资金非法流动风险、备付金管理风险、逃避个人结售汇限制风险、国际收支的申报管理监测风险，以及如何有效保障客户个人信息安全的问题。此外，更多跨境支付工具的出现，势必会带来跨境支付市场对用户、客户资源的抢占，而当前，这一竞争态势已通过提现费率的价格战充分显现出来。如何跳出低水平的价格竞争，打造真正的服务价值链，这对于金融机构和支付企业来说是非常重要的。应该说，线上加线下、平台模式加精细化服务，是跨境支付竞争中需要完善的重要部分。

9.1.2 跨境电子商务支付与结算的技术分析

1. 跨境电子商务支付与结算的远距离支付结算

1）远程支付

最广义的远程支付，是指支付人不在支付现场而成功进行支付操作的一类支付方式。远程支付可以通过发送支付指令（如网银、电话银行、手机支付、短信支付等）或借助支付工具（如通过邮寄、汇款）来进行支付操作。与之相对应的是现场支付或近场支付，即支付人需要抵达支付现场进行支付操作。

远程支付通常要通过各类网络进行，统称为网络支付。网络可以是互联网，也可以是通信网、电视网，甚至是电力网。远程支付目前主要是通过互联网支付来进行的。

互联网支付必然要借助各类人机交互终端来连接网络，按照终端的不同可以区分为桌面电脑和手机，分别对应于桌面在线支付和移动在线支付。随着科技的发展，终端的界限日渐模糊，各类型终端日渐融合，终端之间的差异性会越来越小。

2）基于短信方式的支付

国内提供基于 SMS（short message service，短消息）移动支付的典型是中国工商银行。中国工商银行在 2004 年正式在全国范围内推出基于短信方式的手机银行服务，为个人网上银行用户提供增值服务。

在以金融机构为主导的移动支付运营模式中，用户必须将手机原有的 SIM 卡换成 STK（sim tool kit，用户识别应用工具）卡，STK 卡与 SIM 卡一样，都能够在普通手机上使用，但 STK 卡具有更高的存储量，能够运行应用软件。基于 STK 卡的支付方式与基于 SMS 的移动支付流程相似。中国银行、中国建设银行、招商银行等都曾提供过 STK 手机银行，但在随后的发展中，多数都被其他类型的手机银行所代替。

（1）短消息业务。短消息分为两类：一类是点到点短消息（SMS），另一类是校区广播短消息（CBS）。一般意义上提到的短消息主要指的是点到点短消息。

短消息业务是一种在数字终端上发送或接收字符（160 个英文或数字字符，或 70 个中文字符）消息，并具有存储和转发功能的服务。短消息并不是直接从发送人发送到接收人的，而是始终通过 SMS 中心进行转发。如果接收人处于未连接状态（可能手机已关闭或超出服务范围），则消息将在接收人再次连接手机时发送。

点对点短消息既是一种基本电信业务，又可作为信息服务业务的数据传输载体为人们提供增值业务，如信息点播服务及远程数据操作业务。由于短消息需在短消息中心存储转发，所以实时性较弱。

短消息业务以较低的延迟支持国际漫游，因此特别适合于多用户寻呼、E-mail、语音邮件通知和消息类业务等应用，但具体提供给用户的各种功能和相应的收费在很大程度上仍依赖于网络运营商所提供的服务水平。现在，已经有大量的应用可以使用计算机来接收和发送短消息。

（2）基于 SMS 的移动支付。基于 SMS 的移动支付主要采用的是点到点短消息模式，这种方式在欧洲和亚洲广泛使用。

① 用户以短消息的形式向移动支付平台请求内容服务。

② 移动支付平台收到请求后，认证用户的合法性及账户余额，如果合法，则向增值服务提供商请求内容，不合法则返回相应错误信息。

③ 增值服务提供商收到移动支付平台的内容请求后，认证移动支付平台的合法性，如果合法，则增值服务提供商发送请求内容给移动支付平台，否则返回相应错误信息。

④ 移动支付平台从用户的账户中扣除相应费用，然后把收到的内容转发给用户，同时告诉用户付款结果。

⑤ 移动支付平台通知增值服务提供商转账成功。

在 SMS 系统中，费用从用户话费中扣除，账户的处理由移动支付平台来完成，银行不参与，因此 SMS 系统仅适合小额的信息服务。SMS 方式移动支付的安全性主要由短消息的安全性决定。这种方式的优点是费用低廉、节省成本，符合手机使用群体以低成本享受高质量服务的期望。

3）基于 WAP 方式的支付流程

（1）WAP 简介。WAP（wireless application protocol，无线应用协议）是在数字移动电话、Internet 及其他个人数字助理机（PDA）、计算机应用之间进行通信的开放性全球标准，由一系列协议组成，用来实现无线通信设备的标准化。WAP 将移动网络和 Internet 以及企业的局域网紧密地联系起来，提供一种与网络类型、运营商和终端设备均独立的、无地域限制的移动增值业务。WAP 服务是一种手机直接上网，通过手机 WAP 浏览器浏览 WAP 站点的服务，可享受新闻浏览、股票查询、邮件收发、在线游戏、聊天等多种应用服务。通过这种技术，无论何地、何时，只要用户使用支持 WAP 服务的手机，即可享受无穷无尽的网上信息资源。

（2）WAP 移动接入方式的支付流程。WAP 移动支付接入方式的支付流程从移动客户端开始，经商家、支付网关，最后到达银行端。银行经过验证、处理后，向商家及移动终端发出反馈，说明本次交易状态。其中，银行与商家不进行直接通信，而是通过商家在银行注册的支付网关进行转发；对于移动终端，则由银行向其发送签名消息来完成通知过程。

具体而言，WAP 移动接入方式的支付流程与有线交易所不同的是，移动客户在整个交易过程中并不是一直处于连接状态，移动终端向商家提供订购信息后便断开网络连接，等待从银行发来的支付确认签名短信。这种做法能够有效地节约无线网络的带宽，也可以为客户节省开支，是一种可取的办法。

基于 WAP 方式的交易过程从移动终端用户开始，可能有以下两种情况。

① 网上购物。客户从商家主页获取商品信息并进行选购，当商家发回确认信息后，再由客户生成交易数据。

② 直接支付。客户不需要浏览商家网站，而只是进行一种简单的支付行为。

4）支付宝钱包

支付宝钱包是国内外领先的移动支付平台，属于手机 App。支付宝诞生于 2003 年，长期的发展使其几乎覆盖了所有的支付场景，满足用户随时随地支付的需求，对此，用户已经养成了习惯，同时也形成了行业壁垒，所以即使在微信支付的冲击下，支付宝钱包在第三方移动支付市场的份额仍然保持在 80%左右。目前支付宝已涵盖了如下使用场景。

① 基础功能。付款、收款、转账、汇款。

② 生活服务。手机充值、信用卡还款、外卖、生活缴费（水、电、燃气、电视、固话、宽带）、城市服务（违章查询、医院挂号等）、电影、打车、机票、景区门票、游戏充值、寄快递、校园一卡通充值、缴学费、话费卡转让、爱心捐赠等。

③ 理财。余额宝、招财宝、娱乐宝、彩票、股票、理财小工具（汇率计算、存款收益、房贷、记账）等。

④ 商业。众筹、阿里系电商（手机淘宝、天猫）等。

⑤ 社交。红包、亲密付等。

⑥ 民间征信。虚拟信用卡（花呗）、个人信用评级（芝麻信用分）等。

可以说，支付宝钱包已经成了连接一切和钱有关的移动服务载体，从生活服务到理财，从社交到征信体系，随处可见。

5）微信支付

微信支付是由腾讯公司知名移动社交通信软件微信及第三方支付平台财付通联合推出的移动支付创新产品，也属于手机 App，其以微信 App 为载体和入口，用户只需在微信中关联一张银行卡，并完成身份认证，即可将装有微信的智能手机变成一个全能钱包，支付过程简便流畅。

微信主要提供支付及理财服务，包括刷卡、转账、信用卡还款、手机充值、理财通、红包、生活缴费、出行、电商购物、餐饮美食、Q 币充值、电影票等。微信还和滴滴打车、大众点评、京东合作，添加出行、饮食、购物的支付场景，而二维码支付方式更是加强了微信在 O2O 市场的格局。

6）银联 App 支付

银联 App 支付主要提供网站形式、App 形式的移动在线支付。银联手机支付移动网站只需通过手机浏览器访问 mpay.unionpay.com，即可迅速进行话费充值、信用卡还款等银联手机支付服务。通过该网站可以下载"银联随行"App（定位于银联手机支付的大众版），提供银行卡账户管理、信息查询、金融自助、便民支付、远程购物等服务。客户端采用业界最高标准的安全保障机制，以保证支付安全，具有同时支持多银行卡账户、无须开通网银即可支付、LBS 定位折扣优惠、支持一百多家银行支付消费等特点。"银联随行"的功能主要是便民服务，用户可以用银联在线账号登录。

App 形式的应用还有银联手机支付（定位于银联手机支付的专业版）及银联手机支付收银台。银联手机支付与"银联随行"相比具有更加丰富的功能，除了基础的金融服务（查余额、信用卡还款等）外，还有实用的便民服务（各种便民缴费、壹基金捐款等），更快捷的休闲娱乐服务（格瓦拉电影票、永乐演出票、游戏直充、彩票、优惠券等），更全面的商旅服务（机票、酒店、火车票、汽车票等），更新潮的手机电子商城（鲜花、蛋糕、大闸蟹等）。如果手机上装有银联智能 SD 卡，还能支持超级转账功能，即付款账户支持带银联标识的所有借记卡，收款账户更是支持全国两百多家银行的借记卡和信用卡，而且在推广期间免付手续费。

银联手机支付收银台也称"全民付"收银台，是一款专为小微商户提供收款、便民缴费及其他特色增值服务的移动收款和支付产品，iOS、Android 系统的手机和 PAD 都可下载使用。与"全民付"收银台客户端搭配使用的"易 POS"终端，其大小与名片盒相似，自带密码键盘和显示屏，两者搭配使用能实现的最具特色的功能就是移动收款，磁条卡与 IC 卡均能受理。

2. 跨境电子商务支付与结算的近距离支付结算

1）近场支付

近场支付（proximity payment）是指移动终端通过实体受理终端在交易现场以联机或脱机方式完成交易处理的支付方式，或称之为现场支付，一般是指用户在购买商品或服务时，即时通过移动通信终端向商家进行支付，支付的处理在现场进行。近场支付的接入手段主要是使用 POS（RFID），利用移动终端与 POS 机之间的射频信号完成信息交互。近场支付可使用的支付工具主要是电子钱包、非金融支付机构的交易账户等。

远程支付和桌面端的网上支付是类似的，可以从桌面端向手机端迁徙，是一种推广成本较小的方式。近场支付在交易方式、硬件等方面拥有更高的安全性，且在应用场景方面所受限制少、使用频率更高，在使用上更具便捷性。

2）红外线支付

红外线（infrared rays）是一种波长为 750nm～1mm 的电磁波，由于它的波长比红色光（750nm）还长，超出了人眼可以识别的（可见光）范围，所以是不可见的光线。

红外线是目前比较成熟的一种非接触式移动支付技术。红外线传输是一种点对点的无线传输方式，传输对象间不能离得太远，要对准方向，且中间不能有障碍物，几乎无法控制信息传输的进度。IrDA 是非营利性组织，致力于建立红外线无线传播连接的国际标准，目前在全球拥有 160 个会员。IrDA 使用的是 980nm 红外频段，接收角度为 120°，传输距离为定向 1m，速率最高可达 16 Mbit/s。目前，红外线应用于移动支付主要是在日本和韩国。

红外线支付的最大问题在于存在视距角度问题。也就是说，两个具有红外线端口的设备传输数据时，中间不能有阻挡物，这在两个设备之间是容易实现的，但在多个设备之间就必须彼此调整位置和角度才能够进行支付。

3）蓝牙支付

蓝牙技术（bluetooth）是一种短距离无线通信技术，利用蓝牙技术能够有效地简化掌上电脑、笔记本电脑和移动电话等移动通信终端设备之间的通信，也能够成功地简化以上这些设备与 Internet 之间的通信，从而使这些现代通信设备与互联网之间的数据传输变得更加迅速、高效，为无线通信拓宽道路，使得各种信息化的移动便携设备都能无缝地实现资源共享。

近年来,世界上一些权威的标准化组织,也都在关注蓝牙技术标准的制定和发展。越来越多的设备厂商和驱动厂商支持蓝牙,蓝牙已逐渐成为较为普及的一种无线近距离通信技术。在短距离技术应用方面,蓝牙技术正逐步超越红外技术,成为手机中的主要传输技术。

蓝牙技术最大的障碍是成本过于昂贵,突出表现在芯片大小和价格难以下调、抗干扰能力不强、传输距离太短和信息安全等问题。此外,蓝牙传输层协议有个缺点就是不便于用户对设备之间的初始链路进行设置。

iBeacon 是苹果公司在其发布的移动设备(iOS 7)上配备的新功能。通过使用低功耗蓝牙技术(bluetooth low energy,也就是通常所说的 Bluetooth 4.0),iBeacon 基站可以创建一个信号区域,当设备进入该区域时,相应的应用程序便会提示用户是否需要接入这个信号网络。通过能够放置在任何物体中的小型无线传感器和低功耗蓝牙技术,用户能够使用 iPhone 来传输数据。

另外,从 iBeacon 的特点来说,该技术很可能会促进一系列室内地图应用的诞生。由于室内有各种障碍物的阻挡,因此 GPS 信号非常微弱,无法实现导航。这也是为何虽然谷歌已经建立了部分地区的室内地图,但是还无法实现室内导航的原因,而这也正是 iBeacon 技术的优势所在。借助智能手机,用户可以连接到最近的 iBeacon 基站,通过获得该基站的 GPS 位置信息,从而知道目前所处的地点。当用户进入或离开某个 iBeacon 基站的通信范围时会收到相应的通知信息,从而实现导航的目的。

4) RFID 支付

RFID(radio frequency identification),即射频识别技术,通过特定频率的射频信号自动识别目标对象并获取相关数据。与传统识别方式相比,RFID 技术无须直接接触、无须光学可视、无须人工干预即可完成信息输入处理,操作方便快捷。

目前,RFID 技术正在取代蓝牙、红外线等技术成为非接触式移动支付的主流技术标准。基于 RFID 的非接触式移动支付,只要在手机上加装 RFID 芯片,就可以在拥有 RFID 终端的商家进行类似交通一卡通模式的消费。

5) 条码和二维码支付

在 O2O 支付中,二维码支付可以充当支付凭证。当完成线上支付之后,系统可以自动生成一个含有密码信息的二维码,消费者凭手机二维码即可前往店家消费。另外,也可以倒置场景,先在线下消费,然后以二维码形式出示自己的支付入口,由商家扫码扣款。

9.1.3 跨境电子商务支付与结算的最新技术

1. 区块链技术

1) 区块链技术概况

区块链技术(也称为分布式账本技术)近年来在科技和金融领域受到了广泛关注。根据工信部发布的《中国区块链技术和应用发展白皮书(2016)》的定义,区块链技术是指利用块链式数据结构来验证与存储数据，利用分布式节点共识算法来生成和更新数据，利用密码学的方式保证数据传输和访问的安全，利用由自动化脚本代码组成的智能合约来编程和操作数据的一种全新的分布式基础架构与计算范式。区块链本质上是一种互联网数据库技术。通俗来讲，如果将数据库比作一个大账本，读写数据库相当于记账行为，区块链技术让每个人都可以在账本上记账，并通过竞争记账机制，选出记账记得最好的人，授予此人一次记账权力，并向其他人同步新增账本信息。去中心化、公开透明、不可篡改、不可伪造是区块链技术的主要特征。区块链的基本原理理解起来并不难，其基本概念包括以下几点。

（1）交易（transaction）。一次操作，导致账本状态的一次改变，如添加一条记录。

（2）区块（block）。记录一段时间内发生的交易和状态结果，是对当前账本状态的一次共识。

（3）链（chan）。由一个个区块按照发生顺序串联而成，是整个状态变化的日志记录。

如果把区块链作为一个状态机，则每次交易就是试图改变一次状态，而每次共识生成的区块，就是参与者对于区块中所有交易内容导致状态改变的结果进行确认。

2）区块链技术现有的主导模式

目前，跨境电子商务支付与结算普遍采用的技术都基于 SWIFT（society for worldwide interbank financial telecommunication，环球银行金融电信协会）网络，原因是该网络建立了统一的账户表达方式。加入 SWIFT 的机构都会有自己的身份代码（即 SWIFTCODE，相当于银行账号），该代码是一个 8～11 位的字符串，又被称为银行识别码（bank idenufier code，BIC），BIC 的前 4 位为银行代码，紧接着的两位是国别代码，之后的两位是地区代码，后面可能还会有 3 位分支行代码。每个 SWIFT 成员机构也会有统一的客户账户的表达标准，叫作国际银行账户号码（international bank account number，IBAN）。

SWIFT 是一家金融报文传送服务机构，总部位于比利时，目前其报文传送平台、产品和服务对接了全球超过 11 000 家银行、证券机构和企业用户，覆盖 200 多个国家和地区。SWIFT 致力于帮助用户安全地通信，以可靠的方式交换标准化的金融报文。长久以来，SWIFT 跨境电子商务支付网络采用了代理银行模式，如果汇款银行和收款银行有业务往来，则此二者可以直接通过 SWIFT 进行资讯传递；如果没有，则此二者要找一家既跟自己有业务往来，又是 SWIFT 成员的银行来完成跨境电子商务支付，这样的一家银行即被称为汇款银行和收款银行的代理银行。

3）区块链技术在跨境电子商务支付领域的应用前景展望

（1）更快。传统跨境支付模式中，银行会在日终对支付交易进行批量处理，通常一笔跨境支付至少需要 24 小时才能完成。另外，传统支付模式中，银行间需要进行人工对账，这也会耗费一些时间。而基于区块链的跨境电子商务支付接近于"实时"，并且是自动的，它可以 7×24 小时不间断服务。汇款方可很快知道收款方是否已经收到款，从而了解这笔支付是否出现了延迟或其他问题。

全球第一笔基于区块链的银行间跨境汇款在传统支付模式中需要 2～6 个工作日，但使用 Ripple①（瑞波）支付协议的技术后，8 秒之内即可完成交易。

（2）更便宜。传统跨境支付模式有四部分成本：支付处理成本、接收费用、财务运营成本和对账成本。根据世界经济论坛报告《全球金融基础设施的未来》所述，一般而言，汇款人的汇款费用是汇款金额的 7.68%。麦肯锡的报告《2016 全球支付：尽管时局动荡，基石强劲不变》（Global Payments 2016 Strong Fundamentals Despite Uncertain Times）称，银行使用代理银行完成一笔跨境支付的平均成本在 25～35 美元，该成本是使用自动交换中心（automatic clearing house，ACH）完成一笔境内结算支付成本的 10 倍以上。

而基于区块链的跨境电子商务支付可以大幅降低交易成本。麦肯锡的报告《区块链：银行业游戏规则的颠覆者》称，区块链技术在 B2B 跨境电子商务支付与结算业务中的应用将使每笔交易成本从约 26 美元下降到 15 美元，其中，约 75% 为中转银行的支付网络维护费用，25% 为合规、差错调查，以及外汇汇兑成本。

Ripple 称使用区块链技术后，在企业平均支付 500 美元的情况下，银行可节省 60% 的总处理成本。Ripple 称其能将支付处理成本降低 81%，原因是有更高的直通流通率，并且消除了 SWIFT 成本；还能将财务运营成本降低 3%，原因是其有更少的游动资本、更少的流动性成本和更低的交易风险；还能将对账成本降低 60%，原因是其能即时确认并能进行实时流动性监控。

（3）更多流动性。传统跨境支付模式中，银行为了保持流动性，需要在银行账户中持有多个国家（或地区）的货币，这种账户被称为"往来账户"。由于汇款行难以预知代理行具体何时会确认自己的转账信息，为此不得不在往来账户中持有一定量的外币。

而在基于区块链的跨境电子商务支付模式中，银行只需要使用数字货币。不过，正如世界没有唯一通用的货币一样，数字货币也存在很多种类，因此，银行仍需考虑是否使用不同的数字货币。

（4）更平等。区块链技术的应用是一场信任革命，用户不需要去相信哪个节点或者机构，只要相信区块链技术就可以了。

在传统跨境支付模式中，并不是所有银行都能加入 SWIFT，或者说加入 SWIFT 并不经济，而基于区块链的跨境电子商务支付模式则显得更为平等。区块链能让所有银行，无论规模大小，都能成为平等交易的主体，而这种支付模式所依赖的是所有使用区块链技术的机构对区块链技术的信任。

2. 移动支付

1）移动支付概况

移动支付也称手机支付，是允许用户使用其移动终端对所消费的商品或服务进行账务支付的一种服务方式。单位或个人通过移动设备、互联网或者近距离传感，直接或间接向银行金融机构发送支付指令，产生货币支付与资金转移行为，从而实现移动支付功能。移动支付将终端设备、互联网、应用提供商以及金融机构相融合，为用户提供购物、转账等业务。移动支付主要分为近场支付和远程支付两种。所谓近场支付，就是用手机刷卡的方

---

① 一家提供跨境支付验证服务的开源平台，主要为银行及汇款服务商等 B 端客户提供基于类似于比特币的数字货币交易验证。

式乘车、购物等,对用户来说十分便利;远程支付是指通过发送支付指令进行的支付方式。数据研究公司(Intemational Data Corporationl,IDC)的报告显示,2017 年全球移动支付的金额突破了 1.5 万亿美元。这意味着全球移动支付业务将呈现持续走强的趋势。

2)移动支付的特点

移动支付属于电子支付方式的一种,因而具有电子支付的特征,由于其与移动通信技术、无线射频技术、互联网技术相互融合,因此又具有自己的特征,具体表现在以下几个方面。

(1)移动性。随身携带的移动性,消除了距离和地域的限制。移动支付结合了先进的移动通信技术的移动性,能够随时随地获取所需要的服务、应用、信息及购物支付。

(2)及时性。移动支付几乎不受时间、地点的限制,信息获取更为及时、便捷,用户可随时对账户进行查询、转账或进行购物消费。

(3)定制化。基于先进的移动通信技术和简易的手机操作界面,用户可定制自己的消费方式和个性化服务,账户交易更加简单、方便。

3. 跨境电子商务支付与结算的生物识别技术

生物识别技术在当前有着非常重要和关键性的发展。比尔·盖茨曾经预言:"生物识别技术主要是利用人体的各种特征来进行有效识别,这些特征主要包括人体的指纹、虹膜以及其他部位的特征等。"2016 年,支付宝系统推出了人脸识别支付技术,这也是人脸识别技术的又一大突破。在未来,人脸、声音、指纹、掌纹、笔迹和键盘敲击节奏,都将成为支付结算时的通行码。

随着数字化技术以及信息化技术的高速发展,各种现代化的信息技术已融入人类生活当中。通过设定各种账号以及密码信息可以充分保证支付的安全性,但如果密码被遗忘,就会造成不便。为了消除上述安全隐患,需要进一步对人体生物特征和生物技术进行身份识别。生物识别技术是各种技术的基础和前提,通过运用上述技术来进行身份验证,能够达到安全有效的目的,与此同时,也不用担心密码丢失或遗忘。

1)生物识别技术概述

(1)生物识别技术的概念。生物识别技术是当前最为常见一种识别技术,它可以对身份进行唯一性验证。生物识别技术通过对各种独有的生物特征进行有效识别和认证来验证人物的身份,这些身份信息主要包括指纹信息、掌型信息、脸型信息以及各种人体气味信息等。

生物识别技术的鉴别方式与传统的鉴别方式之间存在着较大的差别,它集合了多种验证技术,主要包括高端信息技术、高端生物技术以及各种先进的传感技术等,使用起来更加方便,也能够被大众所接受。

(2)生物识别技术的类型。

①面部识别。世界上没有面部特征完全相同的人,就算是双胞胎也会在面部某些地方存在差异,因此通过面部识别能够有效对两个人进行差异性识别。通过捕捉面部图像可形成一套标准化的视频技术以及热成像技术。视频识别技术可对人的面部特征和面部图像进

行有效识别和捕捉,最后形成一套有效的模板。

②掌形识别。掌形识别技术可以通过对掌纹形状进行有效识别,来确认每个人的身份特征。每个人都具有不同的指纹和掌纹,依靠这种唯一性特征可以建立掌纹与个人信息之间的关联性。

③体味识别。体味就是每个人身上散发出来的气味,人体会不停地向环境当中散发某种气味,这些气味往往具有一些易挥发性的特点,而且会被大脑皮层所记录。生物识别技术可以通过对人体气味进行有效识别来确定每个人的身份。

④语音识别。语音识别是指通过对人体器官发出的声音来对人的身份进行识别的技术。语音识别属于一种行为技术识别,每个人的语音都具备一些特征,这就决定了每个人的语音能够产生一些声音和波纹,并且在某种情况下,这些声音和波纹会具有一些稳定性的特征。人体器官发育成熟以后,这种生理状态基本上不会发生变化,因此这些语音特征也就保持着固定状态,后天环境也难以改变这种语音特征,因此可以利用数字化的技术来对上述语音特征进行分析、检测和鉴定。

⑤虹膜识别。虹膜识别是一种较为高级的生物识别技术。虹膜位于眼睛瞳孔外侧的一些纤维组织当中,每个人的虹膜都是唯一的,每个虹膜都具有细丝、斑点以及各种凹凸点,除此之外还包括各种条纹和射线等。虹膜识别技术可以对个人身份的差异性进行有效验证和检验。

⑥视网膜识别。视网膜识别技术主要是指利用人眼的感官感受将信息传输到大脑当中所形成的一种识别技术。视网膜识别与虹膜识别相比,更加具有唯一性的特点。

(3)生物特征识别过程中的信息融合技术。生物识别有其自己的特点,在具体的生物类别上还会产生不同特性,这些特性往往存在着一些准确性方面的障碍,因此,生物识别系统以及生物识别技术在某种程度上也会具有一定的局限性。

①信息的局限性(information limitation)。每种生物特征只能够表达一定量的信息,这些信息往往可以通过指纹技术来进行获取。

②特征描述的局限性(representation limitation)。最为根本和最为理想的信息技术涵盖了许多区间信息,这些区间信息能够完整表达一些信息量,如果信息量判断出现错误,就会产生一些根本性的问题。

③缺乏恒定性(invariance limitation)。最为理想的配置应该能够适应多种模式发展,但在实际的配置过程当中往往会因为无法适应新的训练模式,而导致各种错误的存在和产生。

2)支付宝的刷脸支付方式

"刷脸"技术在当前的支付平台当中被定义为面部识别技术,这种技术于2013年7月由芬兰的一家公司首次创立并推出。在该套系统当中,不需要钱包、信用卡或者手机,只需要人面对摄像头站立,摄像头即可自动对人的身份进行识别,识别完成后开始自动进行支付交易,整个过程十分迅速。

支付宝人脸识别系统当中最为关键和核心的原理,就是根据人的脸部特征来对人体进行有效识别。这种识别技术广泛收集了人体各个部位的特征，将生物学技术与计算机技术进行完美融合，利用计算机图像处理技术来提取人体中的各种特征点，并通过生物学的统计特征来对人体的各个脸部模板进行识别。与此同时，还利用人脸特征模板与被测者建立有效的联系，这样才能够确定是否为同一个人。

支付宝人脸识别具有一套比较特殊的流程。用户在淘宝上选择某款商品之后，需要进行确认支付，这时并不需要相关的银行卡，只要用户面对电脑或者手机屏幕，对着脸部进行拍照即可。拍照完毕之后，个人的用户信息被上传到整个支付宝系统当中，支付宝系统在进行身份认证绑定之后会将各种支付账号与人脸信息进行关联。在日后的网购环节当中，都需要进行脸部扫描才能下单，下单完成之后即可完成各种类型的支付。

（1）"刷脸"的主要优势。

① 让用户生活更加便捷。"刷脸"技术彻底改变了人们的生活，给人们的生活方式带来了巨大变革。阿里巴巴的相关部门表示，应用这种"刷脸"技术以及系统之后，人们无须再携带大量的现金，仅仅利用银行卡就可以完成各种密码认证或者账号支付。用户只需要用手机或者摄像头来进行拍照并登记注册，之后系统就会根据人脸来抽取各种特征并进行有效注册，最后用户可以在 1 秒内完成人脸识别支付。

② 提升金融服务效率。目前客户可根据银行账户自行到柜台办理各种手续，这些手续往往不利于提高整个银行的业务处理效率。而使用远程"刷脸"进行开户，可将银行直接"搬"到互联网金融的入口当中，在这种情况和环境之下，银行不仅可以通过互联网来增加相应的用户数量，还可以通过互联网来对客户的各种理财业务、贷款情况进行比较详细的分析，这样可以从根本上降低整个行业或者整个过程当中的营业成本，从而达到优化客户体验消费的目的。

③ 与其他生物识别支付应用相比更容易推广。通过掌纹、指纹以及虹膜识别技术可将人体配合到比较高的程度，这些也会大大增加商家的推广难度。相比较而言，人脸特征具有非常明显的优势，这些优势往往通过手机的前置摄像头就能够完成。除此之外，国家还具有一套比较完善的身份证识别系统，该系统可以自行提交各种照片。因此，在这种环境之下，几乎所有的用户都可以参与进来，这种模式往往被认为是非常接地气的，也极其容易加大规模进行推广、利用。

（2）刷脸支付面临的挑战。根据人脸特征来进行各种唯一性的辨识，这种人脸识别往往存在着较大的安全问题，具体表现在以下几个方面。

① 人脸特征容易被复制。破解密码通过对数字密码进行盗取来获得相关的信息，这是当前最为主要和最常见的盗刷手段。由于密码记录了整个大脑层面的各种信息，想要窃取密码非常困难，因此通过拍照很难获得一个人的脸部特征，但利用整容技术以及各种先进的识别技术就可以进行支付，这种支付一般都是静态的，往往不太支持动态的支付。

② 人脸特征具有不稳定性。数字密码与指纹验证之间具有较大的不同，人的脸部特征的识别具有非常大的不确定性，这种不确定性往往表现在各个部分，最为主要的就是掌纹、指纹以及虹膜等方面。随着年龄的增长，青少年的脸部特征会发生比较大的变化，这会影响到人脸识别的准确率问题。如果人面对当前的 POS 机屏幕或者手机屏幕时，出现一些比

较丰富的表情，也会在一定程度上影响识别的准确性。除此之外，脸部化妆往往会给人体的脸部特征带来一些变化，这种变化也会在一定程度上给人脸识别带来一定的困扰和风险。另外，戴墨镜或者是佩戴其他的装饰品也会给识别带来潜在的风险。

③"刷脸"支付的身份验证问题。"刷脸"支付在当前的信息支付系统当中主要是通过对脸部信息进行采集来实现各种支付的，只要利用手机摄像头进行拍照，系统就可以自动采集人脸的各种信息，并将这些信息与个人实际信息进行对比，对比完成之后才会确定这些信息是否被采用。因此在当前的环境下，"刷脸"支付是一种高效的支付手段和支付技术，这些支付技术包含的问题和内涵非常广泛，除此之外，还包括有一种"刷脸注册"技术，这种技术现在还不能被各个国家所承认。"刷脸"技术在我国往往是采用实名制，但这种实名制并不能充分保障客户身份的真实性和有效性，这也是当前存在的一个非常重要的问题。

④"刷脸"支付的个人信息安全问题。"刷脸"支付的个人信息安全问题包括各个方面。首先，人脸特征就相当于是人脸密码，一旦交给别人管理，就会存在伪造的风险；其次，人的脸部特征与人的指纹以及虹膜一样重要，对于这些外部的生物特征，相关的法律是否会对其提供保障也是问题之一。另外，还存在个人信息泄漏的问题，当个人信息泄漏之后，就会对个人造成重大的影响。

⑤"刷脸"支付的资金安全问题。在人脸识别系统当中，往往需用户提供相应的照片，根据相关的规定，有资质的机构需要对人脸进行有效识别，这种识别往往是针对公民的个人身份来提出申请的，在实际的照片或者数据采集系统当中，相关的权威部门还可以对照片进行充分对比。目前来讲，中国人民银行和公安部门可根据居民个人身份证来对上述照片进行存档处理，这种存档处理会影响到照片的更新速度，而一旦出现被人利用的情况，就会威胁到用户的资金安全。

3）支付宝的指纹支付方式

指纹识别属于一种比较高端的识别技术，这种识别技术往往利用的是人体表面的各种纹路，将谷线与脊线两者结合来实现生物特征的有效识别。

支付宝最早与华为移动客户端有着比较密切的合作，这种合作利用了较为先进的指纹支付和指纹识别技术。用户只需要在支付宝钱包当中开启密码功能就可以立即投入使用。用户在对账单进行支付的过程当中需要确认相关的指纹，这样就可以通过指纹识别来完成相应的支付流程。值得关注的是，支付系统难免会出现各种识别失败的情况，这时系统就会自动换到密码支付方式。

案例 9-1

支付宝区块链技术已在 40 多个场景当中应用

2019年6月26日消息，蚂蚁金服区块链负责人张辉在罗汉堂数字经济年会上介绍了蚂蚁金服在区块链的实践。张辉认为，区块链带来的最大价值是用技术重构信任机制，这项技术将对未来的金融和商业世界产生深刻影响。他表示，目前，支付宝的区块链技术已经在

40多个场景应用，包括公益捐款、食品安全和正品溯源、证据存证、跨境汇款等领域。

对于 Facebook 发行数字加密货币 Libra，张辉表示，整个社会应该用开放、谨慎的态度去看待这个事情。他说："我们高度关注这件事情，对于区块链领域，我们也非常重视。在此之前已经做了长达几年的研究和技术探索，并积累了最多的专利和相当多的落地应用。我们觉得整个社会应该用开放、谨慎的态度去看待这个事情。"

张辉还表示，支付宝还在不断探索区块链的应用场景，希望通过区块链技术解决供应链金融领域企业与企业之间、企业与金融机构之间无效协作的问题，通过实现营收账款灵活、可靠的拆分流转，重点解决供应链末端小微企业融资难、融资贵的问题。

资料来源：支付宝区块链技术已在 40 多个场景应用[EB/OL]．（2019-06-27）．http://www.100ec.cn/detail--6515071.html，内容有改动。

9.2 跨境电子商务支付与结算风险概述

9.2.1 跨境电子商务支付与结算的风险认知

1. 境内外支付业务流程比较

我国现有的电子支付流程有两种，根据商家所在地域的不同，可分为跨境支付和境内支付。跨境支付流程是连接境内外买、卖双方实现跨境商务的渠道，境内支付流程为境内买、卖双方达成网络购物交易。这两种方式均为买、卖双方提供资金结付功能，均可提高资金支付的效率。

1）跨境支付流程分析

跨境支付业务涉及多方主体的交互，不仅有跨境交易的直接参与方，而且也有中介及政府机构等间接参与方。各参与方在跨境支付中承担着不同的角色，有参与主体，也有参与中介，还有监督其交易过程的机构，它们共同组成了一个交易监督系统，保证跨境交易业务的有序进行，并保障着交易主体的权益，其所处理的支付业务构成了跨境支付系统，保证交易资金经境内消费者流转到境外商户所在账户。例如，境内消费者 A 购买境外商户 B 的货物 C，首先选购货物 C 并提交订单，境外商户在收取到 A 的提交信息后通知第三方机构，然后支付机构与境内消费者 A 交互并暂时收取交易货物的人民币款项。由于交易货币需要转换成外币方可完成支付程序，这一过程需要与合作银行进行外汇集中兑换。合作银行一方面通过国际 SWIFT 系统完成外币的支付指令，另一方面统计国际收支数据并提交至外汇局。支付机构在完成资金担保角色的同时，也需向外汇局按月呈报资金的流动额度及去向。这一交易流程是当前各主体所采纳的模式，大部分国内的消费者在境外购物需经过第三方支付机构作支付中介，以完成支付的过程，该过程受到国内监管机构全方位的管理和监督，但同时也存在着一定的障碍和风险。

2）境内支付流程分析

境内支付流程较境外支付流程简单，在整个环节中，第三方支付机构扮演着中心角色，连接着买卖双方以及监管机构。一方面为买卖双方提供交易资金结付功能；另一方面定期向监管机构报送交易数据，为监管提前做好风险管控准备。境内支付的具体流程为：首先，境内买方 A 通过境内电子购物网站选择商品并下单，境内卖方 B 将订单信息传送到第三方机构 C，这是订单信息传送环节；其次，第三方机构 C 收取买方 A 的货物款项，作为担保，督促交易进行，待卖方 B 发送货物后将款项转交给 B，这是款项流动环节；最后，在一笔电子支付交易结束后，第三方机构 C 将交易数据按月提交给监管机构，为提前发现潜在风险和解决风险做好准备。

2. 跨境支付风险分析

根据当前我国跨境商务贸易的业务操作和交易流程，下面从第三方机构、跨境交易主体以及监管机构等方面分析其在整个交易环节中可能出现的风险问题，如交易主体信息的真伪性、交易汇率的浮动等，并讨论部分风险可能带来的影响和危害。

1）信息审核风险

跨境电子商务是跨境贸易领域的新业态，行业规则和法律法规尚未成熟，由此导致支付机构所应承担的职责不明确。在国家还未出台有效法律法规前，支付机构会以追求利益最大化为原则，省去没有规定但会耗费一定成本的审核流程。在数据交互环节中，支付机构可能会采用普通且成本低的信息技术审核客户的身份信息，而放弃采用准确性高但成本高的大数据信息技术，致使跨境贸易主体可利用技术漏洞伪造个人身份信息，从而导致主体身份虚假信息泛滥。在贸易环节中，境内外个人和机构可能会以服务贸易或虚假货物贸易来转移外汇资金，也可能会以分拆的形式逃避外汇局的监管，导致部分非法人员利用境内消费者的身份通过支付机构的平台将境内大批量的资金转移到国外。这不仅严重扰乱了跨境电子商务的交易秩序，而且阻碍了人民币走向国际化的进程，也威胁到了国家的资金安全。

2）汇率变动风险

在客户付款后，商家收到货款前，汇率随着市场的变化而有所波动，汇率的变动直接关系到资金的实际购买力。在跨境支付环节中，支付机构在收到资金后，一般在 T+1 个工作日集中进行结售汇。若消费者对货物不满意而将货物退回商家，这时购物资金存在着兑换不足额的风险。例如，某境内客户在付货款时货物标价是 100 美元，相对应的美元现汇买入价是 617.79 元。一段时间后，客户在收到商家货物时，对该货物不满意，准备退货。此时美元现汇买入价是 610.35 元，那么客户买 100 美元的境外货物就相当于损失了 7.44 元。该过程说明了境内客户在购买境外商品时存在着汇率变动的风险，这在一定程度上影响了境内客户的海购积极性。

3）缺乏监管风险

跨境支付业务已有一定的发展规模，但各支付机构缺乏有关部门的监管，由此便会导致业务发展紊乱。业务办理流程、国际收支统计申报、风险控制等运营方案没有统一的标准，如在跨境支付环节中，合作银行与支付机构向外汇局呈报的信息还没有成熟的口径。客户外汇备付金账户是专门用于办理跨境外汇业务的，一定工作日内，当备付金账户的资金积累到一定额度时，支付机构若有动用账户资金的倾向，就会提取账户内的现金进行短期存款或短期投资来获取利益,即在跨境贸易的过程中,客户外汇账户存在着备付金被挪用或者损失的风险。

4) 网络支付风险

艾瑞数据表明,当前存在的各类网络支付安全问题直接制约着跨境贸易的发展,支付宝账号被盗、跨境支付资金无意间被转走、木马和钓鱼网站的泛滥等网络支付安全性问题影响着境内消费者的境外购物体验。跨境支付对支付信息的审核有着更高的要求,支付时间也较长,间接加大了支付的风险。通过互联网渠道的跨境资金支付风险严重阻碍了跨境贸易的推广,境内客户可能面临个人隐私信息被窃取、银行卡被盗用的风险。跨境外汇支付是跨境电商贸易的关键一步,因为它涉及交易双方资金的转账安全。在交易数据传输过程中,可能会因信息故障或系统崩溃而导致支付信息丢失。另外,一些非法人员利用钓鱼网站或其他计算机技术盗取支付的账号和信息,也会对交易方造成巨大的损失。2013 年 4 月初,江苏省徐州市铜山区人民法院开庭审理的"浮云木马"盗窃案件,让我们对电子支付的安全问题有了更清醒的认识。

5) 第三方机构跨境支付可能产生的外汇问题

首先,从《支付机构跨境外汇支付业务试点指导意见》(以下简称《指导意见》)的条例和规定中可以看出,外汇管理制度中存在第三方支付机构定位不明确的问题。例如,在主体参与跨境支付的业务中,第三方支付机构只是承担了部分类似银行的外汇处理职责,但是从性质上考虑,第三方支付机构并不是金融机构。也就是说,《指导意见》给出的法律定位偏低,如何从法律角度去明确第三方支付机构的外汇管理职责是亟待解决的问题。

其次,传统的外汇管理机制和制度面临挑战。一方面,外汇的收和支的统计存在问题。因为传统外汇管理的机制中只涉及银行和当事主体,所以说监管机构可以及时和有效地进行相关方面的统计。但在跨境支付领域中,第三方支付机构的定位是跨境交易的收付款方,如此,交易资金将在第三方支付机构中大量沉淀,时间持久,不仅会产生资金安全的问题,还将影响到国际机构对外汇统计的问题。另一方面,因为跨境支付通过信息渠道来完成交易和传递交易信息,缺少以前所采纳的书面凭证,这将在某些方面影响监管机构对交易真实性的把握。

3. 跨境电子支付安全风险评估

1) 电子支付的安全隐患范围

(1) 来自银行合作单位的安全隐患。银行系统不断增加中间业务和服务功能,如代收电话费、代收保险费、证券转账等业务,因此需要与电信局、保险公司、证券交易所等单位的网络互联。由于银行与这些单位之间的信息系统业务不同,安全侧重点也有差异,使得银行网络系统存在着来自这些业务关联单位的安全威胁。

(2) 来自不信任区域的安全隐患。大部分银行系统都发展到了全国联网。一个银行的系统分布在全国各地,而且各级银行也都是独立核算单位,因此对每一个区域银行来说,其他区域银行都可以说是不可信任的,同样存在安全隐患。

(3) 来自互联网的安全隐患。电子支付系统可以通过互联网进行业务处理。银行系统网络与互联网相连,由于互联网自身的广泛性、自由性等特点,像银行这样的金融系统自然会被恶意的入侵者首先列为攻击的目标。

（4）来自内部网的安全隐患。根据调查统计，在已经发生的安全事件中，70%的攻击是来自内部的，因此内部的安全风险更为严重。内部员工对网络结构、应用比较熟悉，自己攻击或者泄露重要信息内外勾结，都可能导致系统遭受威胁。内部工作人员越权操作、违规操作或者其他不当操作，特别是系统管理员和安全管理员出现操作失误，都可能造成重大安全事件。

（5）来自管理安全的安全隐患。管理安全包括管理技术安全和管理制度安全两个方面。如果员工安全意识薄弱，单位安全管理体制不健全，就存在很大的管理安全风险。健全的安全管理体制是系统安全得以保障的关键因素，如果缺乏健全的管理制度或者制度执行不力，就会给员工违规和犯罪留下可乘之机。

2）电子支付的安全风险分析

基于开放性信息互联技术的电子支付系统具有一定漏洞，为非法获取、非法篡改、破坏服务提供了可能。电子支付面临的安全风险主要包括以下几个方面。

（1）以非法手段窃取信息或者对信道信息进行破译分析，将机密的数据内容泄漏给未被授权的用户，如口令猜测、窃听、侦听等。

（2）篡改、删除、插入数据或者数据传输中出现错误、丢失、乱序，都可能导致数据的完整性被破坏，如对基础设施的损坏、破坏数据库、截取数据包等。

（3）伪造信息或者假冒合法用户的身份进行欺骗；伪造地址；发送非法链接；占有或者支配合法用户的资源；非法用户截获合法用户的信息，然后传送给接收者。

（4）抵赖交易行为，否认交易结果。

（5）延迟消息的传送或者重放消息。

（6）系统安全漏洞、网络故障、病毒、蠕虫等导致的系统损坏。

（7）阻断服务，非法用户阻止系统资源的合法管理和使用。

（8）社会工程也是一种攻击行为，是攻击者利用人际关系发出的攻击。当攻击者无法通过物理入侵的办法直接取得所需要的资料时，就会通过电子邮件或者电话对所需要的资料进行骗取，再利用这些资料获取主机的权限以达到其攻击的目的。

（9）管理风险，电子支付作为一个软硬件集成的有机整体，除了采用一些安全技术手段来保护其安全外，还需要对其进行有效的安全管理，如果管理不当，再好的安全措施也形同虚设。

（10）其他风险，其他可能危及电子支付中信息和系统安全的风险，也是需要考虑的问题。

3）风险可能导致的后果

安全威胁可能引发的后果有非法使用资源、恶意破坏数据、数据窃取、数据篡改等。

案例 9-2

中国支付清算协会：移动支付风险将成主要支付风险

中国支付清算协会昨天启动2018年支付安全宣传周，今年的主题是"移动支付便民安全"。据了解,移动支付风险正在逐渐成为支付业务面临的主要风险。

根据中国人民银行的统计,今年一季度,银行办理的移动支付业务为110亿笔,同比增长18%;非银行支付机构办理的网络支付业务为1102亿笔,同比增长134%。不过,在业务增长的同时,移动支付面临的风险也在增加。

中国支付清算协会表示,移动支付风险正逐渐成为主要支付风险类型,并呈现出隐蔽性、复杂性、交叉性等新趋势,移动手机端发生的账户盗用和欺诈呈现高发态势,给用户资金造成了严重损失。中国银联也表示,通过社交网络平台、欺诈App、恶意二维码等进行诈骗的案件频发,移动支付安全已经成为用户最担心的问题之一。

中国人民银行支付结算司翁泉表示,(中国)人民银行在出台制度和业务监管中都会首先关注客户的资金安全和信息安全。对支付安全的要求,不能有任何的懈怠,市场机构要不断提升风险防控水平和能力,始终把产品和服务的交付安全性放在首位。

资料来源:中国支付清算协会:移动支付风险将成主要支付风险[EB/OL].(2018-06-07).http://www.100ec.cn/detail--6453566.html,内容有改动。

9.2.2 跨境电子商务支付与结算的风险监管

对于网络支付机构而言,内部管理和外部监督环境都是其组织、实施风险管理的重要影响因素。无论是内部的公司治理,还是外部的政府监管、行业自律或社会舆论,都影响和关系到网络支付机构的经营管理行为。

1. 公司治理

1)公司治理的定义

公司治理(corporate governance)是现代企业制度中最重要的内容之一,狭义的公司治理主要是指公司内部股东、董事、监事及经理层之间的相互合作和制衡关系;广义的公司治理还包括与利益相关者(如员工、用户和社会公众等)之间的关系。公司作为法人,也就是作为由法律赋予人格的团体人、实体人,需要有相适应的组织体制和管理机构,使之具有决策能力、管理能力,从而能行使权利并承担责任。

网络支付机构作为公司制法人,其公司治理应当符合一般公司治理的基本原理。除此之外,由于网络支付机构经营性质所具有的备付金托管等传统金融机构的职能,因此,其公司治理应当专门针对这些方面做出安排,参考金融机构的内部控制条例进行设计。

2)公司治理结构

狭义的公司治理结构以法制为基础,按照公司本质属性要求形成,直接关系到公司投资者、决策者、经营者、监督者的基本权利和义务。按照《中华人民共和国公司法》(以下简称《公司法》)的规定,狭义的公司治理结构由4个部分组成:①作为公司权力机构的股东会或者股东大会,由公司股东组成,所体现的是所有者对公司的最终所有权;②董事会,由公司股东大会选举产生,对公司的发展目标和重大经营活动做出决策,维护出资人的权益;③监事会,是公司的监督机构,对公司的财务和董事、经营者的行为发挥监督作用;④总经理,由董事会聘任,是经营者、执行者。《非金融机构支付服务管理办法》

（人民银行令〔2010〕第 2 号）第八条规定，《支付业务许可证》的申请人应当是在中国境内依法设立的有限责任公司或股份有限公司。因此，对所有的网络支付机构而言，其狭义的公司治理结构都应当遵守《公司法》的规定。

广义的公司治理结构包括与利益相关者（如员工、用户和社会公众等）之间的关系，这样的公司治理结构设计是高层构思的战略在整个企业得以协调实施的方法，受到企业战略、公司经营环境、使用的技术、人员文化等诸多因素的影响，涉及复杂性、规范性和集权度等不同方面的考量，跨国公司还要考虑其全球协作与当地业务本土化的协调。例如，国际支付组织 VISA 在欧洲区以会员所有制协会作为其公司治理结构，由 4500 家会员银行所有，并将上市公司 VISA.Inc 作为一个被授权机构来运行，以充分把握单一欧元区形成的内部支付市场环境所带来的重要机遇。这一组织结构兼顾了欧洲特殊经济情况与全球协作等方面。在亚太区，VISA 以新加坡作为总部，旗下拥有七百多家金融机构，负责提供全球领先的支付系统。对秉持不同发展战略、面临不同经营环境的网络支付机构而言，在广义公司治理结构上的考量与最终选择是存在较大差异的，但是对所有的网络支付机构而言，无论是狭义还是广义的公司治理结构，都是围绕着公司治理的基本目标而展开的，风险管理自然是"题中应有之义"。

2. 政府监督

我国对跨境支付的监管制度正在逐步完善。在《中华人民共和国电子签名法》开辟电子商务法律监管的先河之后，中国人民银行根据金融监管领域的《中华人民共和国中国人民银行法》和网络安全领域的《中华人民共和国电子签名法》，颁布了《电子支付指引（第一号）》和《非金融机构支付服务管理办法》。《非金融机构支付服务管理办法》颁布实施以来，随着第三方支付机构的快速发展，政府监管政策进一步完善。目前，《非金融机构支付服务管理办法实施细则》《支付机构反洗钱和反恐怖融资管理办法》《支付机构预付卡业务管理办法》《支付机构客户备付金存管暂行办法》《银行卡收单业务管理办法》已经正式出台，并且在借鉴国际经验的基础上完善了《中华人民共和国反洗钱法》以及相应的《金融机构客户身份识别和客户身份资料及交易记录保存管理办法》。中国人民银行准备出台的其他相关政策规章还包括《非银行支付机构网络支付业务管理办法》等。这一系列管理办法尽管法律层级相对较低，但已经初步构建起了对整个第三方支付业务监管的政策基础框架。

3. 行业自律

对网络支付机构而言，行业自律至少包括两个方面：一方面是依法合规、诚实守信，行业内对国家法律、法规政策的遵守和贯彻，是促进网络支付机构步入规范发展阶段的重点；另一方面则是面对行业树立形象，用行规行约制约自己的行为。随着网络支付服务行业的发展不断深化，这两方面都包含对行业内成员的监督和保护机能。

从国际经验来看，许多国家都高度重视支付清算体系的发展和创新，不断完善相关的制度安排，在加强政府监管的同时，注重引入市场主体自我管理、自我约束机制和创新机制，通过行业自律组织推动支付清算市场的创新和良性发展，尤其在发达国家的支付清算体系中，行业协会一直发挥着重要作用，如纽约清算所协会、英国支付清算服务协会、澳大利亚支付清算协会、日本东京银行家协会等。

中国支付清算协会管理的主要对象是取得中国人民银行颁发《支付业务许可证》的非金融机构。从行业自律依法合规的要求来看，该协会制定的行业规章成为我国网络支付机构步入规范发展阶段的重点；同时，该协会还承担着加强网络支付行业内部联系的职责，也为各个企业维护自身形象建立基础。

4. 舆论监督

互联网时代，舆论作用被大大加强，其具有三大特点：① 舆情发端不可预知，引发网络围观的羊群效应；② 新旧媒体相互借力，引导舆论理性发展；③ 舆论监督主体向公众回归，推动社会民主进程。舆论的监督作用通过网络深入到居民生活的点点滴滴。

互联网时代的三大舆论特点对各个企业都有可能造成巨大而迅速的影响，以网络支持交易的网络支付机构更是处于风口浪尖。首先，快速传播与群众围观的特性使得网络事件迅速传开，某些谬误由于吸引眼球而被争相炒作；其次，媒体为博点击率，竞相转载焦点，更使得事件影响被成倍放大；同时，对于网络事件的评判可以来自任何个人或组织，如大众点评网等以累计个人评价进行运作的点评网络，逐渐成为很多用户初步了解商户的必由之路。网络支付机构本身就以网络用户为主，时刻在舆论的监督之下，舆论监督的导向有时比实际的运营效益、内控机制更能直接地塑造一个网络支付机构在用户心中的安全定位，而安全定位是用户是否支持该网络支付机构的关键。

5. 网络支付机构总体监督模式

网络支付机构的总体监督，在国际上有两种成熟的模式。

1）美国模式

美国对网络支付机构的网上支付业务实行的是多元化的功能性监管，即分为联邦层次和州层次两个层面进行监管。其将监管的重心放在交易的过程上，而不是放在从事网络支付的机构方面。在对沉淀资金定位问题上，美国联邦存款保险公司认定第三方网上支付平台上的滞留资金是负债，而非存款，因此该平台不是银行或其他类型的存款机构，不需要获得银行业务许可证，它只是货币转账企业或是货币服务企业。《美国爱国者法案》规定，网络支付机构作为货币服务企业，需要在美国财政部的金融犯罪执行网络注册，接受联邦和州两级的反洗钱监管，及时汇报可疑交易，记录并保存所有交易。

2）欧洲模式

欧盟规定网上网络支付媒介只能是商业银行货币或电子货币，这就意味着网络支付机构必须取得银行业执照或电子货币公司的执照才能开展支付业务。基于这种定位，欧盟对网络支付机构的监管是通过对电子货币的监管实现的。针对电子货币，欧盟出台了相应的法律。

除借鉴国际监管经验外，我国在网络支付机构的监管体系中应当坚持多元化的监管并重，除了坚持监管当局（中国人民银行）的法定监管地位及商业银行的协作监督作用外，还应加强行业自律与舆论监督的作用。通过调动社会公众的力量，如在市场准入时向社会公告支付机构申请人的相关资质信息，接受社会舆论的广泛监督，形成社会监督机制，以保障监管的公开、公平、公正，促进监管过程中的廉政建设，维护政府形象，强化社会公众的参与意识和监督意识。实际上，正是这种政府管理、行业自律与舆论监督相结合的外部监督模式，有利于降低监管和市场运行的成本，提高监管效率和促进市场创新，也有利于把先进经验推广至全行业，以提高支付清算体系运行的安全性和有效性。

9.2.3 跨境电子商务支付与结算的风险防范措施

1. 跨境支付发展过程中的风险与应对措施

1）跨境支付发展过程中存在的三大风险

（1）跨境支付欺诈风险。跨境支付欺诈是很多跨境电商都遭遇过的困扰，也给企业带来了不小的损失。因担心风险损失而拒绝潜在客户的案例更是比比皆是，这些都严重影响了企业的发展和客户的体验。与此同时，不同于境内支付交易，跨境支付交易中欺诈交易的追溯流程非常漫长，往往要两到三个月才能判定一笔交易是否属于欺诈交易，这实际上非常考验跨境支付过程中风险管理的有效性。此外，跨境支付交易的来源方往往遍布全球各地，其风险管理系统要承受全天24小时来自全球犯罪分子的攻击。这一系列的跨境支付欺诈风险都给跨境支付交易的风险管理提出了巨大的挑战。

（2）跨境支付交易风险。因为跨境支付的整个交易流程涉及各方主体的交互，因此跨境支付的交易风险也一直是跨境支付能否健康发展的一大痛点。跨境支付的交易风险主要分为两类，一类是第三方支付机构本身发生的不合规交易带来的交易风险，另一类是用户遭遇的交易风险。用户遭遇的交易风险主要源自跨境支付交易过程中可能遭遇的各类网络支付安全问题。境内消费者将面对个人隐私信息被窃取、账号被盗、银行卡被盗用、支付信息丢失等情况，这些都对跨境支付的系统安全提出了更高的要求。

（3）跨境交易资金风险。很多从事跨境电商的中小卖家由于自身资金实力不足，除了跨境支付交易过程中的安全性、支付成本、放款效率，资金的安全性也一直是他们非常关心的事情。但因为很多中小卖家没有完全理解跨境电商平台的相关条款，对国外的法律法规更是不了解，所以经常会在这方面吃亏。

比如 Wish 和 eBay 等跨境电商平台很多时候都以买家的利益为主，在纠纷发生时往往会偏向买家，而让中国卖家遭受损失。近几年发生的 eBay 和 Wish 的大规模纠纷事件就直接反映了中国卖家在发生纠纷时的弱势境地。当发生知识产权纠纷或交易纠纷时，卖家的资金往往会很快被跨境电商平台冻结，然而由于这些平台在中国没有合适的法律代表，中国卖家要向平台申诉还要赴海外聘请当地律师。从众多中国中小卖家的角度出发，他们既没有时间也没有精力来承担相应的上诉流程，并且严格上讲，一些账户被冻结的跨境电商卖家的知识产权确实是有瑕疵的，这也是长期以来中国传统外贸发展所留下的被人诟病之处。

2）跨境支付发展过程中的风险对策

（1）建立风险管控，开展数据监控。建立起一套完整的风险管理架构，无论对跨境电商还是对支付机构都非常重要。面对不断发生的跨境电商欺诈交易行为，企业可以通过账户安全、交易安全、卖家安全、信息安全、系统安全五大安全模块的组合，来实现风险管理系统的搭建，从而防止账户出现盗用和信息泄露，并最终借助管控交易数据等手段降低交易风险欺诈的可能性。

除搭建风险管理系统外，企业还可以通过建立以数据驱动为核心的反欺诈系统来进行风险管控。不同于传统的反欺诈系统通过签名识别、证照校验、设备指纹校验、IP地址确认的审核方式，跨境支付反欺诈系统应拥有强大的实施模型、灵活的风险规则和专业的反欺诈人员。第三方支付机构还应该加强行业内部的风险共享和合作机制，因为一般犯罪分子在盗取一批信用卡信息之后会在多个交易平台上反复使用，实现价值的最大化，且往往把风控能力最弱的一方作为突破口，因此建立风险共享及合作机制就非常必要且非常紧急。只有大家齐心协力，才能从根本上有效提升跨境支付交易的整体风险防控能力。

（2）履行相关责任，保证交易真实。在跨境支付交易过程中，支付机构应严格按照相关法律法规，遵循有关部门发布的指导意见审核交易信息的真实性及交易双方的身份。支付机构可适当增加交易过程中的信息交互环节，并留存交易双方的信息以备查，对有异常的交易及账号进行及时预警，按时将自身的相关业务信息上报给国家相关部门。国家相关部门也应定期抽查并审核交易双方的身份信息，并对没有严格执行规定的第三方支付机构进行处罚。同时，应制订科学的监管方案对支付机构进行监管，并促进支付机构与海关、工商、税务部门进行合作，建立跨境贸易信息共享平台，使跨境交易的监测更加准确和高效。

在加强监管的同时，支付机构也应加大技术的研发力度，提升跨境支付过程的安全性，提高跨境支付交易数据的保密程度，利用大数据以及国内云技术的优势对跨境交易的双方进行身份审核并分级，从而为境内外客户提供更加安全、有保障的购物环境。

（3）遵守知识产权，合法进行申诉。随着跨境电商的快速发展，国家的大力推动让跨境电商从原来鲁莽发展的粗放模式慢慢向阳光化的精细模式发展。广大从事跨境电商的卖家要真正解决跨境交易的资金风险问题，首先要做的就是合规经营，以尊重知识产权为公司核心，同时注重企业产品品质，并且要努力、持续地学习各个跨境电商平台的规则和条款，尤其是涉及资金安全的条款。其次在遭遇跨境电商交易纠纷时，中小跨境电商卖家应该认识到个体的力量是弱小的。遭到资金冻结的卖家一方面应积极了解相关法律法规，另一方面也可以聚拢起来，通过抱团的方式，利用行业协会的优势，积极应诉，取得诉讼的主动权，进而保障自己的资金安全。

2. 跨境电子商务支付与结算的金融风险与应对措施

1）跨境电子商务支付与结算的金融风险

（1）跨境电子商务支付与结算的金融风险概念。跨境电子商务支付与结算的金融风险是指在跨境电子商务的交易过程中，在跨境电子商务支付与结算的各个环节，存在的汇率变动、外汇管制、支付许可、结汇成本、拒付欺诈、流动性等金融风险，这些金融风险不光会对企业造成损失，也会对我国跨境电子商务行业，乃至国家进出口贸易都产生较大的影响。

近几年来，我国跨境电子商务进出口业务蓬勃发展，交易量连年大幅增长，跨境电子商务支付与结算的遭受损失案例并不少见，其中暴露出的金融风险也越来越多。虽然政府已经出台了不少制度政策来规避跨境电子商务支付与结算的金融风险，但因为牵涉不同国家（或地区）的不同平台，而且各国（或地区）各个平台政策也经常改变，因此跨境电子商务的金融风险始终是跨境电子商务企业要认真对待的课题。

（2）跨境电子商务支付与结算的主要金融风险。

①汇率变动。汇率变动对跨境电子商务进出口的影响有两面性。比如，人民币对美元贬值，一方面，跨境进口商品的性价比有所下降，跨境进口相关平台如天猫国际、网易考拉海购、京东全球购等平台的销售额会有所下跌；另一方面，对于出口跨境电子商务而言，人民币贬值反而是好事，向欧美出口的跨境电子商务，一般业务采用美元核算、人民币结算的方式，人民币汇率走低后钱反而更值钱了，跨境电子商务更加有利可图，行业也更加具有吸引力。

整体而言，汇率波动对跨境电子商务的影响不容小觑，特别是中小企业将会面临价格竞争与汇率波动的双重压力，稍不注意就有可能在市场整合中被淘汰出局。如果一家跨境电子商务企业的净利率为5%～10%，那么汇率的波动可能会吃掉整个企业一年的盈利，甚至可能会导致企业亏损，因此跨境电子商务企业必须进行汇率风险管控。

②外汇管制。我国目前的资本项目尚未完全放开，经常项目基本处于可自由兑换状态。但对于个人结售汇实行年度限额管理，个人年度结售汇限额不超过等值5万美元。通过第三方支付机构进行的跨境电子商务支付，境内消费者在完成订单确认后，需要向第三方支付机构付款，再由第三方机构向银行集中购汇，银行再按照第三方支付机构的指令，将资金划入目标账户。一方面，第三方支付机构只能获取交易双方有限的交易信息，如订单号、银行账号等，银行无法获取个人信息，这样就很难执行个人年度结售汇管理政策。另一方面，如何认定分拆结售汇也存在一定困难。从国家外汇管理局前期试点监测情况来看，试点业务多为C2C个人"海淘"等小额交易，人均结售汇金额不足60美元。境内消费者一天之内几次或十几次小额购物，是否应算作分拆结售汇？对此，很多银行默认PayPal等支付企业使用虚拟电子账户来识别用户，默认这些跨境电子商务支付与结算企业帮助跨境电子商务企业和个人规避结售汇限额。

但是，中国人民银行和国家外汇管理局已经意识到这些现象有可能存在洗钱和外汇流失等问题，总体的制度设计是包容、审慎，但是不排除未来随着跨境电子商务交易规模的扩大，对个人年度结售汇限额进行收紧的可能性。试想，如果国家外汇管理局要求严格执行个人年度结售汇限额每年每人为5万美元，如果一家跨境电子商务企业一年的销售额达到1000万美元，那么对跨境电子商务企业将产生非常大的影响。

③支付许可。虽然国内外有很多跨境电子商务支付与结算企业获得了本国、外国的支付牌照，但是随着行业的发展，以及各国（或地区）政治、经济环境的变化，这些企业的支付许可也有可能面临重新洗牌。届时，这些企业的跨境电子商务支付与结算环节必然会发生相应的改变。

④结汇成本。结汇成本在扣除汇率波动的成本后，还包括结算平台手续费和结算的时间成本。纵观目前专做支付或结汇的主要平台，虽然已经有如连连支付、PingPong这样的企业提供高效、廉价的结算服务，但是整个行业的平均结汇手续费还是会超过1%，这大大降低了跨境电子商务企业的利润。

⑤拒付欺诈。与传统外贸相比，跨境电子商务给广大中小企业提供了很多商机和便利，

商家可以足不出户地把产品销往世界各地。然而，随着电子商务的发展和成熟，网上交易欺诈也偶有出现，给卖家带来一定的困扰。根据国际惯例以及 VISA、MasterCard 等组织的规定，在使用国际信用卡进行网上支付时，如果在交易过程中出现问题，180 天之内持卡人都可以提起拒付。某种情况下，买家提起的恶意拒付会给卖家造成经济损失，即使电子商务平台可以帮助卖家向发卡组织申诉，但由于交易时间较久远，有可能物流方已没有订单跟踪信息，这样也会导致卖家败诉。

⑥流动性。跨境电子商务支付结算会伴随资金到账的时间问题，一般资金不能立即到账，需要经过结算银行购汇或结汇支付，一般支付平台完成交易资金清算需要 7～10 天，这可能会导致企业的资金周转出现问题。比如，企业需要交易所得的货款来支付职工工资、生产产品、购买原材料等，但是由于资金在支付过程中停滞了一段时间，那么就会造成企业的经营周转出现问题，造成企业经营的流动性风险。

2）跨境电子商务支付与结算金融风险的应对措施

针对跨境电子商务支付与结算的一系列风险，企业以及第三方支付平台可以采取以下措施来防范。

（1）汇率风险。对于汇率风险，跨境电子商务企业可以通过密切关注汇率变动、适当提高产品售价、适当储备美元等方式来应对，主要还是靠跨境电子商务企业树立品牌、保障产品质量来抵御，因为汇率波动不受个体企业的控制，跨境电子商务企业主要还是要靠挖掘自身潜力，修炼内功。

（2）外汇管制风险。对于外汇管制风险，因为当前我国对跨境电子商务的包容审慎态度，所以暂时还不会出台过分收紧的政策，中小企业仍然可以通过多个个人账户或部分银行的支持政策规避该风险。

（3）支付许可风险。对于支付许可风险，虽然部分跨境电子商务支付与结算企业获得了国家的认可和支持，但因为其中隐藏的风险因素，相关部门仍然有可能对相关跨境电子商务支付行业进行整顿。对于业务增长比较迅速的跨境电子商务企业来说，开立境外账户仍然是一种性价比不高但至少合法合规的做法。

（4）结汇成本风险。对于结汇成本风险，除汇率损失以外，结汇成本还包括结汇手续费等。因为各个跨境电子商务企业和跨境电子商务支付与结算企业之间复杂的竞争合作关系，致使两者之间往往关系微妙，收款和结汇等成本也随之波动。对于结汇成本，建议用户在绑定收款和结汇工具时，考虑其与所在平台之间的关系，以及该跨境电子商务支付与结算公司本身的规模大小。如果该跨境电子商务支付与结算公司与所在跨境电子商务平台之间是从属或者密切合作关系，且本身规模和影响力较大，则可以考虑用此方式收款、结汇。

（5）拒付欺诈风险。对于拒付欺诈风险，目前有效的应对举措是购买拒付欺诈险等保险。例如，敦煌网推出的"拒付欺诈货物损失保障"服务，即可降低卖家因遭遇买家拒付、欺诈而带来的风险。购买拒付欺诈保障服务的卖家，在出现买家恶意拒付、欺诈情况时，将得到一定比例的保险补偿，其过程是发卡行或发卡组织将付款撤单消息反馈给敦煌网平台，然后敦煌网平台在一周内对卖家进行补偿，并建立不良买家黑名单。

（6）流动性风险。对于流动性风险，可以用加入提前收款计划、获得跨境电子商务平台或银行贷款等方式加以规避。比如,速卖通卖家在满足一定的运营条件后,可以申请加入提前收款计划,提前获得货款。另外,不少跨境电子商务平台都为卖家提供信用贷款,基于卖家最近一年的销售数据,给予年销售额 10%左右的信用贷款。卖家个人或企业也能从部分银行获得信用贷款额度,这对于流动资金也是很好的补充。

3. 跨境电子商务税务风险与应对措施

1) 跨境电子商务税务风险

跨境电子商务税务风险是指由于关税等政策的变化,使跨境电子商务进出口商产生的税务成本上升的风险。

跨境电子商务税务风险由进出口税务政策变化而产生,对跨境电子商务进出口商影响巨大,主要包括跨境进口电子商务税务风险和跨境出口电子商务税务风险。

(1) 跨境进口电子商务税务风险。跨境进口电子商务税务风险主要是指由于税务政策的调整,对跨境电子商务进口商产生的税务成本上升的风险。

新的税收政策将跨境电子商务进口商品交易缴税归为一般贸易模式征税制度之下,跨境电子商务企业所面临的最大问题是正面清单与通关单。"正面清单"的实行,大幅限制了跨境商品进口品类(生鲜、液态奶、成人奶粉出局,保健品和化妆品受到严格限制),新税收政策则要求进口商品税号需要满足前置审批条件获取"进口通关单",但因境内外产品特性或者工艺标准不同,导致跨境电子商务企业无法及时提供通关单要求的各项材料,延长了许可证的办理时间,使得进口商品通关进程放缓,影响了跨境电子商务企业商品进口业务。

此外,保税商品监管模式的改变使很多保税区出现了保税仓库空置,部分跨境电子商务平台也因此出现了补货难的局面。跨境电子商务企业业务范围的缩小,也会使仓储行业陷入困境,前期的资金投入无法得到有效的利用而造成资源的浪费,相关开展保税业务的企业或将面临损失。

税改新政措施的实行,海关等相关部门的监管力度不断加强,经营成本上升等对中小型跨地电子商务企业有明显的影响。经营模式单一、抗风险能力较差的企业将面临资金短缺、倒闭或转型等诸多问题。之前依靠低利率赚取中间差额利润的中小型跨境电子商务企业,将面临税后消失的价格优势,被迫退出跨境电子商务市场,这会造成一定程度上的市场空缺。

(2) 跨境出口电子商务税务风险。跨境出口电子商务税务风险主要是指由于税务政策的调整,对跨境电子商务出口商产生的业务成本上升的风险。

2) 跨境电子商务税务风险的应对措施

针对跨境电子商务进出口的税务风险,跨境电子商务进出口商可采取以下措施来应对风险。

(1) 跨境进口电子商务税务风险。对于跨境进口电子商务税务风险,可以采取以下几个措施来应对。

① 消费品进口建立海外仓。随着我国跨境电子商务进口贸易中的用户规模不断增长,以及消费需求和消费观念的升级,进口企业建设海外仓,在海外市场的销售、配送,可方

便消费品跨境电子商务业务的开展。具体来说，建立海外仓一是能够满足消费者对于采购便利性的偏好，二是降低国际物流仓储成本。

②开拓进口模式多渠道，吸引潜在用户。不同的商品在不同的进口模式下适用不同的税收标准，企业可以依据各方标准进行计算，灵活选择，优化平台服务。

③重视产品供应链管理。要使自身获得更好的发展前景，企业就要想办法占有供应链的优势，并建立起电子商务企业主体的责任意识，自觉完善企业监管措施，对于清单中和日常经营中的进口商品，主动采取严格的监管措施。随着行业市场逐渐走向规范化，跨境电子商务企业需认清趋势，将行业发展与国内消费升级的趋势相融合，制订与其相适应的目标规划，提高企业管理水平，实现我国跨境电子商务行业的稳固发展。

（2）跨境出口电子商务税务风险。对于跨境出口电子商务税务风险，可以采取以下几个措施来应对。

① 跨境电子商务产品大多以行邮的方式入境，在一定程度上省去了很多分销商成本，如果加上不用缴纳增值税，优势会明显领先于本国（或地区）零售企业。为此，各国（或地区）为了保护本国（或地区）的零售商和财政收入，都会设法提高入境产品的关税，因此，商家应关注各国（或地区）税收的最新动态，及时调整运营策略，以不变应万变。

② 大型跨境电子商务出口企业，应积极参与国际政策制定，积极参与国际会议和活动，与各国政府、企业形成良性的互动关系；在客户集中的国家（或地区），要积极参与当地各项事业，在当地逐步建立良好的企业形象。

③ 产品质量是王道，产品性价比始终也是消费者最为关注的方面，同时商家也要逐渐形成自己的品牌形象，毕竟当地百姓的民意始终是所在国（或地区）不可忽视的内容。

4. 跨境电子商务支付与结算的技术风险与应对措施

1）跨境电子商务支付与结算的技术风险

（1）跨境电子商务支付与结算的技术风险的概念。跨境电子商务支付与结算的技术风险是指跨境电子商务支付与结算通过互联网收付钱款，且跨境电子商务支付与结算涉及多个国家（或地区），因此在交易转账的过程中会存在一系列的技术风险，比如平台遭受黑客攻击、网络安全漏洞、内部数据被泄露、盗号篡改和刷单等，由此给跨境电子商务企业造成损失。

（2）跨境电子商务支付与结算的技术风险。跨境电子商务支付与结算的技术风险主要包括以下几个方面。

①盗号。盗号属于账户技术风险，是第三方支付行业面临的最常见的风险。盗号的主要表现形式为撞库、洗库和拖库。

撞库指通过大量用户数据分析，掌握用户相同的注册习惯，利用用户的这些注册习惯，尝试登录目标网站，窃取用户资料。

洗库是利用字典表等暴力破解手段，利用彩虹表破解哈希算法等技术手段，对非法获取的数据进行解密分析。

拖库是利用系统漏洞、第三方组件漏洞、SQL注入攻击等手段，窃取注册用户的资料。

②信息泄露。跨境电子商务支付与结算涉及身份证、银行卡、密码等敏感信息，若PayPal

等平台因为系统漏洞被黑客攻击,泄露的信息被不法分子利用的话,将会给用户带来损失。此外,用户和商户的支付金额、具体业务种类等信息是各类机构判定用户信用状况的数据,一旦被不法分子掌握,造成的危害也是不容小觑的。

③刷单。刷单行为也是跨境电子商务支付与结算的技术风险之一。刷单包括小号刷单、虚拟机刷单等主要方式。此外,还有互相刷单、低价刷单、刷虚拟物品等常见的刷单行为。小号刷单中的小号大部分是从专业刷单机构手中获取的,小部分是商家自己组织注册的。商家一般不会用自己的注册账号刷单,因为这样导致账号被封的代价太大。

虚拟机刷单是指商户通过使用虚拟机设备,在一个物理机上模拟多台机器访问的方式制造大量交易数据的行为。

2)跨境电子商务支付与结算技术风险的应对措施

针对跨境电子商务支付与结算的技术风险,跨境电子商务进出口商可采取以下措施来应对风险。

(1)搭建技术风险架构。面对时有发生的跨境电子商务支付与结算的技术风险损失,企业可以通过账户安全、交易安全、卖家安全、信息安全、系统安全五大安全模块的组合来实现技术风险管理架构的搭建,从而防止账户出现被盗用和信息泄露,并最终借助管控交易数据等手段降低交易技术风险的可能性。

(2)审核交易信息。在跨境电子商务支付交易的过程中,跨境电子商务支付机构应严格按照相关法律法规,并遵循有关部门发布的指导意见审核交易信息的真实性及交易双方的身份。支付机构可适当增加交易过程中的信息交互环节,并留存交易双方的信息以便备查,对有异常的交易及账号进行及时预警,按时将自身的相关业务信息上报给国家相关部门。

国家相关部门也应定期抽查并审核交易双方的身份信息,对没有严格执行规定的第三方支付机构进行处罚。同时,相关部门应制订科学的监管方案对支付机构进行监管,并促进支付机构和海关、工商、税务部门进行合作,建立跨境贸易信息共享平台,使跨境交易的监测更加准确和高效。

在加强监管的同时,跨电子商务支付机构也应加大技术的研发力度,提升跨境电子商务支付过程的安全性,增加跨境电子商务支付交易数据的保密程度,利用大数据以及国内云技术的优势对跨境交易的双方进行身份审核并分级,为境内外客户提供更加安全、有保障的购物环境。

(3)建立反欺诈系统。除了搭建技术风险管理架构外,企业还可以通过建立以数据驱动为核心的反欺诈系统来进行技术风险管控。不同于传统的反欺诈系统通过签名识别、证照校验、设备指纹校验、IP地址确认的审核方式,跨境电子商务支付反欺诈系统应拥有强大的实施模型、灵活的风险规则和专业的反欺诈判断标准。第三方支付机构还应该加强行业内部的风险共享和合作机制,因为一般犯罪分子在盗取一批信用卡信息之后会在多个交易平台上反复使用,实现价值的最大化,且往往把风控能力最弱的一方作为突破口,因此建立风险共享及合作机制就非常必要且非常紧急。只有各方齐心协力,才能从根本上有效提升跨境电子商务支付交易的整体技术风险防控能力。

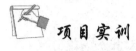

跨境电子商务支付与结算风险防范

实训目标

（1）提高学生跨境电子商务支付与结算风险防范的意识；
（2）提高学生跨境电子商务支付与结算风险防范的能力。

实训内容

假如你在亚马逊美国站开了一家儿童图书的店铺，需要加强对跨境电子商务支付与结算的风险防范能力。全班 5 人为一个团队，以团队为单位研究跨境电子商务支付与结算的风险防范。

（1）你觉得跨境电子商务支付与结算存在哪些方面的风险？
（2）在风险来临之前你会如何预防？

1. 跨境电子商务支付与结算的远距离支付结算的方式有哪些？
2. 跨境电子商务支付与结算的近距离支付结算的方式有哪些？
3. 生物识别技术包括哪些类型？
4. 跨境电子商务支付与结算技术风险的应对措施有哪些？
5. 针对跨境支付发展过程中的风险主要有哪些对策？

第10章 跨境网络支付的相关法律问题

本章思维导图

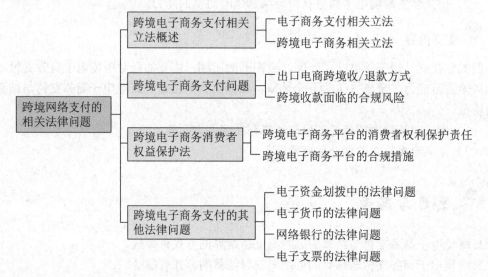

📚 **知识目标**

- 了解电子商务支付相关立法；
- 了解出口电商跨境收/退款方式；
- 掌握跨境电子商务平台的消费者权利保护责任；
- 了解跨境电子商务支付的其他法律责任。

【关键词】

直接收款、间接收款、一般报关模式、特殊报关模式、跨境电子商务平台的消费者权利保护责任、电子资金划拨、电子货币、电子支票。

📖 **案例导入**

董毅智：从事跨境电子商务应当遵守进出口监督管理的法律

尽管距离《中华人民共和国电子商务法》（以下简称《电子商务法》）表决通过已经

过去了十多天，但议论仍然甚嚣尘上，围绕法案细则的争议远未结束。其中，个人网店、微商、直播营销、刷好评、大数据杀熟、征税等都引起了广泛热议。这部我国电子商务领域的首部综合性法律将于 2019 年 1 月 1 日起施行。

值得关注的是，电子商务法新增了第二十六条："电子商务经营者从事跨境电子商务，应当遵守进出口监督管理的法律、行政法规和国家有关规定。"将跨境电子商务经营者纳入本法管辖范围，也规定了受本法约束的同时，还应当遵守其他法律法规及规定。与此同时，第五章跨境电子商务则未做改动，足见国家对跨境电商模式的重视程度。

目前，电子商务法对于跨境电子商务的规定还仅仅是一种原则性规定，并能见到其他法律法规和规定的影子，且还留有极大的空白待日后逐步完善。

不过，一些原本的"法外之地"也被纳入了监管范围内，这将使很多领域发生改变。总体而言，电子商务法的出台，对消费者而言是一件好事。电子商务研究中心特约研究员、上海亿达律师事务所律师董毅智就指出，长期以来，跨境电商存在两种业务模式：保税和直邮，但由于法律关系不明确也导致产生了一系列纠纷。此外，跨境交易还存在逃税避税、涉嫌走私，部分跨境经销商真假掺卖、不提供售后，私下交易、现金交易以逃避监管以及侵犯知识产权等问题。

董毅智举例说，比如 7 月，英国曾出现问题婴幼儿奶粉，当时海关总署认定该产品未通过一般贸易和跨境电商渠道进口到中国，即未有报关产品。但若采取直邮、微商代购等模式便处在一个监管空隙的状态。在《电子商务法》公布后，直邮模式被纳入跨境电商范畴，也就意味着其也需要满足报关程序以及国内对奶粉的规定。另外，微商及其他网络平台向消费者继续提供跨境购买奶粉服务的也应当进行工商登记。这对进一步规范跨境电商，保障国内消费者食品安全有着很大意义。

当然，《电子商务法》还存在很多留白。比如，实践中跨境电子商务存在的最为突出的问题就是海关、税务、外汇等部门的监督管理问题。如何确定跨境电子商务平台销售商品的性质（是货物还是个人物品），以及如何设定通关模式、如何办理通关手续，如何征收税款，如何办理出口退税，如何办理外汇进出境等，对管理部门和跨境电子商务经营者、消费者而言都是需要明确的问题。此次的电子商务法对此几乎没有涉及，因此，还远远无法满足社会实际需求。

资料来源：董毅智：从事跨境电商应当遵守进出口监督管理的法律[EB/OL].（2018-09-12）. http://www.100ec.cn/detail--6470543.html，内容有改动。

10.1　跨境电子商务支付相关立法概述

10.1.1　电子商务支付相关立法

1. 美国电子支付相关立法

随着互联网和信息技术的广泛普及，特别是电子商务规模的不断扩大，电子支付发展迅速，已成为人们日常生活中最重要的支付方式之一。与此同时，电子支付安全问题也日益突出，已发展成为一个社会安全问题，危及国家经济安全。美国作为全球最早发展电子商务和电子政务的国家之一，建立了比较完善的电子支付系统，探索出了一系列确保电子支付安全的有效举措，其中一些有益的做法，具有普遍的借鉴意义。

美国真正意义上开展电子支付大约有五十年的历史。20 世纪 60 年代，随着计算机的广泛应用，美国政府开始引入电子税务管理系统，对纳税人或企业通过电子支付方式进行税费管理。1972 年，美国建立起了第一个自动清算系统（ACH），用于商业、金融和政府机构之间的电子支付活动。20 世纪 80 年代初，美国政府实现了从美联储（美国联邦储备系统）国库单一账户到商业银行账户之间的电子转账支付。1987 年，美国财政部财务管理局开始利用电子支付方式向联邦机构供应商支付资金。随后，又推行了"支付直达项目"，将联邦雇员工资、社会保险支出、退伍军人津贴等，由传统的支票支付改为电子转账支付。1991 年，世界上第一个互联网支付公司 CyberSource 在美国硅谷创立，除提供网关支付处理外，还提供反欺诈和网上支付安全服务。

1997 年，美国发布《全球电子商务框架》，阐述了发展电子支付系统的重大意义。1998 年，美国政府与兰德公司合作开展了一系列有关电子支付发展及安全的研究，引起了美国白宫、国会及其他一系列相关机构的关注。1999 年 1 月 1 日，美国要求联邦政府所有对外采购均采用电子商务方式，所有支付必须采用电子转账，不得再使用支票支付。同年 12 月，美国公布了世界上第一个《互联网商务标准》，对电子商务中的电子支付进行了规范。2009 年，美联储支付报告称，电子支付已经占据了美国整个支付交易笔数的 78%。2010 年，美国发布《电子资金传输规则》，要求联邦资金原则上通过电子方式进行支付，规定自 2013 年 3 月 1 日起，要全部实行支付电子化管理。

针对电子支付中的安全问题，美国政府采取了出台政策战略、完善监管机构、颁布安全法规、制定安全标准、研发安全技术、健全安全机制等一系列举措，来加强电子支付安全，为电子商务和电子政务的健康发展提供了可靠的环境。

为确保电子支付系统的稳健运行，美国出台了一系列法律和规定。1968 年，美国颁布关于信用卡的《借贷真实法》，随后又颁布了其实施细则 Z 条例，用于规范信用卡交易，防止交易欺诈，保护消费者权益。1978 年美国颁布的《电子资金划拨法》适用于联储电划系统与消费者电子资金划拨，成为世界上最早出台的有关电子支付的专项立法，随后又颁布了其实施细则 E 条例，用于所有形式的电子资金转移，包括互联网、通过自助取款机进行的交易和通过借记卡进行的电子支付等。1989 年，颁布《统一商业法规》第 4A 编，对大额电子支付系统进行调整，第一次通过法律对电子支付进行了定义。1997 年，出台了同时支持国内和全球电子商务的统一商业法律框架，促进了美国及全世界的电子商务交易，对电子支付安全进行了规范。1999 年 7 月，公布《统一电子交易法》，对电子交易相关内容提出定义与规范，包括法律地位与效力、书面要件等。2000 年，通过《全球与国内商务电子签名法案》，规定电子签名和手写签名具有相同的法律效力，消除了电子签名无效在交易中造成的障碍。2002 年 12 月，颁布《联邦信息安全管理法案》（FISMA），提出了加强电子政务中的电子支付安全措施。

美国国会于 2003 年 10 月制定了《21 世纪支票结算法》，该法赋予了"替代支票"与纸质支票相同的法律效力，是一部支票电子化的立法。2010年12月21日，颁布《联邦机构支付规则》，明确规定联邦政府电子支付相关要求、收费标准、信息传输规范等，要求联邦所有非税收入与政府支出必须通过电子支付方式（EFT）进行，除非得到国库秘书官的批准。国库秘书官负责确保同意使用电子支付方式的个人，在合理负担内接受电子支付方式，并提供技术保障。此外，美国还出台了《互联网税收豁免法案》《网上电子支付安全标准》《互联网保护个人隐私法案》等法规，都对电子支付中的安全进行了明确规范。

2015年1月26日，美国发布《改善美国支付系统战略报告》，对电子支付系统的重要性和面临的威胁进行了分析，要求升级国内的ACH、电汇和电子支票系统等电子支付系统，提高端对端支付的速度和安全性，并要求制定电子支付安全标准和协议，推进电子支付行业合作，实现"一个安全、高效、广泛可用的支付网络"的战略目标。

2. 我国的电子支付相关立法

当前，我国电子支付领域的法律制度还不够完善，相关法律条文责权不明，效力等级不高，仅出台过一些行业规范。1996年中国人民银行出台了《信用卡业务管理办法》，1999年3月1日修订为《银行卡业务管理办法》。1997年12月，中国人民银行公布了《中国金融IC卡卡片规范》和《中国金融IC卡应用规范》。1998年9月，中国人民银行又公布了与金融IC卡规范相配合的POS设备的规范。这三个标准的制定为国内金融卡跨行、跨地区通用、设备共享及与国际接轨提供了强有力的支持，为智能卡在金融业的大规模使用提供了安全性、兼容性的保障。

1998年年初，国家金卡工程协调领导小组根据国务院22号文件发出《关于加强IC卡生产和应用管理有关问题的通知》（以下简称《通知》），要求制定IC卡生产、应用的技术标准和规范，以及加强IC卡的管理、清理整顿IC卡市场、提高IC卡芯片的自主设计和开发能力等。根据《通知》的要求，《全国IC卡应用发展规划》《IC卡管理条例》《集成电路卡注册管理办法》《IC卡通用技术规范》等相继出台，为各种电子支付系统的规范化和兼容化提供了契机，使得用中国标准金融IC卡作为电子商务中的支付前端成为最安全和最直接的解决方案。

在关于电子支付的网络安全保护方面已建立的部门规章有：国务院1994年2月18日颁布实施的《中华人民共和国计算机信息系统安全保护条例》、1997年12月16日公安部发布的《计算机信息网络国际联网安全保护管理办法》、1998年8月31日公安部与中国人民银行联合发布的《金融机构计算机信息系统安全保护工作暂行规定》。1997年10月1日生效的《中华人民共和国刑法》第196条确定了信用卡诈骗罪、金融凭证诈骗罪，第285条至287条规定了侵入计算机系统犯罪。

2004年8月28日，《中华人民共和国电子签名法》获得全国人大常委会审议通过，以时任国家主席胡锦涛签署的第18号主席令的方式对外公布，自2005年4月1日起实施。2005年10月26日开始实施的《电子支付指引（第一号）》文件只是央行整饬电子支付市场的开始。2005年中华人民共和国公安部第82号令发布的《互联网安全保护技术措施规定》，2006年3月1日起在全国实施。中国银监会发布了《电子银行业务管理办法》和《电子银行安全评估指引》，于2006年3月1日起开始施行。

为规范非银行支付机构网络支付业务,防范支付风险,保护当事人合法权益,中国人民银行(央行)2015 年 7 月 31 日就《非银行支付机构网络支付业务管理办法(征求意见稿)》向社会公开征求意见,截止时间为 2015 年 8 月 28 日。这份征求意见稿是央行针对网络支付的第四版草案。值得一提的是,这是央行等十部委联合发布《关于促进互联网金融健康发展的指导意见》后,继互联网保险后,又一个细则落地的行业。

案例 10-1

跨境电商　不可忽视的法律风险

1. 海外代购

海外代购(俗称"海代")是指国内消费者委托他人(可以是熟人,也可以是专业从事该业务的个人、组织或网站)在国外购买特定消费品,通过携带或寄送给国内消费者。个人代购后来发展为专业代购网站,为消费者提供完整的海外代购流程和服务。由于代购网站在海外购买商品的过程并不透明,且基本不提供海外购物发票,因此消费者对货物的信息流、资金流和物流环节均存在盲区。尽管如此,由于代购与国内专柜价格间存在巨大价差,网络代购仍然十分受国内消费者的欢迎。

2. 直购进口(BC)

海外直购也称海外直邮,它指国内消费者在电商平台上确定交易,由消费者或者物流公司通过平台完成网上购物和行邮税电子支付,然后境外卖家将商品以邮包、快件方式运输入境。商家在境外设立的仓库按客户订单配货集货,通过国际快递直邮中国配送给境内客户或通过自身合作的物流转运公司、国际航空公司等递送给境内客户。

3. 保税进口(BBC)

保税模式是指跨境电商或物流公司利用海关特殊监管区、保税仓储政策,将商品提前运入特殊监管区域,一旦订单生成,该物品能够迅速从特殊监管区域分装运送至消费者。在此过程中,特殊监管区域提供的绿色清关通道将为相关物品从区内到区外的通关提供便利,货物在特殊监管区域内出入境有海关严格监管,是较为阳光的清关渠道。在保税备货的模式下,进口商品由海关和商检同时监管,申报的完税价格为电商平台的定价。

资料来源:跨境电商　不可忽视的法律风险[EB/OL].(2018-12-24). http://www.100ec.cn/detail--6487707.html,内容有改动。

10.1.2　跨境电子商务相关立法

1. 电子签名法

《中华人民共和国电子签名法》(以下简称《电子签名法》),是为了规范电子签名行为,确立电子签名的法律效力,维护有关各方的合法权益而制定的法律。该法于 2004 年 8 月 28 日,经第十届全国人民代表大会常务委员会第十一次会议审议通过,自 2005 年 4 月 1 日起正式施行,现行版本为 2019 年 4 月 23 日经第十三届全国人民代表大会常务委员会审议修正的版本。电子签名,是指数据电文中以电子形式所含、所附用于识别签名人身份并表明签名人认可其中内容的数据。法律规定当事人约定使用电子签名、数据电文的文书，不得仅因其采用电子签名、数据电文的形式而否定其法律效力。

《电子签名法》被认为是"中国首部真正意义上的信息化（电子商务）法律"。因为自1996年联合国颁布《电子商务示范法》以来，世界各国电子商务立法如火如荼，有的国家颁布了电子商务法或交易法，有的国家颁布了电子签名或数字签名法，也有的国家兼用两种立法方式。

自该法施行，电子签名与传统手写签名和盖章具有同等的法律效力。《电子签名法》是我国推进电子商务发展，扫除电子商务发展障碍的重要一步。虽然舆论普遍认为《电子签名法》将会极大地促进电子商务在我国的快速发展，但在网络交易安全、相关法律衔接等"拦路虎"面前，有关专家认为，现阶段《电子签名法》的标志意义大于实际意义。

2. "4.8新政"

"4.8新政"全称为跨境电子商务零售进口税收政策。为营造公平竞争的市场环境，促进跨境电子商务健康发展，经国务院批准，自2016年4月8日起，我国开始实施跨境电子商务零售（企业对消费者），即B2C进口税收政策，并同步调整行邮税政策新政规定，跨境电子商务零售进口商品将由原来征收的行邮税改为由关税、增值税、消费税组合而成的综合税负。进口商品的单次交易限额从1000元调整为2000元，限额内免收关税，进口环节增值税、消费税按照法定应纳税额的70%征收，限额之外则按照一般贸易方式全额征税。

3. 电子商务法

2018年8月31日，经过多年的编制和修改，《中华人民共和国电子商务法》经第十三届全国人民代表大会常务委员会第五次会议审议通过，自2019年1月1日起施行。其中明确提到跨境电子商务的内容包括以下四条。

第二十六条 电子商务经营者从事跨境电子商务，应当遵守进出口监督管理的法律、行政法规和国家有关规定。

第七十一条 国家促进跨境电子商务发展，建立健全适应跨境电子商务特点的海关、税收、进出境检验检疫、支付结算等管理制度，提高跨境电子商务各环节便利化水平，支持跨境电子商务平台经营者等为跨境电子商务提供仓储物流、报关、报检等服务。国家支持小型微型企业从事跨境电子商务。

第七十二条 国家进出口管理部门应当推进跨境电子商务海关申报、纳税、检验检疫等环节的综合服务和监管体系建设，优化监管流程，推动实现信息共享、监管互认、执法互助，提高跨境电子商务服务和监管效率。跨境电子商务经营者可以凭电子单证向国家进出口管理部门办理有关手续。

第七十三条 国家推动建立与不同国家、地区之间跨境电子商务的交流合作，参与电子商务国际规则的制定，促进电子签名、电子身份等国际互认。国家推动建立与不同国家、地区之间的跨境电子商务争议解决机制。

10.2 跨境电子商务支付问题

10.2.1 出口电商跨境收/退款方式

1. 出口电商跨境收款的主要方式

目前出口电商收款方式大致可归纳为两大类，即直接收款与间接收款。直接收款是指境外买家支付的款项从其境外外币账户以电汇等转账方式直接进入境内卖家的银行账户；间接收款是指境外买家支付的款项，通过第三方支付机构或是平台专项服务等中介渠道间接进入境内卖家的银行账户。

1）直接收款

跨境电商平台与境内卖家开设账户的网上银行系统直连，境外买家通过平台对接的境外网上银行系统或境外支付机构入口进行支付。根据境内卖家在平台上绑定的银行账户不同，货款可能直接进入境内卖家在境外银行开立的境外外币账户、在境内银行开立的经常项目外汇账户，或是在获得由中国人民银行（以下简称人民银行）批准进行人民币跨境支付业务许可的境外银行开设的境外人民币账户。

2）间接收款

相比于直接收款的烦琐程序，间接收款通过第三方支付机构、跨境电商平台专项服务对资金汇兑进行汇总处理，境内卖家仅需提供境内人民币账户，即可以人民币的形式直接收取境外买家的货款。

2. 不同货物出口报关模式下的跨境收款

在出口贸易项下，出口电商的资金流需要建立在真实合法的货物交易基础上，外汇管理部门依据海关对货物贸易的监管和统计，来确认资金跨境转移的基础交易的真实性。从上述管理逻辑可以看出，出口电商的报关模式能否体现真实的基础贸易关系，是外汇管理部门判断是否符合"谁出口，谁收汇"基本原则的依据。对于目前出口电商主要采取的几种报关模式，结合海关监管代码，以是否专用于跨境电商为标准而分为两类，即一般报关模式与特殊报关模式。

1）一般报关模式

（1）"0110 一般贸易"模式。该模式是最通用的出口报关模式，主要适用于一般货物贸易，但也同样适用于跨境电商，特别是 B2B 模式的跨境电商。该模式的特点是此类商品按照一般货物贸易进行监管和征税，"先清关后出境、每单必报"，出口前每单必须向海关申报并取得报关单后，才能进行后续的收结汇和出口退税流程。该模式下的核销过程复杂、耗时较长，所需材料多，包括但不限于合同报关单、发票等。近年来兴起的由平台统一代理境内卖家提前将货物清关备货到海外仓，待生成具体订单之后直接从海外仓发货的模式，实际上也属于一般贸易模式。实践中因为跨境电商零售出口的产品种类多、价值低、订单零散发货频次高等特点，以一般贸易方式报关收结汇，会导致成本过高、耗时过长，因此该种做法并不常见。

（2）快递出口并报关模式。出口电商委托物流公司以邮件小包或快件寄出，并以物流公司名义统一报关，这是目前跨境出口电商的主流物流通关方式。根据海关总署 2018 年《关于升级新版快件通关管理系统相关事宜的公告》，仅对于价值在 5000 元人民币及以下的货物且不涉及许可证件管制、不需要办理出口退税、出口收汇或者进口付汇、不需要检验检疫的货物（C 类快件）才可通过快件报关的方式进行出口。更有大部分小型跨境电商企业或个人将跨境电商商品以个人物品（B 类快件）的形式报关出口以达到降低运费成本的目的。但显然，长期从事出口业务的跨境电商并不符合这些类型的适用范围，并且利用个人物品快件监管规定的报关模式存在一定的合规风险。另外，在该模式下，出口电商未在报关中体现为货物发货人，因此无法办理结汇手续以及出口退税，其财务处理一般登记为内销，这会影响对该电商从事外贸出口业务的真实财务记录，同时也会影响海关及外汇部门对货物出口量的统计管理，存在被行政处罚的风险。

以上两种为跨境电商可选用的常见出口报关收汇方式。由于跨境电商商品普遍具有小额、大量、多样的特点，且跨境电商出口飞速增长，这些常用的报关方式无法满足"广泛、便利、快捷"的通关需求，进而无法满足境内卖家快速结汇的需求。为适应经济发展形势，海关总署针对跨境电商专门推出如下两种监管模式，即特殊报关方式，以推动通关一体化、结汇一体化发展，使境内卖家收款变得更为快速、可靠。

2）特殊报关方式

特殊报关方式指"9610"（跨境贸易电子商务，简称跨境电商）模式和"1210"（保税跨境贸易电子商务，简称保税电商）模式。

根据海关总署 2014 年第 12 号和第 57 号公告，"9610"（跨境电商）和"1210"（保税电商）模式分别适用于境内个人或电子商务企业通过电子商务平台实现交易以及在海关特殊监管区域或保税监管场所进出的电商零售进出境商品，具体包括以下几种情形。

（1）电商企业、监管场所经营企业、支付企业和物流企业按照规定向海关备案。

（2）发生交易时，交易、支付、仓储和物流等数据通过接口传送到海关设立的电子商务通关管理平台，海关据以核放出口，即"清单核放"。

（3）出口卖家每 21 天汇总所有交易进行集中报关取得报关单，即"汇总申报"。

（4）出口卖家到银行办理结汇以及出口退税手续。

（5）采用全程信息化对接的无纸化系统，所有资料通过电子化交互完成。

它与上述几种报关模式的本质区别在于，出口信息通过电子商务通关管理平台自动在海关进行备案，海关可以对该笔出口贸易的交易、支付和物流信息实现实时监管，并通过三单信息核对确定出口卖家、收发货人和收款人的三者统一。这种模式解决了先通关后出境、每单必报、报关人与收汇人不一致以致无法结汇、出口无法退税、海关及外汇统计数据有误差、出口电商本身的贸易财务数据失真等问题。

3. 出口电商跨境退款的资金合规问题

当跨境出口电商支持境外买家退货退款时，其退款程序因跨境的原因而较国内电商更为复杂，需要分两种情况加以讨论。第一种情况是，如果跨境出口电商采用第三方支付机构收款,且发生退款时第三方支付机构尚未向卖家放款,则根据《国家外汇管理局关于开展支付机构跨境外汇支付业务试点的通知》第15条规定,外汇备付金账户的支出范围为向同名外汇备付金账户划转外汇、向境内收款方划转外汇,结汇转入人民币备付金账户或收款方人民币账户、汇出至境外收款方,以及因交易失败等原因产生的原路、原币种退出的外汇资金。因此,退款资金流应当是从第三方支付机构的外汇备付金账户中直接退出境外。

第二种情况是,如果跨境出口电商直接用银行账户收款,或是已经收到第三方支付机构的放款,则退款由境内卖家从境内的经常项目外汇账户通过银行或第三方支付机构,直接或间接向境外买家支付,具体退款方式以境外买家选择的为准。根据《货物贸易外汇管理指引实施细则》的规定,企业可将具有真实、合法交易背景的出口收入存放到境外账户,支出范围包括贸易项下支出以及符合外汇局规定的其他支出等,因此卖家也可以直接以境外账户中的外汇向买家退款。

案例 10-2

国家支持带来政策红利期 支付技术升级助力跨境电商大发展

2019年12月9日,商务部外贸司司长李兴乾在国务院新闻办新闻发布会上表示,"积极培育外贸新业态新模式,增设一批跨境电商综合试验区"。据了解,自2015年3月至今的4年多时间内,跨境电子商务综合试验区已达35个,随着人民币国际化的发展机遇,跨境电商行业正迎来新一轮的政策红利期。

1. 小微客群占跨境电商主流,支付服务升级是关键

当前,在整个跨境电商团体中,小微企业占据了约80%的市场份额,且贡献率连年增长,逐渐成为跨境支付机构不可缺少的服务对象。但由于小微企业客群基数大、行业纷繁的特性,跨境电商对精准支付赋能的需求也各异,对于企业而言,在这方面投入过多精力于成本和可行性而言并非上选,求助于成熟的跨境支付机构是更加经济的选择,这也对跨境支付机构的技术能力提出了更高的要求。

随着移动互联网技术的发展,多项高新技术从教科书走向实践,5G、人工智能、区块链、大数据及云计算等重磅技术革新拓宽了支付服务升级的上限,在易观近日发布的《中国跨境支付行业年度分析2019》研报中显示,部分行业前沿的跨境支付机构早已纷纷对自有技术体系进行改革升级,其中,国内领先的线下场景智慧支付平台随行付表现突出,入选优秀企业典型案例。

2. 随行付全面进军跨境支付,技术赋能助力跨境电商出海

随行付成立于2011年,多年来致力于为小微企业和商户提供综合性的金融服务,在对小微商户提供服务与渠道布局方面拥有先发优势。伴随着近年来小微企业出海需求的不断递增,随行付也加大了跨境支付领域的战略投入,于2019年启动跨境业务全球化布局,通过多样化的跨境产品为国内千万家跨境电商企业走出海外提供一体化支付解决方案,围绕"一带一路"倡议,为人民币国际化进程助力。

作为国内首家登陆开源中国的支付机构,随行付在自主研发能力上颇具优势,能够针对跨境电商具体需求提供精准的支付技术与服务赋能。在支付技术方面,针对跨境支付市场服务愈发精细化的趋势，随行付打造了独有的自主研发跨境交易系统，极大地缩短了交易时长，降低了交易成本，通过技术创新为跨境支付进一步提速增效；同时，针对用户在跨境支付交易中的多元化需求，随行付还在服务及聚合领域进行了创新，不仅将线上、线下多种支付方式进行聚合，还提供综合交易系统、API 等多种接入方式灵活选择，并聚合供应链、VAT 缴税、清关、报关、物流等增值服务于跨境交易平台，满足了各类用户需求。

随着中国国际贸易的发展，可以预见的海量跨境贸易需求将为跨境电商打开发展的天花板，与之匹配的跨境支付服务也将迎来发展良机，但就现状而言，国内支付机构的技术升级仍旧任重而道远。

资料来源：国家支持带来政策红利期 支付技术升级助力跨境电商大发展[EB/OL].（2019-12-21）. http://www.100ec.cn/detail--6539513.html，内容有改动。

10.2.2 跨境收款面临的合规风险

1. 跨境电商出口收款涉及的外汇合规风险

跨境电商出口收款涉及跨境资金流转，所涉及的国家外汇管理的法律法规以及规范性文件非常复杂。目前跨境出口电商往往因无收结汇的相关正式材料而只能通过离岸账户、个人分拆、地下钱庄等渠道实现资金收付和结售汇，存在非常大的合规风险，如何解决外汇管理问题，一直是实践中的难点。

2. 跨境收款中对第三方支付机构的监管

1）关于对第三方支付机构的基本规定

中国人民银行、国家外汇管理局以及海关总署等部门对跨境电商第三方支付机构的规定集中在《非金融机构支付服务管理办法》《非银行支付机构网络支付业务管理办法》《海关总署公告 2018 年第 219 号（关于规范跨境电子商务支付企业登记管理的公告）》等规定中，拥有中国人民银行颁发的支付业务许可证，且业务类型包括互联网支付的第三方支付机构可向国家外汇管理局申请跨境外汇支付业务试点许可。2015 年出台的《国家外汇管理局关于开展支付机构跨境外汇支付业务试点的通知》详细规定了第三方支付机构从事跨境支付业务的准入条件以及管理要求。

中国支付清算协会的行业研究表明，世界上的主要经济体对支付机构的法律界定大致分为两类。一类与中国相同，对支付机构采用"机构性监管"方式，即严格市场准入要求和业务资质许可、明确市场退出机制等。例如，欧盟将支付机构视为电子货币机构，通过《电子签名共同框架指引》《电子货币指引》和《内部市场支付服务指令》等立法来实现对支付机构的监管。另一类则采用"功能性监管"方式，即对支付业务流程、产品服务流程等具体环节进行规范。例如，美国将支付机构视为提供"货币服务"的机构，没有制定专门的法规条例，将监管重点放在交易过程上，不断增补完善现有法规监管体系。

在市场准入要求方面，大部分国家同中国一样，采用严格的许可准入制度。例如，美国要求从事货币汇兑业务的机构必须登记注册、取得许可牌照；但英国、澳大利亚、新加坡等国则对小型支付机构进行许可豁免，例如在澳大利亚，单一用户储值不足 10 000 澳大利亚元的支付机构免予许可。

2）关于第三方支付机构备付金账户的监管

当第三方支付机构作为电商平台的支付通道时，资金在到达境内卖家前必须经过第三方支付机构的备付金账户，随着业务的发展会逐渐沉淀出巨大的"资金池"。"资金池"里的总量随着第三方支付机构的业务规模增大，将会带来巨大的资金管理风险，包括客户信息安全以及备付金账户中的资金安全。

为防止部分支付机构出现违法挪用备付金账户的情形，2016年我国国务院办公厅《关于印发互联网金融风险专项整治工作实施方案的通知》提出，非银行支付机构不得挪用、占用客户备付金，客户备付金账户应开立在中国人民银行或符合要求的商业银行……非银行支付机构不得连接多家银行系统，变相开展跨行清算业务等，由此，中国人民银行从2017年起出台一系列规定，要求第三方支付机构在2019年1月14日之前将除了跨境人民币备付金账户基金销售结算专用账户、预付卡备付金账户和外汇备付金账户之外的其他客户备付金100%集中交存到指定机构，逐步落实客户备付金集中存管制度。同时自2018年6月30日起，网络支付业务从直连模式迁移至非银行支付机构网络支付清算平台（网联平台）处理，网联平台作为全国统一的清算系统，主要处理非银行支付机构发起的涉及银行账户的网络支付业务，实现非银行支付机构及商业银行的一点接入，提供公共、安全、高效、经济的交易信息转接和资金清算服务，所有支付机构和银行之间的业务实现透明化，支付信息流和资金流均受到中国人民银行的监控。

3）关于第三方支付机构的跨境支付限额

国家外汇管理局《关于开展支付机构跨境外汇支付业务试点的通知》将原有的"货物贸易单笔交易金额不得超过等值1万美元，服务贸易单笔交易金额不得超过等值5万美元"修改为单笔交易金额上限一律为5万美元。这是出于国家外汇管理抓大放小、突出重点、提高外汇管理效率的考虑，同时也符合跨境电商小额、量大的交易特点，按笔数计算可覆盖绝大多数的跨境电商交易，一定程度上也满足了销售单价高货品（如机器人、小型无人机等）的跨境电商的结汇需求。

从这一规定出发，超过5万美元的大宗货物贸易应当按照一般货物贸易模式进行报关和收款结汇。实际操作中不能排除个别大宗货物贸易被拆分成多笔交易以规避单笔5万美元限额并利用跨境第三方支付机构进行快捷结汇收款的情形，但考虑到跨境电商出口需要交易、支付、物流三单信息在跨境电子商务通关服务平台进行核对，因此频繁的、类似的多笔操作如果没有合理解释可能会引起海关以及外汇管理部门的关注。

4）关于对第三方支付机构跨境支付的强监管趋势

2018年以来，中国人民银行和国家外汇管理局先后多次公布了对多家第三方支付机构违规的处罚，处罚情形包括：违反清算管理规定、非金融机构支付服务管理办法相关规定；为身份不明的客户提供服务或预期交易；通过虚构货物贸易办理无真实贸易背景的跨境外汇支付业务；违反备付金管理规定；超出许可的经营范围、未按照规定进行国际收支统计申报等。为此，开立了多张千万级的罚单，最高罚款达4600多万元人民币，监管力度不可谓不大。同时，《中国外汇》发表《规范支付机构外汇业务的发展》的文章，表明要严厉打击支付机构违规为非法网络炒汇平台提供支付服务、虚构交易协助客户非法跨境转移资金超范围经营跨境外汇支付业务、开展分拆或超限额跨境支付业务等违规情形。

中国人民银行和国家外汇局的监管措施以及态度表明了对第三方支付机构强监管的趋势。参与跨境收款的第三方支付机构应当充分重视跨境外汇支付业务的真实贸易背景核查，并避免超范围经营、违反申报规定等违反"展业三原则"导致的合规问题。

中国支付清算协会的研究报告显示，各国对于备付金的监管态度与中国相似，也以"严格审慎"为主流，报告中明确规定：客户备付金不属于支付机构的自有财产，不得被挪用和占用；要求分离客户备付金账户和支付机构自有资金账户。但在客户备付金用途上，与中国的集中存管制度不同，其他国家为支付机构留有一定的自由处置空间，同时也严格规定了空间范围，要求备付金的使用仅限于低风险的安全投资，用于投资的备付金也有明确的金额限制。

3. 电商平台收款涉及的资金沉淀合规问题

网联平台针对的是第三方支付机构交易信息不受监管的问题，中国人民银行从商业银行接管备付金账户针对的是资金池存在被挪用风险的问题。但是无论是商业银行还是获得中国人民银行批准的第三方支付机构，其对资金的处理本身都属于合法的"一清"。但在实践中，资金在流向境内卖家之前，跨境电商平台也有可能进行资金处理。

因为跨境电商出口收款具有"单小、量大"的特点，部分电商平台选择了"大商户结算"模式，即买家的付款在经过银行结算或者第三方支付机构通道收到的买家的付款汇总转入电商平台的"平台专用账户"，后再由平台对"平台专用账户"将款项分发至各入驻商家，即通常所称的"大商户结算"模式。这种模式构成事实上平台对资金的归集和处理，通常相对于银行和第三方支付机构的"一清"，被称为"二清"现象。

"二清"现象是因为电子商务平台发展到一定规模，客观上出现了一定的资金存留，其基础交易是真实的，而且信息是基于合法的平台服务而获取的，但本质上平台对入驻商家的资金的处理权限并不符合《非金融机构支付服务管理办法》第三条关于"非金融机构提供支付服务，应当依据本办法规定取得《支付业务许可证》"的规定，而且没有相应的监管指标和规章制度将平台的"资金池"纳入监管范围，因此存在资金被违规挪用的风险。

根据中国人民银行办公厅《关于进一步加强无证经营支付业务整治工作的通知》，采取平台对接或"大商户"模式，即客户资金先划转至网络平台账户，再由网络平台结算给该平台二级商户的，属于无证经营业务的类型；而且该通知除了要求中国人民银行各分支机构检查无证机构之外，还要求有证机构不得为无证机构提供相关服务。目前部分电商平台"二清"风波已经引起了中国人民银行对该问题的关注，平台的"二清"现象存在被中国人民银行整治和查处的法律风险，不排除将有专门的政策法规出台。而监管力度的加强也会影响电商平台、境内卖家与支付机构和商业银行的合作关系，倒逼各方一同设计新的合作模式，以平衡金融风险控制、交易信息保护和电商平台利益等各方面关系。

为避免电商平台被认为存在"二清"现象的合规风险，笔者认为将收款直接归集到银行或者持有支付牌照的第三方支付机构，由银行或者第三方支付机构负责资金分配，平台仅记录订单的支付信息但不参与实际的资金流，这是电商平台可以考虑的操作方式。与此同时，电商平台也提出了对现有规定的质疑：如果完全依照现行条例合规执行，那么就只能允许消费者和商家的资金在同一种支付牌照下执行"闭环运行",这又与支付机构应当充分尊重客户自主选择权的规定存在一定矛盾。对此,在目前支付法规体系尚未健全的情形下,客户的资金安全优于对第三方支付机构的自主选择权,并且就平台角度而言,依托网联清算平台达成"一站式服务",应是更为合理的路径。

出口跨境电商快速发展,跨境收款的合规重要性将愈加凸显,这是跨境出口电商的核心利益所在。跨境电商发展的同时,监管措施在不断更新,监管力度在不断加强,因此熟悉并且遵守国内和国外的规则,尽快构建起合法合规的业务模式,强化合规意识和能力,这是中国企业"走出去"过程中务必要重视的方面。

10.3 跨境电子商务消费者权益保护法

10.3.1 跨境电子商务平台的消费者权利保护责任

在消费者权益保障方面,跨境电商零售进口新政与《中华人民共和国电子商务法》(以下简称《电子商务法》)紧密衔接,强调"政府部门、跨境电商企业、跨境电商平台、境内服务商、消费者各负其责"的原则,并围绕消费者权益保障这一重点对各方提出了具体的责任要求。例如,要求跨境电商企业承担商品质量安全主体责任,境内服务商承担如实申报责任,政府实施质量安全风险监测等。对于跨境电商平台,新政特别赋予了质量安全监管的责任,同时要求平台履行先行赔付的责任。

案例 10-3

连带责任倒逼电商平台重视消费者权益

2018年8月31日,《中华人民共和国电子商务法》由第十三届全国人民代表大会常务委员会第五次会议通过,自2019年1月1日起施行。其中第三十八条规定,电子商务平台经营者知道或者应当知道平台内经营者销售的商品或者提供的服务不符合保障人身、财产安全的要求,或者有其他侵害消费者合法权益行为,未采取必要措施的,依法与该平台内经营者承担连带责任。

所谓连带赔偿责任,主要指各个责任人对外都不分份额、不分先后次序地根据权利人的请求承担责任,不得以超过自己应承担的部分为由而拒绝。具体到电子商务平台的连带赔偿责任,一般指如果电商平台内经营者提供的商品和服务给消费者带来损害的,消费者可以不必非得向其索赔,而可以向电商平台主张权利。电商平台承担赔偿责任后,可以向有过错的经营者追偿。

之所以说连带赔偿责任能够起到倒逼作用,主要在于,在高度发达的网购环境中,消费者与电商平台内的经营者分散于全国各地,甚至相隔几千千米。在互为陌生人的交易环境下,各方通过电商平台的"撮合"达成交易。而离开平台后,一旦发生纠纷,消费者则很难找到商家。如果不对电商平台课以相应责任,将置消费者的权益于危险之地。

因此，规定电商平台守门人、把关人的责任，既符合网购市场环境特征，又与电商平台的市场地位相符合。现实中，电商平台以抽成、年费、点击费等形式从商家获取收益，商家销量越大，平台收益也越多。

通过实名认证、银行卡绑定、信用评价、收取保证金、控制资金流水等方式，平台能够切实掌控和监管商家。大数据背景下，这种掌控和监管力度甚至比工商、质检等国家机关更有力度。也就是说，电商平台有能力也有责任对平台内的经营者尽到管理义务。并且，在普通人的意识中，其之所以选择某个电商平台，还是看重该平台的监管水平、信誉度等，要是通过该平台选购的商品或服务质量极差却无法向平台主张权利，显然有损平台声誉。在网络购物纠纷依然多发，假冒伪劣产品仍然通过电商平台侵害消费者权益背景下，让有能力、有技术也有责任的电商平台对平台内商家的侵害消费者行为承担连带责任，不仅正当，而且合理。

资料来源：连带责任倒逼电商平台重视消费者权益[EB/OL].（2018-09-05）. http://www.100ec.cn/detail--6469281.html，内容有改动。

10.3.2　跨境电子商务平台的合规措施

为保护消费者权利，跨境电商采取的合规措施包括以下几点。

1）重视规则制定与合同订立，在显著位置公示，明确责任分担

平台在规则制定时要明确卖家应遵守的法律规定及权利义务，并且将交易规则和服务协议在显著位置持续公示，从源头禁止卖家的违法行为，避免为卖家违法行为承担赔偿责任。

跨境电商零售进口新政再次强调跨境电商平台要"立平台内交易规则、交易安全保障、消费者权益保护、不良信息处理等管理制度""与申请入驻平台的跨境电商企业签署协议，就商品质量安全主体责任、消费者权益保障等方面明确双方责任、权利和义务"。

2）建立健全自我监督机制，合规披露信息，保障消费者知情权、选择权

针对电商"刷单""炒信"、虚假宣传，欺骗、误导消费者，严重侵犯消费者知情权和选择权问题，《电子商务法》第十七条做出了明确回应，禁止"以虚构交易、编造用户评价等方式进行虚假或者引人误解的商业宣传"。电商平台应当加强对平台内经营者的评价监管，可采用定期抽查的方式进行。

《电子商务法》出台后，平台在运营中，应当着重从如下几个方面加强监管：一是加强对平台经营者的真实身份、地址、行政许可等事项的定期核验，同步更新登记档案，避免"查无此人"，否则即可能承担法律责任；二是平台类电商应当展开品类区分，针对可能关系到消费者生命健康的商品或者服务，比如关系到驾驶安全的相关配件，应当对商品和服务进行重点监控；三是及时保障、快速止损，履行及时采取下架、删除等必要措施，及时通过网站公告预警或改进App类产品安全优化设计等良好的安全保障义务，避免不良后果发生。

3）善用争议解决机制，重视投诉举报，保障消费者合法权益，坚决揭露恶意买家

（1）质量担保机制。电子商务平台经营者可与平台内经营者协议设立消费者权益保证

金，当消费者因商品、服务质量提出问题时，平台可运用保证金先行赔付，缓和矛盾。跨境电商零售进口新政也明文要求"建立商品质量安全风险防控机制，在醒目位置及时发布商品监测预警信息，敦促跨境电商企业对质量问题商品进行召回处理，对不主动召回问题商品的问题企业，可采取处罚措施"。

（2）投诉举报机制。应保证投诉举报机制便捷有效，公开投诉、举报方式等信息，及时受理并处理投诉、举报。注意这里的投诉举报机制的设立应当是双向的，平台不仅要保护消费者的合法权益，也要保护平台及平台内经营者的合法权益，针对职业打假、恶意评价的所谓"消费者"，平台也要开通商家投诉、举报渠道，坚决揭露恶意买家，维护正常的交易秩序。

（3）争议在线解决机制。制定并公示争议解决规则，根据自愿原则，公平、公正地解决当事人的争议。不仅如此，未来国家将继续推动跨境电子商务争议解决机制，《电子商务法》及相关法律将有望向跨境领域进一步发展。

10.4 跨境电子商务支付的其他法律问题

10.4.1 电子资金划拨中的法律问题

随着计算机在银行中的应用，银行在一定程度上已能将现钞、票据等实物表示的资金转变成由计算机中存储的数据所表示的资金，将现金流动、票据流动转变成计算机网络中的数据流动。这种以数据形式存储在计算机中，并能通过计算机网络而使用的资金被形象地称为电子货币，其赖以生存的银行计算机网络系统被称为电子资金划拨系统。零售商店的电子销售安排、银行的自动提款交易、银行客户通过银行电子设施进行的直接存款或提款等，均为电子资金划拨，或称电子资金转移（electronic fund transfer）。

1. 电子资金划拨当事人及其权利和义务

1）电子资金划拨的当事人

从资金流的角度可把电子资金划拨的当事人分为 5 种。

（1）发端人。发端人是指在一项资金划拨中第一项支付命令的指令人，发端人也称付款人，一般是债务人。指令人是指向接收银行发出指令的人。

（2）发端人银行。如果发端人不是银行，则第一份支付命令的接收银行是发端人银行；如果发端人是银行，则发端人即为发端人银行。不要求发端人必须事先在发端人银行开户。

（3）受益人银行。受益人银行是指支付命令中指定的银行。

（4）受益人。受益人是指资金划拨成功，受益人银行贷记其账户或直接向其支付款项的当事人，也称收款人。

（5）接收银行。接收银行是指令人的指令发往的银行，是既非发端方银行，也非受益方银行的中介银行。

另外，指令人与接收银行的概念是相对而言的，如果发端人是发端人银行的指令人，发端人银行为接收银行;如果发端人银行又是中介银行的指令人,则中介银行是发端人银行的接收银行,以此类推,直至款项最终到达受益人,形成一个资金划拨链。

2) 电子资金划拨指令人的权利和义务

(1) 指令人的权利。指令人有权要求接收银行按照指令的时间及时将指定的金额支付给指定的收款人,如果接收银行没有按指令完成义务,指令人有权要求其承担违约责任,赔偿因此造成的损失。

(2) 指令人的义务。

① 一旦向接收银行发出指令,自身也受其指令的约束,承担从其指定账户付款的义务。

② 在必要的情况下,不仅应接受核对签名,而且在符合商业惯例的情况下,应接受认证机构的认证。

③ 按照接收银行的程序,检查指令有无错误和歧义,并有义务发出修正指令,修改错误或有歧义的指令。

3) 电子资金划拨接收银行的权利和义务

(1) 接收银行的权利。

① 要求付款人或指令人支付所指令的资金并承担因支付而发生的费用。

② 拒绝或要求指令人修正其发出的无法执行的、不符合规定程序和要求的指令。

③ 只要能证明由于指令人的过错而导致其他人,包括指令人的责任或前任雇员或其他与指令人有关系的当事人,假冒指令人通过了认证程序,就有权要求指令人承担指令引起的后果。

(2) 接收银行的义务。

① 在接受支付命令后,向受益方银行或某一中介银行签发一项支付命令,其内容应与该接收银行收到的支付命令相一致,且其应有以适当方式执行贷方划拨所需的指示。当接收银行签发了它自己的支付命令以后,它就成为该命令的发送方并且承担与该命令有关的发送方的义务。

② 收到有缺陷的指令时,应在规定的期限内通知该指令的发送方,无论接收银行是否接受了支付命令,通知的义务都存在。

③ 按照指令人的指令完成资金支付。

④ 就其本身或后手的违约行为,应向其前手和付款人承担法律责任。

通常资金的支付从付款人开始,经过付款人银行、中介银行、认证机构、收款人银行等一系列当事人,每一当事人只接收其直接指令人的指令,然后向其接收人发出指令,并与他们存在合同上的法律关系。

4) 电子资金划拨收款人的权利和义务

收款人具有特别的法律地位。在电子支付法律关系中,收款人虽然是一方当事人,但由于收款人与指令人、接收银行并不存在支付合同上的权利义务关系,因此收款人不能基于电子支付行为向指令人或接收银行主张权利,收款人只是基于和付款人之间的基础法律关系与付款人存在电子支付权利义务关系。这一点反映出电子支付与票据支付法律关系类似。

2. 电子资金划拨过程中的法律问题

1) 电子资金划拨的无因性

电子资金划拨执行过程与票据交易类似，具有无因性，即无论某笔资金交易的基础原因法律关系成立与否、合法与否，银行在按照客户以正常程序输入的指令操作后，一经支付即不可撤销。无论交易的原因是否合法，哪怕是犯罪分子的洗钱活动，也不能否定电子支付行为本身的有效性。这种无因性是与维护网络支付的快捷、方便与稳定性密不可分的，充分表现了商法的效率原则。

2) 支付指令的要件及认证

根据电子资金划拨的无因性，要求在相关法律中对该指令的形式要件做出规定。例如，美国《统一商法典》第 4A 篇规定，支付指令必须符合以下几个主要条件：除了规定资金划拨的时间外，支付指令不得附有任何其他条件；指令必须由发送方通过互联网直接向特定的接收银行或其代理人的电子资金划拨系统发出；指令中的金额必须是固定或可以确定的；支付的受益人为特定的对象；要求接收银行无条件付款的指令。

指令人代理银行接收到一项付款指令时，除审查该项支付指令是否具备形式要件外，还需对该指令予以认证，鉴别发出支付指令的客户身份的真实性，以防其骗取资金。

3) 电子资金划拨的完成

电子资金划拨的完成是指一项电子资金划拨何时可以认定业已完成。因为资金划拨参与行一旦按照指令人的支付指令完成了划拨，该划拨行为就不能够撤回，因此对电子资金划拨完成的界定问题就显得非常重要。那么该何时认定指令人代理银行已完成了划拨指令？联合国国际贸易法委员会《电子资金划拨法律指南》对此提出了 5 种比较合理的方案：①指令人在其代理银行的账户被借记时视为划拨的终结点；②受益人银行接收划拨指令的时间；③受益人在其代理银行的账户被贷记时间；④受益人代理银行向受益人发出其账户已被贷记的通知时；⑤划拨资金到达受益人账户时。

银行在作为指令人代理银行时，一般会选择第一种方案，一旦代理银行借记了指令人的账户，指令人代理银行对划拨指令的执行在理论上即告完成，指令人从此时起无权要求撤销其支付指令，也无权要求退回划拨的资金。

4) 电子资金划拨中的法律责任

（1）假冒指令的责任。盗用资金所有人的密码及相关信息进行非法划拨，是网络支付面临的一大安全隐患，由此产生的损失应该由银行或客户自己承担责任，对此，美国《统一商法典》第 4A 篇中的安全程序规则是值得我们借鉴的。

（2）支付指令不当执行的责任。根据美国《统一商法典》规定，银行迟延执行、不当执行或根本未执行支付指令，应该承担的责任仅限于返还相当于划拨资金的本金和利息以及划拨费用的款项。除非另有约定，银行不承担划拨未能完成造成的间接损失，如划拨人预期可得的利润等。

（3）支付指令有错误时的责任。支付指令错误包括以下 3 种情况：支付指令表述有误、支付指令错误和支付指令执行错误。对此，美国《统一商法典》在第 4A 篇中对这 3 种类型的错误及相应承担的责任做出了规定。

（4）黑客欺诈时的责任。黑客主要指以电子手段非法闯入划拨系统进行欺诈的人。黑客欺诈是电子时代出现的新的犯罪形式，应以是否设置"安全程序"的有关规定来解决黑客欺诈时的责任承担问题。这里"安全程序"中的技术手段、考查标准应依据国情具体确定，如经安全程序核证支付命令正确，即使未经授权，责任仍由发送方承担。但是，如果未经授权的支付命令是由与接收银行有联系的人的行为造成的，则损失由接收银行承担；如果未授权的支付命令是由与发送人有联系的人的行为造成的，则损失由发送人承担。

10.4.2 电子货币的法律问题

1. 电子货币亟待解决的法律问题

1）安全问题

安全是银行业内部和外部的每一个人都密切关注的焦点问题。电子货币增加了安全风险，将自古以来孤立的系统转变成开放的充满风险的环境。所有零售支付系统在某种程度上自身都是脆弱的，而电子货币产品也增加了一些诸如鉴定、认可、完整性方面的问题。

安全崩溃可能在消费者、商家或发行者任何一个层面上发生，其潜在因素包括：盗用消费者和商家的设备；伪造设备，更改存储或设备间传输的数据；更改产品的软件功能。安全攻击大部分是为了利益，但也可能是为了攻击系统本身。安全崩溃基本上有3种起因：带有严重犯罪意图的破坏（如诈骗、盗窃商业机密和金融信息）、偶然的黑客破坏（如更改网站内容使网站死机）、系统设计或安装时导致安全崩溃的漏洞（如使用者可查阅别人的账户）。

2）隐私问题

能够依特定程序进行追踪并证实交换的正当性，是可靠的实施计划所必需的。虽然这种交换只发生于被授权机构和支付工具被确认存在的情况下，并且仅仅交换经过授权的物件，但消费者仍然担心他们在电子货币交易中和使用的产品中会泄露有关他们财产、信用和消费的信息，而且随着电子货币和电子银行的使用更加广泛，这种顾虑可能会日益增加。此外，随着顾客的储蓄和交易财产信息的"散布"，这类犯罪也日益增多。因此，许多团体想得到匿名经济交易的选择权。然而，基于安全的考虑和对洗黑钱的顾虑，匿名交易将很难实现。

3）拥塞问题

电子货币的应用以及电子银行的建立，无不需要互联网的强大支持。然而，互联网作为新媒体，与传统媒体最大的区别就是变点对面的传播为点对点的传播，变单向传播为双向传播。这既形成了它特有的优势，也导致了它特有的问题：一是网络拥塞，二是内容庞杂、良莠难控。更有害的是一些黑客利用一些系统漏洞肆意攻击互联网，造成大规模的网络拥塞，使得电子货币及电子银行失去原有的效用。

4）监控中的法律问题

（1）电子货币产品影响货币政策。现金流通是中央银行进行宏观调控的有力杠杆，电子货币的发展导致现金需求的减少,使得中央银行调节货币市场利息利率的操作变得更加复杂。在许多国家,现金是最大的银行债务部分,而电子货币的广泛使用将使中央银行节余变得紧张,相应地导致中央银行财产减少,并构成中央银行铸币收益利息的减少,从而无法满足银行经营所必需的开销。可见,电子货币替代现金的程度决定了中央银行的收支是否平衡。

(2)电子货币的非法使用。同现金一样,电子货币也会出现不正当使用,如黑市交易和非法交易。预防和消除诸如诈骗、盗用及洗钱等行为的产生,需要花费很多的时间、精力和资源进行严格控制。很多同电子货币安全性有关的特点,会使犯罪分子从事洗钱等违法行为更加猖獗。同时,用于电子货币的匿名性还可能被逃税者利用,用以隐藏资产、隐蔽交易,这种恶意行为增加了监管的难度。

(3)因地域性"消失"而产生的问题。随着互联网技术的发展,网上传输电子信息已突破了国家的"传统界线"。但当电子货币的支付跨越国界时,在特定法律范围内将很难制定电子货币方案。为此,如何有效、充分地利用计算机网络,使国际支付简便易行,以及发生有关电子货币的纠纷时应该运用哪一国家法律等,也成了困扰广大业界人士的重大课题。

2. 电子货币的监管制度

1)监管框架的构建

电子货币对现行的金融监管制度会产生直接或者间接的影响。为维护金融体系的稳定和安全,防止损害消费者利益的行为发生,政府的适度监管是必要的。目前,欧美一些国家一般采取两种方式解决电子货币系统的监管问题。

(1)在中央政府有关部门,如中央银行等,建立一个有关电子货币的专门工作小组,负责研究电子货币对金融监管、法律、消费者保护、管理、安全等问题的影响,跟踪电子货币系统发展的最新动态,提出有关电子货币发展的宏观政策建议和报告。

(2)现有的监管机构根据电子货币的发展状况,修改不适用于数字和网络经济时代的原有规则,同时制定一些新的监管规则和标准。

总的来说,对电子货币的监管采用原有监管机构为主的方式,一般不建立新的监管机构。目前,监管当局普遍关注的问题还只限于为电子货币系统提供一个安全的运营环境,监管的出发点以保护消费者的利益为主。

2)监管职能的调整

在电子支付普及的时代,中央银行的金融监管职能应该进行较大调整,应适时地将监管重点转移到对电子货币发行资格的认定、流通规则的制定、系统风险的控制和消费者的保护等方面来。

在对发行主体保持合法资格的监管上,电子货币的发行主体必须持续保持财务的健全性和经营的稳健性,除建立有关发行对等资金管理的相关业务和资产运营状况的信息公开制度之外,监管当局须对于电子货币发行主体遵守有关法律规定的情况进行检查和监督。

因此，为了检查和监督的有效进行，需要对发行主体的经济责任问题和监管当局的行为规范问题等制定明确的基本标准和简明可行的规则。

中央银行应建立并完善信息报告与备案制度，制定外部审查评估原则和标准，修改相应的法律规范与规则。中央银行还应研究制定相关制度和规则，防范电子货币支付系统可能出现的系统和非系统风险。

3）支付系统风险的控制

（1）电子货币支付系统风险的种类。

① 系统风险。系统风险包括系统故障、系统遭受外来攻击、伪币和欺诈等。目前的电子货币只能通过加密、签名等方式而无法通过物理手段加以防伪，只要关键技术被窃取，伪造起来将会非常容易。若出现大量的伪币，就会给电子货币支付系统和发行机构带来重大损失，从而威胁到电子货币支付系统的稳定性，并有可能导致金融危机。

② 非系统风险。如果由于某种原因导致电子货币发行机构陷入财务危机或破产，其发行的电子货币就会发生信用危机，发行机构可能无法满足对电子货币的赎回要求而形成支付危机。此外，在科学技术迅速发展的今天，消费者的信用卡号和密码等身份数据被盗用的可能性很大，从而会引发财产损失和透支等纠纷。

（2）电子货币支付系统风险的管理和控制。为确保电子货币的健康发展，维护电子货币支付系统的稳定与安全，必须在国家层面、行业层面、企业层面三个层面对电子货币支付系统可能面临的各种风险进行管理和控制。

4）洗钱的防范

电子货币在空间领域上的突破将促进经济的发展，但也带来了金融管理上的困难，这主要表现在如下两个方面。

（1）电子货币可以很容易地进行远距离转移。

（2）电子货币具有很强的匿名性。传统货币的匿名性也比较强，这也是传统货币可以无限制流通的原因。电子货币的匿名性比传统货币更强，其主要原因就是加密技术的采用以及电子货币远距离传输的便利。

由于电子货币存在着这些监管难点，所以比较容易被犯罪分子所利用，而成为洗钱等犯罪活动的工具。犯罪分子可以将非法所得快速转移到相关法律制度薄弱的国家。因此，必须采取相应措施解决电子货币运行中存在的问题，实现对电子货币的有效监管，防止洗钱等犯罪行为的发生。

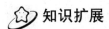 知识扩展

洗 钱

10.4.3 网络银行的法律问题

1. 网络银行相关的法律问题

1)网络银行的市场准入、市场退出的法律问题

(1)网络银行的市场准入问题。银行业是一个经营风险性极高的行业,世界各国对银行业的进出问题都制定了严格的许可制度,我国也不例外。从2004年2月1日起实施的《中华人民共和国银行业监督管理法》(以下简称《银行业监督管理法》)规定,在中国境内设立商业银行的,应当经过国务院银行业监督管理机构审查批准。《中华人民共和国商业银行法》(以下简称《商业银行法》)同时规定了设立商业银行应当具备的5个条件。这种严格的市场准入制度,对银行业发展不是很完善的国家来说是十分必要的。但是,在互联网技术和信息革命的推动下,网络银行市场进入成本大大降低,削弱了传统商业银行所享有的竞争优势,这种相对公平的竞争可能会吸引更多的非银行机构进入这个领域。严格的市场准入制度显然与网络银行灵活、便捷的设立方式相矛盾。

(2)网络银行的市场退出问题。任何一家银行的倒闭或者破产,都可能引发"多米诺"连锁反应,进而引起整个社会的金融动荡。为此,《银行业监督管理法》和《商业银行法》都对银行业的市场退出问题做了明确的规定。但与传统银行相比,网络银行更容易受突发事件的影响并发生经营风险。因此,如何解决网络银行的退出问题,对银行业的稳健发展至关重要。

2)网络银行的安全性与客户隐私权的保护问题

网络银行运营的主要问题是安全性问题,黑客利用网络环境所进行的数据欺骗、传播网络病毒等各种犯罪活动是网络安全的严重障碍。虽然各种防火墙技术(Firewall)已相继开发出来,又出现了128 bits加密技术、SSL保安、SET双重数码核对保安标准等技术,但是网络银行的虚拟性使其绝对安全的运行成为不可能,如何开发并利用新技术以更好地保证网络环境下的交易安全已迫在眉睫。

网络银行的安全性和保密性直接涉及客户的隐私权问题。现代科学技术和网络技术的发展大大增加了侵犯客户隐私权的概率和范围。一些网络犯罪分子通过利用各种交互式的、可调的、宽频带通信网络,对客户信息进行窃取进而侵犯客户的隐私权。因此,如何保护客户的合法权益,维护公众对网络银行的信心,也是网络银行发展中的重要问题。

3)网络银行与票据法律制度的冲突

我国《票据法》要求的是纸制化的票据形式,并不包括网络银行所使用的电子票据。我国《票据法》规定,基本的票据行为需经过当事人签章才有效,在这种情况下,经过数字签章的电子票据的效力问题就难以确定。该法同时规定,合法的票据行为产生相应的票据权利,但是在网络银行中,票据行为方式同传统票据行为方式迥然不同,电子票据替代了传统的书面票据,客户密码代替了签章,根本不存在我国《票据法》所要求的那种书面的票据形式。另外,票据的背书转让、承兑、提示付款等行为同样存在与网络银行的冲突问题。但2004年8月28日修改的《中华人民共和国票据法》仍没有就电子票据效力等问题做出规定,而传统的法律条款也已不适应网络银行业务发展的需要。

4）网络银行的许可和监管缺乏规则

网络银行可以新设网络银行业务，也可以在原有的商业银行内部通过互联网开展网络银行业务。对于后一种情况，我国《银行业监督管理法》仅规定了"检查银行业金融机构运用电子计算机管理业务数据的系统"，而对于如何操作，法律尚未给出明确规定。而《网上银行业务管理暂行办法》也仅仅是从设立、法律责任等方面给出规定，且大多是行政规定，至于由网络银行特殊性引起的操作层面的风险监管，则缺乏相应的规则。

网络银行是一类技术支撑的特殊银行，确立健全而有效的监管制度十分重要。目前，网络银行监管存在的问题还包括以下两种情况。

（1）互联网技术更新换代速度快，监管当局对技术和信息的掌握程度有待提高，同时被监管的网络银行总是能凭借网络的虚拟性、广泛性与多样性找到"监管真空"，从而规避应有的监管。

（2）在传统的金融监管中，现场检查是规制与防范金融风险中的紧要一环，然而由于网络银行的虚拟性，对金融交易的合规性检查难度加大。可见，网络银行监管法律规则需要完善。

5）网络银行的法律责任规则不明

在网络银行的交易过程中，网络银行与客户之间要签订一份《网络银行服务协议》。在此过程中，发出服务协议的公告行为属于要约邀请，客户提出申请的行为是要约，银行同意和接受申请的行为属于承诺。在这种情况下，网络银行与客户之间就形成了一种合同关系。这种合同关系和传统合同关系的不同点在于，这种合同关系是通过无纸化协议和虚拟的网络空间建立的。此时，若客户由于网络交易而受到损失，网络银行应当承担何种法律责任、适用何种归责原则、客户的损失如何赔偿等规则不明，因此，网络银行的法律责任规则问题需要解决。

2. 解决网络银行法律问题的对策

1）规范网络银行的市场准入、退出制度

（1）网络银行的市场准入制度。从事网络业务的金融机构在办理网络业务前，应当到金融监管部门办理业务登记，并提供有关材料。同时，金融监管机关也应做好从事网络业务金融机构的登记，通过与税务机关、财政机关等专门机构的密切配合，深入了解金融机构的网络业务活动，确保金融机构在批准的网络业务范围内从事网络业务活动。我国《网上银行业务管理暂行办法》规定了传统银行开展网络银行业务的6个条件，包括申请、审批、登记等必备程序。2002年出台的关于落实《网上银行业务管理暂行办法》有关规定的通知，对网络银行准入审查、业务开展及内部控制等做了补充规定。

（2）网络银行的市场退出制度。网络银行处在日益复杂的金融环境中，必然要受到经济规律的制约，一旦不符合经营条件的，就应当适时退出。对此，可以通过建立、完善网络银行预警、接管、紧急救助、最后贷款人制度、存款保险制度等规定，把网络银行退出造成的负面影响降到最小。

2）建立网络银行全方位的防御和保护机制

（1）完善"防火墙"技术，建立良好的数据备份和恢复机制。

（2）规范系统的设计结构，完善功能支持，建立网络安全防护体系。

（3）加快发展网络加密技术。应学习和借鉴西方发达国家的先进技术和经验，加快网络加密技术的创新、开发和应用，包括代码加密处理、系统自动签退技术、网络使用记录检查评定等。

（4）完善系统安全扫描技术和病毒入侵检测技术。这两项技术是新型网络安全防护手段，技术性更强、安全性更高。

同时，还要加强对客户隐私权的保护力度，可以采取的措施主要有：加大对侵犯客户隐私权的处罚力度；建立客户个人账户系统，银行方面对于所收集的客户资料具有保管和保密义务，应当合法地处理和保护这些资料的安全；规范政府机构的权力行使行为，维护客户在网络银行上的信息传输安全。

3）完善网络银行的法律体系

网络银行的出现和迅速发展给现行法律带来了极大的挑战，其中影响最大的是票据法。为此，一方面应修改传统票据法、税法、银行法的有关问题；另一方面要适时制定网络银行的单项法律法规，构建网络银行法律体系。所构建的法律体系，既应包括确定权利义务的实体规范，还应包括相关的程序规范；既应包括网络银行监管、内控制度建设、法律责任等宏观法律，还应包括电子商务、电子货币、电子支付等单项法律法规。

2005年4月1日，我国首部真正意义上的信息化法律《电子签名法》正式实施，部门规章《电子认证服务管理办法》也同步实施，这两部法律法规的出台为网络银行法律体系构建开了个好头。《电子签名法》确立了电子签名的法律效力，规范了电子签名行为，明确了认证机构的法律地位及认证程序，规定了电子签名的安全保障措施，明确了除4种情况外，电子签名及数据电文同纸质化的签名、盖章具有相同的法律效力。但《电子签名法》仍存在一些对网络银行发展不利的问题，且具体实施《电子签名法》还存在障碍。例如，没有涵盖电子政务调整领域，认证有效性难以保证、第三方认证应负的法律责任不明确，电子支付技术有待完善，网络银行自建认证机构的约束问题，认证机构的资质问题等。

4）加强网络银行的监管

网络银行的监管是一个复杂的问题，涉及国家、监管机关、网络银行的关系处理。首先，从国家层面来说，国家应当积极开发一套金融信息系统，以便能及时搜索所需的网络银行信息，并根据这些信息掌握网络银行监管的大局；加强网络银行的系统建设，如计算机设备、加密技术、软件开发等；提升整个社会对网络银行的信用度，维持公众对网络银行的信心。其次，从监管机关层面来说，银行业监督管理机构应当建立一整套网络银行信息管理分析系统、风险预测系统和安全防范系统；建立一套完整的网络银行业务审批和监管机制；完善有关法律法规，尽快制定与《电子签名法》相配套的电子货币、电子支付等方面的法律规范。最后，从网络银行自身层面来说，网络银行应当完善内部的财务核算制度建设；通过加强日常管理来防范网络银行的各类风险；加强市场调查，通过市场分析制定营销策略，开发金融产品，避免市场风险；借鉴国外网络银行、金融机构先进的管理理念和管理方法，真正做到为我所用。

5）明确网络银行的法律责任

网络银行与客户之间是一种合同关系，网络银行在违反合同规定时，应当承担网络银行的合同责任。这种责任在实践中存在着竞合,如网上银行向客户提供的服务有瑕疵、客户的划拨指令或数据资料被第三者篡改等,都可能导致违约之诉和侵权之诉的竞合。原则上,客户可选择有利于自己的诉因提起诉讼,要求赔偿,《中华人民共和国合同法》(以下简称《合同法》)第一百二十二条也明确规定受害人可以主张对自己最有利的法律后果。对于网络银行赔偿损失的范围问题,双方应当在合同中明确规定,对于没有明确规定的,可以参照《合同法》的有关规定进行处理。当然,如果能够出台一部专门规定网络银行和客户之间纠纷解决的法律,明确网络银行各方当事人的法律责任,无疑对网络银行的规范发展是最有利的。

10.4.4 电子支票的法律问题

1. 电子化支票的法律效力

1)书面形式问题

许多国家法律都要求某些交易必须有书面文件,法律对书面形式的要求主要有两个不同的目的或意图:有的是作为合同有效性的要件,有的是作为证据。支票是一种要式有价证券,各国票据法对书面形式的要求是基于流通转让的需要,其要求极为严格。

2)签名问题

各国票据法几乎都毫无例外地规定,票据必须有出票人的亲笔签名或其授权的人签名方能生效。票据签名有三重意义:使票据生效、使签名者承担票据责任、转移票据权利的必备条件。例如,我国《票据法》第八十五条规定:出票人签章是支票的必备记载事项,否则支票无效。各国法学界和电子学界的学者认为,签字的实质在于使文件、信息等具有独特性。因此,签字并不一定要求签署者亲笔手书,采用电子密码,即所谓数字签名(或称电子签名),就能在以电子方式传递资金划拨指示时达到签字的目的。

3)证据问题

在证据方面,我国的做法是开立一份可接受的证据清单,但 1996 年《中华人民共和国刑事诉讼法》第四十二条、1987 年《中华人民共和国行政诉讼法》第六十三条均将电子数据排除在证据清单之外。我国相当一部分学者认为,电子数据应归于"视听资料"的范畴,应对"视听资料"做扩大解释,不应限于录音机、录像带之类的资料,还应把电子数据资料也包括在内,因为电子数据同样可以显示为"可读的形式",因而也是"可视的"。我国司法实践也将之规定为视听资料的一种,这主要是因为电子数据在存在形式上同视听资料有相似之处。但是将电子数据视为视听资料,并不能真正反映电子数据的特点,两者最根本的区别是永远无法改变的,即数据必须经过重整组合才能被人们所使用。

具体来说,一项电子数据要具有充分证据力,就必须符合法律所规定的以下内容。

(1)客观性。电子数据的客观性在于其内容的可靠性。对此应从以下两方面入手:信息来源和信息的完整性。前者指谁提供信息或信息的产生情况;后者包括信息内容的完整性及提供的规范性,同时还涉及电子数据的存储问题,必须严格保证电子数据存储介质的安全,防止数据的遗失和未经授权的接触,保证存储者的公正性。

(2)相关性。必须对与案件事实有关的诸多数据进行重组和取舍,同时保证重整方法和过程的客观性和合法性。

（3）合法性。有必要对存储于计算机内存的数据采用一定的方式固定下来。只有依法对数据进行收集并转存到其他介质上封存，在得到查证属实后，这种电子数据才具有证据力等。

目前，电子支票的法律效力还没有直接的法律依据。根据现存法律规定，电子支票划拨并不包括电子支票交易。不过在有些案例中，美国法院在判决中直接引用或以类推方式引用了《统一商法典》第 4 编（银行存款与托收）的条款。此前，美国银行界和法律界的专家也大多支持首先适用现有的各国关于票据的法律规定。他们甚至将电子交易当事人各方的权利和义务与票据交易中当事各方的权利和义务进行类比，主张与票据相关的所有法律原则均应适用于资金的电子转移。

2. 认证机构的法律地位

笔者认为对认证机构的法律地位，至少应考虑以下几个问题。

1）认证机构的权威性和公正性

（1）政策的统一和组织协调问题。国家需建立强有力的综合协调部门来制定统一的政策框架，由专门机构统一领导、管理全国网络商务的认证工作，否则政出多门，经营管理各自为政，将会造成不应有的损失。

（2）认证机构的选任问题。数字签名仅仅侧重于身份辨别与文件归属问题，而电子认证解决的是密钥及其持有人的可信度问题，同时还提供一些交易当事人的资信状况。因此，认证机构的选任显得至关重要。由于我国市场培育尚未成熟，企业信誉相对较弱，因此在电子认证中需要以政府的信誉作为补充认证。我国可以构建一种树状认证系统：在国家信息工作领导小组的统一领导和管理下，由外经贸委和中国人民银行分别作为经贸、金融部门的认证机构（RCA），并依次往下设立品牌认证机构（BCA）和地方认证机构（RCA）。

（3）认证标准的统一问题。各认证机构的认证标准不统一会带来认证机构的矛盾以及客户的多重交叉认证，因此与国际接轨的统一标准有利于节省交易成本，提高效益。目前，我国信息安全标准的应用刚刚获得成功，一方面，我国宜尽早推广采用 SET 这一更先进的国际推行标准；另一方面，不宜始终停留在对国外标准的"翻译"和"复制"上，还应积极开发自己的标准，并加强国际合作，增强与国外认证机构的竞争力。

2）认证机构的职能

认证机构的主要任务是受理数字凭证的申请及签发、管理数字凭证，与此相联系的是保管公共密钥，国外法律一般对此有比较细致的规定。例如，公共密钥必须有一定的有效期，有的国家规定不超过 3 年，有的国家规定不超过 4 年或者更长的时间；在法律规定或双方约定的某些情况下，当事人可以撤销或终止使用自己的公共密钥。

3）认证机构的法律责任

这是认证机构法律地位中最重要的一环。在建构认证机构的法律责任框架时，可借鉴美国各州的《数字签名法》与新加坡《电子交易法》中的相关规定。

（1）认证机构有责任使用可信赖的系统（即计算机硬件、软件）以行使其职责，并披露相关信息（如认证业务声明、证书撤销或暂停通知，以及其他一些影响其行使职责的重要事项），确保认证机构的权威性和公正性。

（2）认证机构应依照认证业务声明颁发证书，否则就意味着已确认：证书中的签名者承认该证书并拥有与证书中所列的公钥相一致的私钥且构成功能密钥对，而且如果认证机构没有在认证书中声明某些指定信息的正确性未经确认，则证书中的所有信息都被认为是正确的。

（3）认证机构有责任在收到申请人或代表人的申请后，暂停证书，同时有责任在证书中存在重要虚假陈述，或有证据证明签名者死亡、消失或不复存在等情况下撤销证书，并且在暂停或撤销证书时，必须在指定地点发布相关通知。

（4）给予认证机构在民事赔偿方面以必要的责任限制。例如，一方面，如认证机构对证书的签发有过错（如证书中存在某些错误陈述）且给当事人造成了损失，则认证机构的损失赔偿额将以证书中载明的金额为限；另一方面，在认证机构签发给当事人的证书被盗并被他人用以欺诈的情况下，如欺诈是在当事人将证书被盗的情形通知认证机构之前发生的，则认证机构对当事人因欺诈而导致的损失不负责任。

项目实训

跨境电商消费者权益保护法实训

实训目标

（1）培养收集信息的能力；
（2）加深商家对消费者权益保护法的认知；
（3）提高商家对消费者合法权益的认知能力，保护消费者的合法权益。

实训内容

假设你在亚马逊美国站开了一家儿童图书店，在收到订单时可以在后台看到消费者的基本信息。全班以5人为一组，以团队为基础进行跨境电商消费者权益保护法实训。

（1）作为商家，你认为保护消费者权益的理由是什么？
（2）作为平台商家，在消费者权益保护方面，你会向平台提哪些建议？

复习与思考

1. 出口电商跨境收款的主要方式是什么？
2. 跨境电子商务平台的消费者权利保护责任的内容是什么？
3. 指令人的权利是什么？
4. 电子资金划拨过程中所涉及的法律问题有哪些？
5. 解决网络银行法律问题的对策有哪些？

参考文献

[1] 冯潮前. 跨境电子商务支付与结算实验教程[M]. 杭州：浙江大学出版社，2016.

[2] 王军海. 跨境电子商务支付与结算[M]. 北京：人民邮电出版社，2018.

[3] 卓乃坚. 国际贸易支付与结算及其单证实务[M]. 3版. 上海：东华大学出版社，2017.

[4] 唐红涛，谭颖. 跨境电子商务理论与实务[M]. 北京：对外经济贸易大学出版社，2019.

[5] 熊励. 中国跨境电子商务竞争生态发展报告[R]. 北京：中国海关出版社，2017.

[6] 秦成德，帅青红. 电子支付与结算[M]. 北京：北京理工大学出版社，2018.

[7] 帅青红. 电子支付与结算[M]. 2版. 大连：东北财经大学出版社，2015.

[8] 马刚. 电子商务支付与结算[M]. 3版. 大连：东北财经大学出版社，2016.

[9] 于雷，邢志良. 网上支付与结算[M]. 南京：东南大学出版社，2014.

[10] 蔡元萍. 网上支付与结算[M]. 3版. 大连：东北财经大学出版社，2013.

[11] 武俊奎，高凌燕，侯永杰. 中国跨境电商产业链融资及结算管理问题研究[J]. 西部金融，2018（3）：55-58.

[12] 梁莺. 第三方支付机构跨境支付的法律监管研究[D]. 上海：华东政法大学，2018.

[13] 关媛媛. 我国跨境电商人民币结算问题研究[D]. 北京：对外经济贸易大学，2016.

[14] 林官忠. 跨境电子商务第三方支付管理研究[D]. 福州：福建师范大学，2016.

[15] 黄永江. 关于构建我国跨境电子商务及支付外汇业务管理体系的研究[J]. 金融会计，2013（7）：22-29.

[16] 郝麟观，马昀禹. 我国跨境电子商务电子支付和信息安全的现状分析[J]. 中国物流与采购，2019（17）：46.

[17] 费楚涵，刘家慧，李欣悦. 我国跨境电商发展研究综述[J]. 价值工程，2019，38（24）：291-293.

[18] 陈成成. 跨境电商背景下阿里巴巴集团发展模式探析[J]. 科技经济市场，2019（5）：71-72.

[19] 宋会丽. 跨境电子支付存在的问题及建议[J]. 天津经济，2019（6）：27-28.

[20] 陈杰. 解读跨境电商新政[J]. 知识经济，2019（14）：43-45.